금융소비자보호법 해설

법무법인[유] 지평
기업·금융소송그룹/금융규제팀

FINANCIAL CONSUMER PROTECTION ACT COMMENTARY   박영사

머 리 말

　10여 년에 걸친 논의 끝에 제정된 「금융소비자 보호에 관한 법률」(이하 '금융소비자보호법')이 시행된 지 2년을 향해가고 있습니다. 이제 막 첫 발걸음을 내딛은 법이니만큼 꾸준한 보완과 정비가 필요하겠으나, 개별 법령에 산재해 있던 금융소비자 보호 관련 규정을 종합·체계화한 기본법이 제정·시행된 것은 그 자체로 큰 도약입니다. 향후 금융소비자보호법이 금융소비자의 권익 증진과 건전한 금융시장의 발전을 위해 큰 역할을 하리라 기대합니다.

　법무법인 지평은 300여 명의 한국변호사, 외국변호사, 공인회계사 및 기타 전문가들이 일하고 있는 종합 로펌으로, 2000년 설립 이래 소송, 금융, M&A 등 다양한 분야에서 전문적 법률서비스를 제공해 오고 있습니다. 특히 최근의 규제 강화 흐름 속에서, 지평은 금융회사들이 규제 리스크를 파악하고 적극적으로 대처함으로써 위기를 기회로 만들 수 있도록 돕고 있습니다. 이 책을 집필한 기업·금융소송 그룹 및 금융규제팀은, 금융소비자보호법이 시행되기 전부터 법 시행에 대비하여 내부 조직과 규정 등을 정비하려는 금융회사들에 자문을 제공하여 왔습니다. 법 시행 이후에도 꾸준히 금융소비자보호법의 해석과 적용에 관한 자문 업무를 수행하고 있습니다.

　「금융소비자보호법 해설」은 이러한 지평의 업무 경험을 바탕으로 금융소비자보호법에 관한 실무자들의 이해를 돕기 위하여 편찬한 책입니다. 특히 금융소비자보호법 및 관계 법령과 함께 금융위원회·금융감독원의 가이드라인과 보도자료, 여러 유권해석 사례 등을 취합·정리함으로써, 실무자들의 업무 처리에 구체적으로 도움이 될 수 있는 해설을 제공하고자 하였습니다. 법 시행 초기 단계에서 업무에 많은 어려움을 겪고 있을 실무자들에게, 이 책이 편리한 길라잡이가 되기를 희망합니다.

끝으로, 격무에 바쁜 와중에도 많은 자료와 업무 사례를 연구하고 정리하여 해설서를 집필한 기업·금융소송 그룹 및 금융규제팀 전문가들의 노고에 감사 드립니다. 박영사 편집 관계자 분들께도 깊은 감사의 인사를 드립니다.

대표변호사 윤성원

목 차

제1장 법 개관 및 총칙

제6장 6대 판매규제 - 적정성 원칙

제7장 6대 판매규제 - 설명의무

제11장　영업규제 - 금융상품판매대리 · 중개업자 등

제12장 금융소비자정책 수립 및 금융교육

제13장 금융소비자의 사후적 권익구제1 – 손해배상

법령 및 기타 규정 등 약어

건축물의 분양에 관한 법률 → 건축물분양법

근로자퇴직급여 보장법 → 퇴직급여법

금융소비자 보호에 관한 감독규정 → 감독규정

금융소비자 보호에 관한 감독규정 시행세칙 → 감독규정 시행세칙

금융소비자 보호에 관한 법률 → 법(또는 금융소비자보호법)

금융소비자 보호에 관한 법률 시행령 → 시행령

금융위원회의 설치 등에 관한 법률 → 금융위원회법

금융회사의 지배구조에 관한 법률 → 금융사지배구조법

대부업 등의 등록 및 금융이용자 보호에 관한 법률 → 대부업법

독점규제 및 공정거래에 관한 법률 → 공정거래법

방문판매 등에 관한 법률 → 방문판매법

보험사기방지 특별법 → 보험사기방지법

부정경쟁방지 및 영업비밀보호에 관한 법률 → 부정경쟁방지법

신용정보의 이용 및 보호에 관한 법률 → 신용정보법

약관의 규제에 관한 법률 → 약관법

여객자동차 운수사업법 → 여객자동차법

온라인투자연계금융업 및 이용자 보호에 관한 법률 → 온라인투자연계금융업법

자동차손해배상 보장법 → 자동차손배법

자본시장과 금융투자업에 관한 법률 → 자본시장법

전자상거래 등에서의 소비자보호에 관한 법률 → 전자상거래법

주식회사 등의 외부감사에 관한 법률 → 외부감사법

중소기업 인력지원 특별법 → 중소기업인력법

표시·광고의 공정화에 관한 법률 → 표시광고법

할부거래에 관한 법률 → 할부거래법

2022. 7. 7. 금융위원회가 입법예고한 금융소비자 보호에 관한 감독규정(안) → 감독
규정(안)

2022. 7. 7. 금융위원회가 입법예고한 금융소비자 보호에 관한 법률 시행령 → 시행
령(안)

제1장
법 개관 및 총칙

1. 입법 취지 및 경과

가. 입법 취지

금융산업의 겸영화 및 자본시장의 발달로 금융상품이 복잡·다양화 되면서 금융회사와 금융소비자 간 정보의 비대칭성이 심화되고, 이로 인해 대규모 불완전판매로 인한 금융소비자 피해가 증가하였습니다. 한편, 그간 금융소비자보호 규제가 개별 금융업법에 따라 규율되면서 유사한 상품에 대해서도 상이한 규제가 적용되거나 일부 규제의 공백이 발생하였고, 금융소비자 피해에 대한 사후적 구제수단의 실효성도 미흡하다는 평가가 있었습니다. 이에 금융소비자의 권익 증진과 금융상품판매업 등의 건전한 육성을 위한 제도적 기반을 마련하기 위하여 개별 금융 관련 법령에 산재한 판매행위 규제, 분쟁조정 등 금융소비자 보호에 관한 내용을 통합하여 금융소비자 보호에 관한 기본법을 제정하게 되었습니다.[1]

---

1) 제20대 국회 정무위원회, "금융소비자보호법안 등(의안번호 제6092호, 제6653호, 제6989호)에 대한 검토보고서", 13−15쪽.

나. 입법 과정

2011. 7. 3. 저축은행 후순위 채권 사태를 계기로 법 제정안이 최초 발의(박선숙 의원안)된 후 18대 및 19대 국회에서 유사한 법안이 여러 차례 제안되었으나, 모두 국회를 통과하지 못하고 폐기되었습니다. 최초 논의 당시와 18대 국회에 제출된 법안에서는 금융소비자보호조직을 중심으로 한 금융감독체계 개편에 관한 사항이 포함되어 있었는데, 이러한 감독체계 개편 문제에 논의가 집중되어 입법이 진행되지 못하였다는 평가가 있었습니다. 이후 19대 국회에서 제출된 법안부터는 금융감독체계 개편에 관한 사항은 제외되고, 금융상품판매조직, 금융상품판매규제, 금융소비자보호체계의 3부분으로 구성되었습니다.[2]

20대 국회에서도 여러 의원들이 법안을 제안한 후 2017. 5. 23. 정부안이 제출되었습니다. 이후 정부 및 여야 간 심도 있는 논의를 거쳐 2020. 3. 5. 대안이 제출되었고, 여야 간 합의로 2020. 3. 15. 최초 발의된지 약 8년 만에 법 제정안이 국회를 통과하여 2020. 3. 24. 제정 및 2020. 3. 25. 공포[3]되었습니다.[4]

그동안 여러 차례 입법이 무산되었다가 2020년에 법 제정안이 국회를 통과하게 된 것은, 아래와 같이 2019년에 DLF 사태, 라임펀드 사태 등 국내에서 대규모 불완전판매 사례가 발생하여 금융소비자보호 강화에 대한 사회적 공감대가 확산된 것이 중요한 이유 중 하나인 것으로 보입니다.

---

2) 정순섭, "금융소비자보호법의 구조와 내용", BFL제102호, 서울대학교 금융법센터(2020. 7월), 6-7쪽.

3) 국회에서 통과된 법은 정부안(2017. 5. 23. 국회제출)을 포함한 11개 법안을 여야가 심도있게 논의하여 합의를 이룬 내용으로, 11개 법안의 경우 5개 제정안(박선숙·박용진·이종걸·최운열 의원안, 정부안) 및 6개 개별 금융업법 개정안(금융소비자 차별금지조항 규정, 민병두 의원안)을 의미합니다.

4) 금융위원회 보도자료, "금융소비자보호에 관한 법률 국회 본회의 통과", 2020. 3. 5.

1. 해외금리연계 DLF 사건(2019년)

- **(배경)** 은행이 초고위험상품인 해외금리연계 DLF* 판매 시 부적합한 투자자에게 이를 판매하거나 '손실확률 0%', '안전한 상품' 등을 강조할 뿐 '원금전액 손실가능성' 등 투자위험을 제대로 설명하지 않음
- * ❶ 獨국채 등 해외금리연계 파생결합증권(DLS)을 편입한 "사모펀드"로서, ❷ "은행"에서 주로 1억 원 이상 투자 가능한 "개인투자자"를 대상으로 판매
- **(분쟁조정)** 2019. 12월 금감원(분조위), 투자자별 손해금액의 40%~80% 배상 결정

2. 라임펀드 사건(2019년)

- **(배경)** 2018. 11월 이후 판매된 라임 무역금융펀드와 관련하여 펀드판매 시점에 투자원금의 상당부분(최대 98%)에 달하는 손실이 발생한 상황에서 핵심정보가 허위·부실 기재된 운용사 작성의 투자제안서를 투자자에게 그대로 제공하거나 설명(❶사례)
- 라임 펀드와 관련하여 부적합한 투자자에게 이를 판매하거나 원금전액 손실 위험성을 설명하지 않고 초고위험상품을 안전한 펀드라고 설명(❷사례)
- **(분쟁조정)** 2020. 6월 금융감독원(분쟁조정위원회), ❶사례에 대해 착오에 의한 계약취소를 이유로 판매사의 투자원금 전액 반환 배상 결정
- 2020. 12월 금융감독원(분쟁조정위원회), ❷사례에 대해 투자자별 손해금액의 60%~70% 배상 결정

다. 시행 과정

법은 2021. 3. 25. 시행되었는데, 자체기준 마련, 시스템 구축 등 업계 준비기간이 필요한 일부 규정(법 제16조 제2항 내부통제기준, 법 제28조 금융상품판매업 등 업무 관련 자료의 기록 및 유지·관리·열람 관련 의무 등)의 경우 2021. 9. 25.부터 시행되었습니다[법 부칙(법률 제17112호, 2020. 3. 24.) 제1조]. 그 밖에도 금융위원회는 법 제정으로 인한 현장에서의 혼선을 방지하기 위하여 2021. 5. 26. 신설·강화된 규제와 관련한 비조치 의견서를 의결하여 법 시행 후 6개월간(2021. 3. 25. ~ 9. 24.)의 계도 기간을 두었습니다. 구체적으로 계도기간 동안에는 법으로 새로 도입되거나 강화된 규제 위반행위6)에 대해서는 비조치하는 것으로 정하

---

5) 금융감독원, "금융소비자 보호에 관한 법률 설명 자료", 2021. 3월, 3−4쪽.

6) 이때 규제의 신설·강화 여부는 법상 금융상품판매업자·금융상품자문업자별로 개별적으로 각각 판단하게 됩니다.

되, (i) 위반행위에 고의 또는 중과실이 있는 경우, (ii) 위반행위로 인해 금융소비자에 중대한 재산상 손실이 발생하거나 시장질서를 크게 저해한 경우(다만, 위반행위의 동기, 경위 등에 특히 참작할 사유가 있는 경우는 제외), (iii) 법 위반에 대해 감독기관이 시정을 요구했음에도 불구하고 시정하지 않은 경우에는 비조치의 예외사유로 정하였습니다.[7]

6개월의 계도기간 동안 법 시행 초기 현장에서 법 적용 시 특히 어려움을 겪은 부분들에 대해서는 명확한 기준을 제시하기 위하여 (i) 광고규제 가이드라인(2021. 6. 8.), (ii) 투자자 적합성평가 제도 운영지침(2021. 7. 1.), (iii) 금융상품 설명의무의 합리적 이행을 위한 가이드라인(2021. 7. 14.), (iv) 권역별 표준내부통제기준(협회 가이드라인, 2021. 8. 31.)의 총 4개의 가이드라인이 각 제정되었습니다.[8] 또한, 금융감독당국과 금융협회는 계도기간 동안 '금융회사 애로사항 신속처리 시스템'을 운영하여 금융소비자보호법 관련 질의를 받아 회신하였으며, 주요 회신내용은 FAQ로 금융위원회·금융감독원의 홈페이지에 게시하였습니다. 위와 같이 6개월간의 계도기간을 끝내고 2021. 9. 25.부터 법이 전면적으로 시행되었습니다.

2. 법 개관

가. 주요 내용

법은 첫 번째로 "동일기능·동일규제" 원칙[9]이 적용될 수 있도록 금융상품 및 금융상품판매업 등의 유형을 재분류하여(본 장 아래 4. 및 5.의 내용 참조) 기능

---

7) 금융위원회·금융감독원 보도자료, "금융소비자보호법의 안착을 위해 법 위반행위에 대해 제재보다 계도(啓導) 중심으로 감독해나가겠습니다", 2021. 5. 26.

8) 금융위원회·금융감독원 보도자료, "금융소비자보호법 계도기간(3. 25~9. 24) 종료 후에도 현장과 끊임없이 소통해나가겠습니다", 2021. 9. 23.

9) 기능별 규제를 의미하며, 금융소비자 입장에서 동일한 기능과 위험을 가진 금융상품이나 서비스에 대하여 동일한 규제의 대상으로 하여 규제상 불균등성과 규제의 공백을 제거하자는 규제원칙을 말합니다[정순섭, "금융소비자보호의 기본법리", BFL제80호, 서울대학교 금융법센터(2016. 11월), 3쪽].

별 규제체계를 마련하였습니다. 두 번째로 법은 개별 금융업법에서 일부 금융상품에 한정하여 적용하고 있던 6대 판매규제를 원칙적으로 모든 금융상품에 확대·적용함에 따라 소비자보호 공백을 해소하고, 이러한 판매규제를 위반했을 때 위법계약해지권, 징벌적 과징금, 설명의무 위반 시 입증책임 전환을 도입하는 등 제재를 강화하였습니다. 세 번째로는 법에서 금융소비자의 권익 보호를 위하여 금융소비자의 청약철회권, 소액분쟁 시 금융회사의 분쟁조정 이탈 금지, 소비자의 자료열람 청구권 등과 같은 사후구제 강화 등을 위한 제도를 도입하였습니다. 마지막으로 법은 금융상품자문업을 신설하고, 그간 법적 근거 없이 모범규준(금융감독원 행정지도)에 따라 규율하던 대출모집인을 법상 감독 대상으로 규정하는 등 금융소비자의 합리적 금융상품 선택을 지원하고, 기존 제도의 공백사항 등을 보완하였습니다.[10)]

위에서 살펴본 법의 주요 내용과 관련하여 기존 개별 금융업법에서 규율하고 있던 내용과 대비되는 법 시행 후의 주요 변화는 아래 표와 같습니다.

■ 표 법 시행 후 주요 변화[11)]

제 도		시행 전	시행 후
사전 규제	6대 판매규제[12)]	일부 금융업법	원칙적으로 모든 금융상품
	소비자보호 내부통제기준	법령상 규율 없음	기준 마련 의무 부과
사후 제재	금전적 제재	과태료 최대 5천만 원	징벌적 과징금 도입 및 과태료 최대 1억 원
	형벌	3년 이하 징역, 1억 원 이하 벌금	5년 이하 징역, 2억 원 이하 벌금
신설된 소비자 권리	청약철회권 (일정기간 내 자유롭게 철회)	투자자문업, 보험	원칙적으로 모든 금융상품
	위법계약해지권 (위법 소명 시, 해지로 인한 금전부담 없이 해지 가능)	없음	

---

10) 금융위원회·금융감독원 보도자료, "「금융소비자보호에 관한 법률 공포안」 국무회의 의결", 2020. 3. 17.

11) 금융감독원, "금융소비자 보호에 관한 법률 설명 자료", 2021. 3월, 1쪽.

제 도		시행 전	시행 후
	자료열람요구권		소송, 분쟁조정 시 자료 열람 요구 가능
사후 구제	소액분쟁 시 금융회사의 분쟁조정 이탈 금지	없음	도입
	분쟁조정 중 소 제기 시 법원의 소송중지 가능		
	손해배상 입증책임 전환		설명의무 위반 시 고의·과실 존부 입증에 적용
	판매제한명령권		재산상 현저한 피해 우려가 명백한 경우 발동

나. 구성 체계

　법은 금융상품판매조직, 금융상품판매규제, 금융소비자보호체계의 3부분으로 구분할 수 있으며, 총 8개 장과 69개 조에 걸쳐 주요 개념, 금융상품판매조직의 영업과 관련한 등록 절차, 금융상품판매규제의 내용, 금융소비자보호체계의 내용 및 이를 위한 감독과 처분, 벌칙 등에 대해 구체적으로 규정하고 있습니다. 법의 구성은 아래 표와 같습니다.

■ 표　법의 구성(총 8장, 69조)[13]

구 분	주요 내용
제1장 총칙 (§1~§6)	■ 금융상품, 금융상품판매업자·자문업자, 금융소비자의 정의 ■ 법의 적용 범위 및 다른 법률과의 관계
제2장 기본 권리·책무 (§7~§10)	■ 금융소비자의 권리와 책무 ■ 국가, 금융상품판매업자·자문업자의 책무

---

12)　적합성·적정성 원칙 및 설명의무 준수, 불공정영업행위·부당권유행위 및 허위·과장광고 금지.
13)　금융감독원, "금융소비자 보호에 관한 법률 설명 자료", 2021. 3월, 2쪽.

구 분	주요 내용
제3장 등록 (§11~12)	■ 법상 未등록자에 의한 금융상품판매·자문 영업 금지 ■ 금융상품판매업자·자문업자의 등록요건[독립자문업자, 신협 공제 상품모집인, 대출모집인(리스·할부금융 중개인)의 등록요건]
제4장 영업행위 준수사항 (§13~§28)	■ 금융상품판매업·자문업 관련 내부통제기준 마련 ■ 금융상품 유형別 영업규제(적합성·적정성 원칙, 설명의무, 불공정 영업·부당권유금지, 광고규제, 계약서류 제공) ■ 금융상품판매대리중개업자·자문업자別 영업규제(금융상품판매대리중개업자·자문업자의 금지행위, 고지의무 등)
제5장 금융소비자 보호 (§29~§47)	■ 금융교육, 금융상품 비교공시, 소비자보호실태평가, 소비자보호기준 ■ 금융분쟁 조정제도(분쟁조정위원회 구성, 분쟁조정 절차, 조정 효력·시효중단, 소송 중지, 조정이탈 금지) ■ 손해배상책임, 청약 철회, 위법계약 해지
제6장 감독 및 처분 (§48~§64)	■ 금융상품자문업자의 업무보고서 제출, 금융상품판매업자등의 변경보고 ■ 금융상품판매제한명령 ■ 금융상품판매업자·자문업자에 대한 검사 및 제재 ■ 징벌적 과징금 부과기준 및 절차
제7장 보칙 (§65·66)	■ 금융감독원장 및 협회에 대한 업무위탁 ■ 금융감독원장에 대한 지도·감독
제8장 벌칙 (§67~§69)	■ 형사처벌(5년 이하 징역 또는 2억 원 이하 벌금), 양벌규정 ■ 과태료(1억 원 이하 과태료, 3천만 원 이하 과태료, 1천만 원 이하 과태료)

3. 목 적

제1조(목적) 이 법은 금융소비자의 권익 증진과 금융상품판매업 및 금융상품자문업의 건전한 시장질서 구축을 위하여 금융상품판매업자 및 금융상품자문업자의 영업에 관한 준수사항과 금융소비자 권익 보호를 위한 금융소비자정책 및 금융분쟁조정절차 등에 관한 사항을 규정함으로써 금융소비자 보호의 실효성을 높이고 국민경제 발전에 이바지함을 목적으로 한다.

법은 그 명칭에서도 알 수 있듯이 금융소비자의 권익 증진과 금융회사의 건전한 시장질서 확립을 통해 금융소비자 보호의 실효성을 제고하기 위한 목적에서 제정되었습니다. 전술한 바와 같이 법은 "동일기능·동일규제" 원칙을 구현하도록 적용대상 금융상품과 금융상품판매업등, 금융상품판매업자등의 유형을 기능별로 재분류하고 있습니다. 법의 적용 범위를 결정하는 핵심개념은 (i) 금융상품, (ii) 금융상품판매업자 및 금융상품자문업자, (iii) 금융소비자의 세 가지이며, 아래에서는 이러한 핵심 개념에 대해 설명하고자 합니다.

4. 금융상품

제2조(정의) 이 법에서 사용하는 용어의 뜻은 다음과 같다.
1. "금융상품"이란 다음 각 목의 어느 하나에 해당하는 것을 말한다.
    가. 「은행법」에 따른 예금 및 대출
    나. 「자본시장과 금융투자업에 관한 법률」에 따른 금융투자상품
    다. 「보험업법」에 따른 보험상품
    라. 「상호저축은행법」에 따른 예금 및 대출
    마. 「여신전문금융업법」에 따른 신용카드, 시설대여, 연불판매, 할부금융
    바. 그 밖에 가목부터 마목까지의 상품과 유사한 것으로서 대통령령으로 정하는 것

제3조(금융상품의 유형) 금융상품은 다음 각 호와 같이 구분한다. 다만, 개별 금융상품이 다음 각 호의 상품유형 중 둘 이상에 해당하는 속성이 있는 경우에는 해당 상품유형에 각각 속하는 것으로 본다.
1. 예금성 상품: 제2조 제1호 가목·라목에 따른 예금 및 이와 유사한 것으로서 대통령령으로 정하는 금융상품
2. 대출성 상품: 제2조 제1호 가목·라목에 따른 대출, 같은 호 마목에 따른 신용카드·시설대여·연불판매·할부금융 및 이와 유사한 것으로서 대통령령으로 정하는 금융상품
3. 투자성 상품: 제2조 제1호 나목에 따른 금융투자상품 및 이와 유사한 것으로서 대통령령으로 정하는 금융상품
4. 보장성 상품: 제2조 제1호 다목에 따른 보험상품 및 이와 유사한 것으로서 대통령령으로 정하는 금융상품

가. 의의 및 유형

법은 금융상품을 은행법, 자본시장법, 보험업법, 상호저축은행법, 여신전문금융업법, 대부업법 등 개별 금융업법상 규정된 금융상품의 정의를 원용하는 형식으로 정의하면서, 시행령에서 금융상품을 추가할 수 있도록 위임하고 있습니다(법 제2조 제1호, 시행령 제2조 제1항).

또한 법은 금융상품을 (i) 예금성, (ii) 대출성, (iii) 보장성, (iv) 투자성의 4개의 유형으로 구분하고, 2개 이상의 유형에 해당하는 금융상품은 각각의 유형에 모두 속하는 것으로 간주하고 있으며, 법, 시행령 및 감독규정에서 아래와 같이 개별 유형에 해당되는 대상을 열거하고 있습니다(법 제3조, 시행령 제3조, 감독규정 제3조).

■ 표 금융상품의 유형 분류[14]

구 분	개 념	대상(법 및 시행령에 따른 예시)
예금성	은행법·상호저축은행법상 예금 및 이와 유사한 것	은행(저축은행, 신협)의 예·적금 등[15]
투자성	자본시장법상 금융투자상품 및 이와 유사한 것	주식·펀드·파생상품·신탁·투자일임·P2P투자 등
보장성	보험업법상 보험상품 및 이와 유사한 것	생명보험·손해보험·신협 공제 등
대출성	은행법·상호저축은행법상 대출, 여신전문금융업법상 신용카드·시설대여·연불판매·할부금융 및 이와 유사한 것	은행(저축은행, 신협)의 대출·신용카드·리스·P2P대출·대부상품 등

---

14) 금융감독원, "금융소비자 보호에 관한 법률 설명 자료", 2021. 3월, 6쪽.

15) 2022. 7. 7. 금융위원회가 입법예고한 시행령 개정안에서는 제3조 제1항 제4호를 신설하여 예금성 상품에 '선불·직불지급수단(전자지급수단 포함)'을 추가하였습니다. 선불·직불지급수단은 신용카드와 달리 금융소비자보호법상 금융상품에 해당하지 않아 연계 제휴서비스 규제가 미적용되므로, 선불·직불지급수단 등에도 연계·제휴서비스 규제를 적용하여 금융소비자를 두텁게 보호하고 규제차익을 해소하기 위함입니다(금융위원회, 시행령 조문별 개정 이유서).

나. 주요 내용

법은 금융상품을 본질적 속성에 대하여 규정하는 방식으로 정의하지 않고, 개별 금융업법상 규정된 금융상품들을 법, 시행령, 감독규정에서 인용하는 방식으로 정의하고 있습니다. 이와 관련하여 법이 금융상품을 정의할 때 개별 금융업법상의 금융상품을 인용하면서 열거하는 것에서 더 나아가, 그 속성을 규정하는 포괄적인 방식을 택하여야 한다는 논의도 있으나, 현행법상 개별 금융업법상의 금융상품 정의와 관련하여 혼란을 초래하지 않도록 현재와 같은 정의 방법을 택하고 있는 것으로 보입니다.[16]

> **시행령(안) 제3조(금융상품의 유형)** ① 법 제3조제1호에서 "대통령령으로 정하는 금융상품"이란 다음 각 호의 금융상품을 말한다.
>
> **4. 제2조 제1항 제7호에 따른 금융상품 중 법 제19조 제1항 제2호 및 제20조 제1항 제5호를 적용하기 위하여 금융위원회가 정하여 고시하는 금융상품**

2022. 7. 7. 금융위원회가 입법예고한 감독규정 개정안에서도 위와 동일한 목적으로 관련 조항을 신설(제2조 제1항 제3호와 제3항 제3호, 제5항 제1호 및 제2호, 제3조 제1호의2)를 신설하였습니다.

> **감독규정 제2조(정의)** ① 영 제2조 제1항 제7호에서 "금융위원회가 정하여 고시하는 것"이란 다음 각 호의 어느 하나에 해당하는 것을 말한다.
>
> 3. 「여신전문금융업법」에 따른 직불카드 및 선불카드, 「전자금융거래법」에 따른 직불전자지급수단 및 선불전자지급수단(단, 법 제19조 제1항 제2호 및 제20조 제1항 제5호를 적용하는 경우에 한정한다.)
>
> ③ 영 제2조 제3항 제13호에서 "금융위원회가 정하여 고시하는 법률"이란 다음 각 호의 어느 하나에 해당하는 법률을 말한다.
>
> 3. 「전자금융거래법」(단, 직불전자지급수단 및 선불전자지급수단의 발행 및 관리 업무와 관련하여 법 제19조 제1항 제2호 및 제20조 제1항 제5호를 적용하는 경우에 한정한다.)
>
> ⑤ 영 제2조 제6항 제6호에서 "금융위원회가 정하여 고시하는 자"란 다음 각 호의 자를 말한다.
>
> 1. 신용협동조합
>
> 2. 「전자금융거래법」 제28조 제2항 제2호 및 제3호에 해당하는 업무를 행하고자 금융위원회에 등록한 자(단, 법 제19조 제1항 제2호 및 제20조제1항제5호를 적용하는 경우에 한정한다.)
>
> **제3조(금융상품의 유형)** 영 제3조 제1항 제3호 및 같은 조 제2항 제4호, 제3항 제4호에서 "금융위원회가 정하여 고시하는 금융상품"이란 다음 각 호의 구분에 따른 금융상품을 말한다.
>
> 1의2. 영 제3조제1항제4호: 제2조제1항제3호에 해당하는 금융상품(단, 법 제19조제1항제2호 및 제20조제1항제5호를 적용하는 경우에 한정한다.)

---

16) 정순섭, 앞의 논문(주 2), 8-9쪽.

한편, 금융감독당국은 '금전채권신탁 및 부동산신탁이 자본시장법 제3조 제1항 제2호에 따른 관리형신탁에 해당한다면 해당 금융상품을 취급하는 경우는 법상 금융상품판매업에 해당하지 않는다'고 해석하여, 자본시장법상 금융투자상품에 해당하지 아니하는 관리형신탁의 경우 법상 금융상품에 해당하지 아니함을 명확히 한 바 있습니다.[17] 또한 금융감독당국은 선불·직불 결제, 신용카드 가입에 따라 부가되는 약정에 따른 현금서비스, 리볼빙은 법상 금융상품으로 보기 어렵다고 해석한 바 있습니다.[18]

아울러 법에서 2개 이상의 유형에 해당하는 금융상품은 각각의 유형에 모두 속하는 것으로 간주함에 따라, 이러한 금융상품에 대해서는 개별 유형별 규제들이 중첩적으로 적용됩니다.[19]

5. 금융상품판매업자 및 금융상품자문업자

제2조(정의) 이 법에서 사용하는 용어의 뜻은 다음과 같다.

2. "금융상품판매업"이란 이익을 얻을 목적으로 계속적 또는 반복적인 방법으로 하는 행위로서 다음 각 목의 어느 하나에 해당하는 업(業)을 말한다. 다만, 해당 행위의 성격 및 금융소비자 보호의 필요성을 고려하여 금융상품판매업에서 제외할 필요가 있는 것으로서 대통령령으로 정하는 것은 제외한다.

가. 금융상품직접판매업: 자신이 직접 계약의 상대방으로서 금융상품에 관한 계약의 체결을 영업으로 하는 것 또는 「자본시장과 금융투자업에 관한 법률」 제6조 제3항에 따른 투자중개업

나. 금융상품판매대리·중개업: 금융상품에 관한 계약의 체결을 대리하거나 중개하는 것을 영업으로 하는 것

3. "금융상품판매업자"란 금융상품판매업을 영위하는 자로서 대통령령으로 정하는 금융 관계 법률(이하 "금융관계법률"이라 한다)에서 금융상품판매업에 해당하는 업무에 대하여 인허가

---

17) 신속처리시스템 회신, 은행210423-56.

18) 금융위원회·금융감독원, "금융소비자보호법 FAQ 답변(1차)", 2021. 2. 18., 2쪽.

19) 만기에 원금을 보장하지 않는 변액보험은 보장성 상품뿐만 아니라 투자성 상품에도 해당되므로[금융위원회·금융감독원, "금융소비자보호법 FAQ 답변(2차)", 2021. 3. 17., 9쪽], 보장성 상품에 대한 규제와 투자성 상품에 대한 규제가 중첩적으로 적용됩니다.

또는 등록을 하도록 규정한 경우에 해당 법률에 따른 인허가를 받거나 등록을 한 자(금융관계법률에서 금융상품판매업에 해당하는 업무에 대하여 해당 법률에 따른 인허가를 받거나 등록을 하지 아니하여도 그 업무를 영위할 수 있도록 규정한 경우에는 그 업무를 영위하는 자를 포함한다) 및 제12조 제1항에 따라 금융상품판매업의 등록을 한 자를 말하며, 다음 각 목에 따라 구분한다.

　　가. 금융상품직접판매업자: 금융상품판매업자 중 금융상품직접판매업을 영위하는 자

　　나. 금융상품판매대리·중개업자: 금융상품판매업자 중 금융상품판매대리·중개업을 영위하는 자

4. "금융상품자문업"이란 이익을 얻을 목적으로 계속적 또는 반복적인 방법으로 금융상품의 가치 또는 취득과 처분결정에 관한 자문(이하 "금융상품자문"이라 한다)에 응하는 것을 말한다. 다만, 다음 각 목의 어느 하나에 해당하는 것은 제외한다.

　　가. 불특정 다수인을 대상으로 발행되거나 송신되고, 불특정 다수인이 수시로 구입하거나 수신할 수 있는 간행물·출판물·통신물 또는 방송 등을 통하여 조언을 하는 것

　　나. 그 밖에 변호사, 변리사, 세무사가 해당 법률에 따라 자문업무를 수행하는 경우 등 해당 행위의 성격 및 금융소비자 보호의 필요성을 고려하여 금융상품자문업에서 제외할 필요가 있는 것으로서 대통령령으로 정하는 것

5. "금융상품자문업자"란 금융상품자문업을 영위하는 자로서 금융관계법률에서 금융상품자문업에 해당하는 업무에 대하여 인허가 또는 등록을 하도록 규정한 경우에 해당 법률에 따른 인허가를 받거나 등록을 한 자 및 제12조 제1항에 따라 금융상품자문업의 등록을 한 자를 말한다.

가. 의의 및 유형

　　법은 금융상품판매조직을 금융상품판매업과 금융상품자문업으로 분류하고, 이 중 금융상품판매업은 다시 금융상품직접판매업과 금융상품판매대리·중개업으로 나누어 분류하고 있습니다(법 제2조 제2호, 제4호).

　　금융상품판매업자는 금융상품판매업을 영위하는 자로서 금융관계법률[20]에서 금융상품판매업에 해당하는 업무에 대하여 인허가 또는 등록을 하도록 규정한 경우에 해당 법률에 따른 인허가를 받거나 등록을 한 자, 금융관계법률에서 금융상품판매업에 해당하는 업무에 대하여 해당 법률에 따른 인허가를 받거나 등록을 하지 아니하여도 그 업무를 영위할 수 있도록 규정한 경우에는 그 업무를 영위하는 자 및 법 제12조 제1항에 따라 금융상품판매업의 등록을 한 자를

---

20) 시행령 제2조 제3항에서 정한 법률을 말합니다.

말합니다.

또한 금융상품자문업자는 금융상품자문업을 영위하는 자로서 금융관계법률에서 금융상품자문업에 해당하는 업무에 대하여 인허가 또는 등록을 하도록 규정한 경우에 해당 법률에 따른 인허가를 받거나 등록을 한 자 및 법 제12조 제1항에 따라 금융상품자문업의 등록을 한 자를 말합니다. 다만 변호사, 변리사, 세무사가 법률에 따라 수행하는 자문업무, 금융상품판매업자가 따로 대가를 받지 않고 금융상품판매업에 부수하여 수행하는 금융상품자문 등은 금융상품자문업에서 제외됩니다(법 제2조 제4호 단서).

이에 기초하여 법은 법 적용대상인 금융상품판매채널을 (i) 금융상품직접판매업자(법 제2조 제3호 가목), (ii) 금융상품판매대리·중개업자(법 제2조 제3호 나목), (iii) 금융상품자문업자(법 제2조 제5호)로 나누어 규율하고, 아래와 같이 각 금융상품판매채널 유형에 해당되는 개별 금융업법에 따른 업종을 열거하고 있습니다(법 제4조, 시행령 제4조, 감독규정 제4조).

■ 표 금융상품판매채널의 유형 분류[21]

구 분	개 념	대상(법 및 시행령에 따른 예시)
직접판매업자	자신이 직접 계약의 상대방으로서 금융상품에 관한 계약의 체결을 영업으로 하는 자(자본시장법상 투자중개업자 포함)	은행·저축은행·여전사·증권사·신협·신협중앙회 공제사업 부문·P2P업자·대부업자·증권금융회사 등
판매대리·중개업자	금융상품 계약 체결을 대리·중개하는 것을 영업으로 하는 자	투자권유대행인·보험설계사/대리점/중개사·대출모집인·대부중개업자 등
자문업자	금융상품의 가치 또는 취득·처분결정에 관한 자문에 응하는 것을 영업으로 하는 자	투자자문업자(자본시장법)·독립자문업자(법)

---

21) 금융감독원, "금융소비자 보호에 관한 법률 설명 자료", 2021. 3월, 8쪽.

나. 주요 내용

법에서는 전통적인 금융상품판매조직을 독립성을 기준으로 판매와 자문으로 구분하고, 독립금융상품자문업을 도입하였습니다. 위와 같은 금융상품판매채널의 분류에 기초하여, 금융상품판매업과 금융상품자문업을 합하여 '금융상품판매업등'으로(법 제4조 단서), 금융상품판매업자와 금융상품자문업자를 합하여 '금융상품판매업자등'으로(법 제2조 제9호 단서) 각각 정의하고 있습니다(이하 본서에서 "금융상품판매업자등"은 금융상품직접판매업자, 금융상품판매대리·중개업자 및 금융상품자문업자를 의미합니다).

금융상품판매업자등의 영업행위 준수사항을 보면, 금융상품판매채널의 유형을 불문하고 적용되는 공통된 규제도 있고(법 제17조, 제19조, 제20조, 제21조 등), 금융상품판매채널별 특성에 따라 특정 판매채널에 대해서만 적용되는 규제도 있습니다(법 제18조, 제25조, 제26조, 제27조 등).

6. 금융소비자

제2조(정의) 이 법에서 사용하는 용어의 뜻은 다음과 같다.

8. "금융소비자"란 금융상품에 관한 계약의 체결 또는 계약 체결의 권유를 하거나 청약을 받는 것(이하 "금융상품계약체결등"이라 한다)에 관한 금융상품판매업자의 거래상대방 또는 금융상품자문업자의 자문업무의 상대방인 전문금융소비자 또는 일반금융소비자를 말한다.

9. "전문금융소비자"란 금융상품에 관한 전문성 또는 소유자산규모 등에 비추어 금융상품 계약에 따른 위험감수능력이 있는 금융소비자로서 다음 각 목의 어느 하나에 해당하는 자를 말한다. 다만, 전문금융소비자 중 대통령령으로 정하는 자가 일반금융소비자와 같은 대우를 받겠다는 의사를 금융상품판매업자 또는 금융상품자문업자(이하 "금융상품판매업자등"이라 한다)에게 서면으로 통지하는 경우 금융상품판매업자등은 정당한 사유가 있는 경우를 제외하고는 이에 동의하여야 하며, 금융상품판매업자등이 동의한 경우에는 해당 금융소비자는 일반금융소비자로 본다.

　가. 국가

　나. 「한국은행법」에 따른 한국은행

다. 대통령령으로 정하는 금융회사

라. 「자본시장과 금융투자업에 관한 법률」 제9조 제15항 제3호에 따른 주권상장법인(투자성 상품 중 대통령령으로 정하는 금융상품계약체결등을 할 때에는 전문금융소비자와 같은 대우를 받겠다는 의사를 금융상품판매업자등에게 서면으로 통지하는 경우만 해당한다)

마. 그 밖에 금융상품의 유형별로 대통령령으로 정하는 자

10. "일반금융소비자"란 전문금융소비자가 아닌 금융소비자를 말한다.

가. 의의 및 유형

법은 금융소비자를 (i) 금융상품에 관한 계약의 체결·체결의 권유·청약을 받는 것에 관한 금융상품판매업자의 거래상대방 또는 (ii) 금융상품자문업자의 자문업무의 상대방으로 규정하고 있습니다(법 제2조 제8호).

한편, 법은 금융소비자의 특성에 따라 금융소비자를 (i) 금융상품에 관한 전문성, 소유자산규모 등에 비추어 금융상품 계약에 따른 위험감수능력이 있는 금융소비자로서 국가, 한국은행, 금융회사, 주권상장법인 등 법에서 정하는 전문금융소비자(법 제2조 제9호)와 (ii) 전문금융소비자가 아닌 금융소비자인 일반금융소비자(법 제2조 제10호)로 구분하고 있습니다.

■ 표 금융소비자의 구분[22]

구 분	개 념	대상(예시)	판매규제 보호범위
전문 금융소비자	금융상품에 관한 전문성, 소유자산규모 등에 비추어 금융상품 계약에 따른 위험감수능력이 있는 금융소비자	국가·한국은행·금융회사·주권상장법인 등	6대 판매규제 중 불공정영업·부당권유금지, 광고규제의 보호대상
일반 금융소비자	전문금융소비자가 아닌 금융소비자	대부분의 금융소비자	6대 판매규제 전부의 보호대상

---

22) 금융감독원, "금융소비자 보호에 관한 법률 설명 자료", 2021. 3월, 8쪽.

나. 주요 내용

법은 위와 같이 전문금융소비자와 일반금융소비자의 구분에 따라 판매규제의 적용 범위를 달리하여 금융소비자의 특성에 따라 보호의 정도에 차이를 두고 있습니다.

한편, 전문금융소비자의 경우 법, 시행령 및 감독규정에 따라 아래 표와 같이 금융상품 유형별로 전문금융소비자의 범위가 달라지는 점에 유의할 필요가 있습니다. 또한 국가, 한국은행, 금융회사를 제외한 전문금융소비자는 투자성 상품 중 장외파생상품 거래시에는 전문금융소비자와 같은 대우를 받겠다는 의사를 금융상품판매업자등에게 서면으로 통지한 경우에만 전문금융소비자에 해당합니다.

■ 표 전문금융소비자의 범위

유 형	금융상품 유형별 전문금융소비자의 범위
전 금융상품 공통	• 국가, 한국은행, 금융회사, 주권상장법인 • 지방자치단체 • 금융감독원, 신보, 기보, 수출입은행, 한국투자공사, 거래소, 금융위원회가 주무기관인 공공기관 • 신협, 농수협, 산림조합, 새마을금고 중앙회, 금융권협회 • 금융지주회사, 집합투자업자, 증권금융회사, 단기금융회사, 자금중개회사, P2P업자, 대부업자 • 법률상 기금 관리·운용 공공기관, 법률상 공제사업 영위 법인·조합·단체 • 적격투자법인·단체 및 개인(단, 국가, 한국은행, 금융회사를 제외한 전문금융소비자는 투자성 상품 중 장외파생상품 거래시에는 전문금융소비자와 같은 대우를 받겠다는 의사를 금융상품판매업자등에게 서면으로 통지한 경우에만 해당)23) • 외국정부, 국제기구, 외국 중앙은행, 외국에 상장된 국내법인
예금성 상품	• 법인·조합·단체, 성년(단, 피성년후견인, 피한정후견인 및 만 65세 이상의 고령자 제외)
투자성 상품	• 투자성 상품을 취급하는 판매대리·중개업자, 적격투자 단체 및 개인
보장성 상품	• 보장성 상품을 취급하는 판매대리·중개업자, 보험요율 산출기관, 보험관계 단체, 단체보험·기업성보험·퇴직연금 가입자
대출성 상품	• 투자성 상품을 취급하는 판매대리·중개업자, 상시근로자가 5인 이상인 법인·조합·단체, 겸영여신업자, 자산취득·자금조달 목적 SPC

23) 현행 시행령에서 확인대상 전문금융소비자의 범위가 동일한 규제를 운영 중인 자본시장법령

7. 적용 범위 및 다른 법률과의 관계

제5조(적용범위) 이 법은 「자본시장과 금융투자업에 관한 법률」 제6조 제5항 제1호에 해당하는 경우에는 적용하지 아니한다.

제6조(다른 법률과의 관계) 금융소비자 보호에 관하여 다른 법률에서 특별히 정한 경우를 제외하고는 이 법에서 정하는 바에 따른다.

가. 적용 범위

법은 부동산투자회사법, 선박투자회사법 등 개별법에 따른 사모펀드(자본시장법 제6조 제5항 제1호)에 대해서는 적용되지 않습니다. 이는 부동산투자회사법, 선박투자회사법 등 개별법에 따른 사모펀드의 경우 자본시장법상 집합투자의 개념에서 제외되고, 해당 개별법에 따른 규제를 받는 점을 감안한 것입니다.[24]

한편, 신협을 제외한 상호금융기관인 농협, 수협, 산림조합, 새마을금고의 경우 이에 대한 감독·제재 체계가 법 적용 당시 정비되지 않아[25] 법 적용 대상에서 제외되었는데, 금융위원회는 2020년 10월부터 신협 외 상호금융기관에 법을 적용하는 방안에 대하여 관계부처와 협의하고 있습니다.[26]

대비 넓어 부담이 된다는 지적에 따라, 2022. 7. 7. 금융위원회가 입법예고한 시행령 개정 안에서는 아래와 같이 문구를 추가하여, 장외파생상품 계약과 관련된 전문금융소비자 취급 의사 확인대상 범위를 자본시장법 시행령과 동일하게 정하는 것으로 정하고 있습니다(금융위원회, 시행령 조문별 개정 이유서).

> **시행령(안) 제2조(정의)** ⑩ 법 제2조제9호마목에서 "대통령령으로 정하는 자"란 다음 각 호의 구분에 따른 자를 말한다.
> 3. 투자성 상품의 경우: 다음 각 목에 해당하는 자(「**자본시장과 금융투자업에 관한 법률 시행령」 제10조제3항제12호부터 제17호까지의 어느 하나에 해당하는 자가** 장외파생상품에 관한 계약의 체결 또는 계약 체결의 권유를 하거나 청약을 받는 경우에는 전문금융소비자와 같은 대우를 받겠다는 의사를 서면으로 알린 경우로 한정한다)

24) 금융감독원, "금융소비자 보호에 관한 법률 설명 자료", 2021. 3월, 11쪽.
25) 법 제정 당시 상호금융기관에 대한 관계 부처간 감독·조치 권한체계가 정비되지 않은 상태 였기 때문입니다(금융감독원, "금융소비자 보호에 관한 법률 설명 자료", 2021. 3월, 7쪽).
26) 금융위원회·금융감독원, "금융소비자보호법 관련 10문 10답", 2021. 3. 25.

나. 다른 법률과의 관계

법은 금융소비자 보호에 관하여 다른 법률에서 특별히 정한 경우를 제외하고는 법에서 정하는 바에 따르는 것으로 규정함으로써, 은행법, 자본시장법 등 개별 금융업법상 금융상품판매조직 또는 금융상품판매규제 관련 조항과의 관계를 명확히 정리하였습니다. 즉, 개별 금융업법상 특별한 규정이 없는 경우 법이 우선 적용되는데, 개별 금융업법상 규정이 있는 금융상품판매조직의 진입규제나 금융상품판매규제에 대해서는 해당 개별 금융업법상의 규제가 우선하여 적용되는 것입니다.[27] 이러한 내용에 따르면, 법은 금융소비자 보호에 관한 일반법적 효력을 가진다고 할 수 있습니다.

---

27) 정순섭, 앞의 논문(주 2), 11쪽.

제2장
금융소비자의 권리와 책무 등

1. 금융소비자의 권리와 책무

제7조(금융소비자의 기본적 권리) 금융소비자는 다음 각 호의 기본적 권리를 가진다.

1. 금융상품판매업자등의 위법한 영업행위로 인한 재산상 손해로부터 보호받을 권리
2. 금융상품을 선택하고 소비하는 과정에서 필요한 지식 및 정보를 제공받을 권리
3. 금융소비생활에 영향을 주는 국가 및 지방자치단체의 정책에 대하여 의견을 반영시킬 권리
4. 금융상품의 소비로 인하여 입은 피해에 대하여 신속·공정한 절차에 따라 적절한 보상을 받을 권리
5. 합리적인 금융소비생활을 위하여 필요한 교육을 받을 권리
6. 금융소비자 스스로의 권익을 증진하기 위하여 단체를 조직하고 이를 통하여 활동할 수 있는 권리

제8조(금융소비자의 책무) ① 금융소비자는 금융상품판매업자등과 더불어 금융시장을 구성하는 주체임을 인식하여 금융상품을 올바르게 선택하고, 제7조에 따른 금융소비자의 기본적 권리를 정당하게 행사하여야 한다.
② 금융소비자는 스스로의 권익을 증진하기 위하여 필요한 지식과 정보를 습득하도록 노력하여야 한다.

가. 의 의

금융회사에 비해 전문성과 교섭력이 열위에 있는 금융소비자의 권익을 보호하기 위해 법은 금융소비자의 기본적 권리를 규정하는 한편, 금융소비자 스스로 역량을 강화할 수 있도록 기본적 책무도 아울러 규정하고 있습니다.

나. 주요 내용

금융소비자는 ① 금융상품판매업자등의 위법한 영업으로 인한 재산상 손해로부터 보호받고 신속·공정한 절차에 따라 적절한 피해 보상을 받을 권리, ② 금융상품의 선택과 소비에 필요한 정보를 제공받고 금융교육을 받을 권리, ③ 금융소비생활에 관련된 국가와 지방자치단체의 정책에 의견을 반영하고 스스로 권익을 증진하기 위한 단체를 조직하여 활동할 권리를 가집니다(법 제7조).

한편, 금융소비자는 ① 금융시장을 구성하는 주체로서 금융상품을 올바르게 선택하여야 하고 금융소비자의 권리를 정당하게 행사하여야 하며, ② 금융소비자 스스로 필요한 지식과 정보를 습득하도록 노력하여야 합니다(법 제8조).

2. 국가와 금융상품판매업자등의 책무

제9조(국가의 책무) 국가는 제7조에 따른 금융소비자의 기본적 권리가 실현되도록 하기 위하여 다음 각 호의 책무를 진다.
1. 금융소비자 권익 증진을 위하여 필요한 시책의 수립 및 실시
2. 금융소비자 보호 관련 법령의 제정·개정 및 폐지
3. 필요한 행정조직의 정비 및 운영 개선
4. 금융소비자의 건전하고 자주적인 조직활동의 지원·육성

제10조(금융상품판매업자등의 책무) 금융상품판매업자등은 제7조에 따른 금융소비자의 기본적 권리가 실현되도록 하기 위하여 다음 각 호의 책무를 진다.
1. 국가의 금융소비자 권익 증진 시책에 적극 협력할 책무
2. 금융상품을 제공하는 경우에 공정한 금융소비생활 환경을 조성하기 위하여 노력할 책무
3. 금융상품으로 인하여 금융소비자에게 재산에 대한 위해가 발생하지 아니하도록 필요한 조치를 강구할 책무
4. 금융상품을 제공하는 경우에 금융소비자의 합리적인 선택이나 이익을 침해할 우려가 있는 거래조건이나 거래방법을 사용하지 아니할 책무
5. 금융소비자에게 금융상품에 대한 정보를 성실하고 정확하게 제공할 책무
6. 금융소비자의 개인정보가 분실·도난·누출·위조·변조 또는 훼손되지 아니하도록 개인정보를 성실하게 취급할 책무

가. 의 의

법은 금융소비자의 기본적 권리가 실현될 수 있도록 국가와 금융상품판매업자등(금융상품직접판매업자·대리중개업자·자문업자)의 책무를 규정하고 있습니다.

나. 주요 내용

국가는 ① 금융소비자의 권익 증진에 필요한 시책을 수립·실시하여야 하고, ② 관련 법령을 제·개정 및 폐지하여야 합니다. 또한 ③ 필요한 행정조직을 정비하고 운영 개선하여야 하며, ④ 금융소비자의 자주적인 조직활동을 지원·육성하여야 합니다(법 제9조).

한편, 금융상품판매업자등은 ① 국가의 금융소비자 권익 증진 시책에 적극 협력하여야 하고, ② 금융상품 제공 시에 공정한 금융소비생활 환경을 조성하기 위해 노력하여야 하며, ③ 금융상품으로 인한 재산상 위해가 발생하지 않도록 필요한 조치를 강구하여야 합니다. 나아가 ④ 금융소비자의 합리적 선택과 이익을 침해할 우려가 있는 거래조건과 거래방법을 사용하지 않아야 하고, ⑤ 금융소비자에게 금융상품 정보를 정확하게 제공하여야 하며, ⑥ 금융소비자의 개인정보를 성실하게 취급하여야 합니다(법 제10조).

제3장
진입규제

1. 개 요

제11조(금융상품판매업자등을 제외한 영업행위 금지) 누구든지 이 법에 따른 금융상품판매업자
등을 제외하고는 금융상품판매업등을 영위해서는 아니 된다.

제12조(금융상품판매업자등의 등록) ① 금융상품판매업등을 영위하려는 자는 금융상품직접판매
업자, 금융상품판매대리·중개업자 또는 금융상품자문업자별로 제3조에 따른 예금성 상품, 대출
성 상품, 투자성 상품 및 보장성 상품 중 취급할 상품의 범위를 정하여 금융위원회에 등록하여
야 한다. 다만, 다음 각 호의 어느 하나에 해당하는 경우에는 등록을 하지 아니하고 금융상품판
매업등을 영위할 수 있다.

　　1. 금융관계법률에서 금융상품판매업등에 해당하는 업무에 대하여 인허가를 받거나 등록을
　　　 하도록 규정한 경우
　　2. 금융관계법률에서 금융상품판매업등에 해당하는 업무에 대하여 해당 법률에 따른 인허가
　　　 를 받거나 등록을 하지 아니하여도 업무를 영위할 수 있도록 규정한 경우

② 제1항에 따라 금융상품직접판매업자 또는 금융상품자문업자로 등록하려는 자는 다음 각 호
의 요건을 모두 갖추어야 한다. 다만, 금융상품직접판매업자에게는 제6호의 요건을 적용하
지 아니한다.

　　1. 금융소비자 보호 및 업무 수행이 가능하도록 대통령령으로 정하는 인력과 전산 설비, 그
　　　 밖의 물적 설비를 갖출 것
　　2. 제1항에 따라 등록하려는 업무별로 대통령령으로 정하는 금액 이상의 자기자본을 갖출 것
　　3. 대통령령으로 정하는 건전한 재무상태와 사회적 신용을 갖출 것
　　4. 임원이 제4항 제1호 각 목의 어느 하나에 해당하지 아니할 것
　　5. 금융소비자와의 이해 상충을 방지하기 위한 체계로서 대통령령으로 정하는 요건을 갖출 것
　　6. 금융상품판매업자와 이해관계를 갖지 않는 자로서 다음 각 목의 요건을 갖출 것

가. 금융상품판매업(「자본시장과 금융투자업에 관한 법률」 제6조 제8항에 따른 투자일임업은 제외한다)과 그 밖에 대통령령으로 정하는 금융업을 겸영하지 아니할 것

나. 금융상품판매업자(「자본시장과 금융투자업에 관한 법률」 제8조 제6항에 따른 투자일임업자는 제외한다. 이하 이 항에서 같다)와 「독점규제 및 공정거래에 관한 법률」 제2조 제12호에 따른 계열회사 또는 대통령령으로 정하는 관계가 있는 회사(이하 "계열회사등"이라 한다)가 아닐 것

다. 임직원이 금융상품판매업자의 임직원 직위를 겸직하거나 그로부터 파견받은 자가 아닐 것

라. 그 밖에 금융소비자와의 이해 상충 방지를 위하여 대통령령으로 정하는 요건

③ 제1항에 따라 금융상품판매대리·중개업자로 등록하려는 자는 다음 각 호의 요건을 모두 갖추어야 한다.

1. 교육 이수 등 대통령령으로 정하는 자격을 갖출 것

2. 제4항 제2호 각 목의 어느 하나에 해당하지 아니할 것(금융상품판매대리·중개업자로 등록하려는 법인의 경우에는 임원이 제4항 제2호 각 목의 어느 하나에 해당하지 아니할 것)

3. 그 밖에 금융소비자 권익 보호 및 건전한 거래질서를 위하여 필요한 사항으로서 금융상품판매대리·중개업자의 업무 수행기준, 필요한 인력의 보유 등 대통령령으로 정하는 요건을 갖출 것

④ 다음 각 호의 구분에 따라 해당 호 각 목의 어느 하나에 해당하는 사람은 제1항에 따른 등록을 한 금융상품직접판매업자, 금융상품자문업자 또는 법인인 금융상품판매대리·중개업자의 임원이 될 수 없다.

1. 금융상품직접판매업자 또는 금융상품자문업자의 경우

가. 미성년자, 피성년후견인 또는 피한정후견인

나. 파산선고를 받고 복권되지 아니한 사람

다. 금고 이상의 실형을 선고받고 그 집행이 끝나거나(집행이 끝난 것으로 보는 경우를 포함한다) 집행이 면제된 날부터 5년이 지나지 아니한 사람

라. 금고 이상의 형의 집행유예를 선고받고 그 유예기간 중에 있는 사람

마. 이 법, 대통령령으로 정하는 금융 관련 법률 또는 외국 금융 관련 법령에 따라 벌금 이상의 형을 선고받고 그 집행이 끝나거나(집행이 끝난 것으로 보는 경우를 포함한다) 집행이 면제된 날부터 5년이 지나지 아니한 사람

바. 이 법 또는 대통령령으로 정하는 금융 관련 법률에 따라 임직원 제재조치(퇴임 또는 퇴직한 임직원의 경우 해당 조치에 상응하는 통보를 포함한다)를 받은 사람으로서 그 조치의 종류별로 5년을 초과하지 아니하는 범위에서 대통령령으로 정하는 기간이 지나지 아니한 사람

사. 금융소비자 보호 및 건전한 거래질서를 해칠 우려가 있는 경우로서 대통령령으로 정

하는 사람

2. 법인인 금융상품판매대리 · 중개업자의 경우

  가. 제1호 가목 · 나목 및 라목 중 어느 하나에 해당하는 사람

  나. 금고 이상의 실형을 선고받고 그 집행이 끝나거나(집행이 끝난 것으로 보는 경우를 포함한다) 집행이 면제된 날부터 2년이 지나지 아니한 사람

  다. 이 법, 대통령령으로 정하는 금융 관련 법률 또는 외국 금융 관련 법령에 따라 벌금 이상의 형을 선고받고 그 집행이 끝나거나(집행이 끝난 것으로 보는 경우를 포함한다) 집행이 면제된 날부터 2년이 지나지 아니한 사람

⑤ 제1항에 따라 금융상품판매업자등으로 등록을 신청하려는 자는 등록요건 심사 및 관리에 필요한 비용을 고려하여 대통령령으로 정하는 바에 따라 수수료를 내야 한다.

⑥ 제1항부터 제5항까지에서 규정한 사항 외에 금융상품판매업자등의 등록에 필요한 사항은 대통령령으로 정한다.

가. 등록단위의 신설

법은 투자성 · 보장성 · 예금성 · 대출성 상품에 대하여 금융상품직접판매업자, 금융상품판매대리 · 중개업자 및 금융상품자문업자 중 금융관계법률상 인허가 · 등록 요건이 없는 6개 유형에 대한 등록단위를 신설하였습니다(법 제11조, 제12조).[1]

■ 표 법상 신설되는 등록단위(✓ 표시 부분)[2]

상품구분	직판업자	대리 · 중개업자	자문업자
투자성	금융회사	투자권유대행인	비독립 투자자문업자
			독립 투자자문업자(✓)
보장성		보험모집인	보장성 상품 독립자문업자(✓)
		신협공제사업모집법인(조합)	
		신협 공제상품모집인(✓)	

---

1) 그간 대출모집인은 법적 근거 없이 '대출모집인 제도 모범규준(금융감독원 행정지도)'에 따라 등록 및 규율되어 왔습니다.

2) 금융감독원, "금융소비자 보호에 관한 법률 설명 자료", 2021. 3월, 12쪽.

상품구분	직판업자	대리·중개업자	자문업자
대출성		신용카드모집인	대출성 상품 독립자문업자(✓)
		대출모집인(✓) (리스·할부금융 중개인 포함)	
예금성		신설 여부 추후 판단	예금성 상품 독립자문업자(✓)

나. 등록의무

법에 따른 금융상품판매업자등만 금융상품판매업등을 영위할 수 있습니다 (법 제11조). 즉, 법에 따라 금융상품판매업자등으로 등록을 한 자, 금융관계법률3)에 따라 인·허가를 받거나 등록한 자 또는 인·허가를 받거나 등록을 하지 않아도 금융상품판매업등을 영위할 수 있도록 금융관계법률에 따라 허용된 자 (법 제12조 제1항 단서)만 금융상품판매업등의 영위가 허용됩니다. 금융상품판매업등의 등록을 하지 않고 금융상품판매업등을 영위하거나, 거짓이나 그 밖의 부정한 방법으로 등록을 한 자는 5년 이하의 징역 또는 2억 원 이하의 벌금에 처합니다(법 제67조 제1호, 제2호).

2. 금융상품자문업자의 등록요건

가. 의 의

법은 금융소비자를 편향된 정보로부터 보호하고 전문적·중립적인 자문서비스를 쉽게 이용할 수 있도록 하기 위해 금융상품판매업자와 이해관계가 없는 독립 금융상품자문업자 제도를 채택하였습니다(법 제12조). 예금성·대출성·투자성·보장성 상품에 대해 독립 금융상품자문업을 영위하려는 법인은 등록을 하여야 합니다. 다만, 금융상품자문업을 영위하는 자로서 금융관계법률에서 금

---

3) 시행령 제2조 제3항에서 규정한 법률을 말합니다.

융상품자문업에 해당하는 업무에 대하여 인허가 또는 등록을 하도록 규정한 경우에 해당 법률에 따른 인허가를 받거나 등록을 한 자는 법상 등록을 요하지 않습니다(법 제2조 제5호, 제12조 제1항 단서).

독립 금융상품자문업자의 등록요건은 자본시장법에서 정하고 있는 투자자문업자의 등록요건과 유사하나, 자문업의 대상이 되는 금융상품의 유형과 관계없이 모든 금융상품에 대해 독립성을 확보하여야 한다는 점에서 차이가 있습니다. 자본시장법상 투자자문업자가 대출성 상품 또는 보장성 상품의 자문을 하고자 할 경우, 투자성 상품을 포함한 모든 금융상품에 대하여 법 제12조 제2항 제6호의 독립성 요건을 충족하여야 합니다.[4]

■ 표 자본시장법과 금융소비자보호법상 자문업자 등록 제도 비교[5]

	자본시장법상 투자자문업 등록	금융소비자보호법상 금융상품자문업 등록
취급상품	투자성 상품(+예금성 상품)	예금성·대출성·투자성·보장성 상품
독립성 요건	해당 없음	판매업 경영금지
자격요건	주식회사 또는 특수은행	법인
인력요건	금융투자협회 인증 전문인력 1인 이상	상품별 금융위원회 지정기관 인증 전문인력 1인 이상
물적설비	해당 없음	전산설비, 고정사업장 등
자기자본	2.5억 원(모든 투자상품)	투자성 상품(좌동) / 그 밖의 상품(1억 원)
	1억 원(집합투자증권 등 일부 상품)	
사회적 신용	법령상 사회적 신용 갖출 것	좌동
임원 결격사유	금융사지배구조법상 요건에 적합	좌동
이해상충방지	관련 내부통제기준 마련 등	알고리즘 등

---

4) 금융위원회·금융감독원 보도자료, 새롭게 도입되는 독립금융상품자문업 등록 설명회를 온라인으로 진행합니다, 2021. 9. 15.

5) 금융위원회·금융감독원 보도자료, "금융위·금감원은 독립금융상품자문업 등록 신청을 적극 지원하겠습니다.", 2021. 9. 23.

나. 주요 내용

1) 자격 요건(법 제12조 제2항 제2호)

금융상품자문업자는 상법상 주식회사 등 법인이어야 합니다. 등록 당시 신설 법인인지, 기존 법인인지는 무관합니다.

2) 인력요건(법 제12조 제2항 제1호)

(업무수행 인력) 업무 수행에 필요한 전문성을 갖춘 인력을 1명 이상 두어야 합니다(법 제12조 제2항 제1호, 시행령 제5조 제1항 제1호 가목). 업무 수행에 필요한 전문성을 갖춘 인력이란, ① 해당 상품유형의 금융상품자문업을 영위하는데 필요한 자격을 취득하거나(감독규정 제5조 제1항 제2호), ② 등록하려는 금융상품 유형의 금융상품판매업에 3년 이상 종사한 경력이 있는 사람(등록을 신청한 날 이전 5년 이내에 해당 업무에 종사한 사람만 해당)으로서 해당 금융상품 자격 취득과 관련된 교육을 받은 사람입니다(감독규정 제5조 제1항 제1호).

(전산 인력) 전산 설비의 운용·유지·관리를 전문적으로 수행할 수 있는 인력을 1명 이상 두어야 합니다(법 제12조 제2항 제1호, 시행령 제5조 제1항 제1호 나목).

3) 물적 요건(법 제12조 제2항 제1호)

컴퓨터 등 정보통신설비, 전자적 업무처리에 필요한 설비 등 전산설비를 구축하여야 하고, 고정사업장, 사무장비 및 통신수단, 업무 관련 자료의 보관 및 손실방지 설비, 전산설비 등을 안전하게 보호할 수 있는 보안설비 등 물적설비도 갖추어야 합니다(법 제12조 제2항 제1호, 시행령 제5조 제1항 제2호, 제3호). 이때 고정사업장은 건축물대장에 기재된 건물을 소유, 임차 또는 사용대차 등의 방법으로 사용할 수 있는 권리를 6개월 이상 확보한 장소여야 합니다(감독규정 제5조 제2항).

4) 자기자본 요건(법 제12조 제2항 제2호)

등록하려는 금융상품 유형별로 일정한 금액 이상의 자기자본을 갖춰야 합니다(법 제12조 제2항 제2호). 모든 투자성 상품을 취급하는 경우 2억 5천만 원 이상의 자기자본을 갖추어야 하나, 집합투자증권, 파생결합증권 등 자본시장법 시행령 별표 3의 등록업무 단위 5-21-1에 해당하는 투자성 상품만 취급하는 경우에는 1억 원 이상을 갖추면 됩니다(시행령 제5조 제2항 제2호 라목). 예금성·대출성·보장성 상품을 취급하는 경우 1억 원 이상의 자기자본을 갖출 것이 요구됩니다(시행령 제5조 제2항 제2호 가목 내지 다목).

금융상품 유형 중 둘 이상에 대한 자문업무를 하는 경우에는 각각의 금융상품별로 요구되는 자기자본 금액을 합산한 금액의 자기자본을 갖춰야 합니다. 다만, 대출성·보장성·투자성 상품을 취급하면서 예금성 상품을 추가로 취급하려는 경우에는, 예금성 상품에 대한 별도의 자기자본을 갖추지 않아도 됩니다.

5) 재무상태 요건(법 제12조 제2항 제3호)

자기자본 대비 부채총액 비율이 200% 이하여야 합니다(시행령 제5조 제3항 제1호, 감독규정 제5조 제3항).

6) 사회적 신용 요건(법 제12조 제2항 제3호)

금융상품자문업자로 등록하려는 자는 최근 3년간 일정한 법령을 위반하여 벌금형 이상에 상당하는 형사처벌을 받거나, 채무불이행 등으로 건전한 신용질서를 해치거나, 최근 5년간 부실금융기관으로 지정된 전력 등이 없어야 합니다(시행령 제5조 제3항 제2호, 자본시장법 시행령 제16조 제8항 제2호).

7) 임원 요건(법 제12조 제2항 제4호)

임원이 ① 미성년자, 피성년후견인 또는 피한정후견인, ② 파산선고를 받고 복권되지 않은 사람, ③ 금고 이상의 실형을 선고받고 그 집행이 끝나거나 집행이 면제된 날로부터 5년이 지나지 않은 사람, ④ 금고 이상의 형의 집행유예를 선고받고 그 유예기간 중에 있는 사람, ⑤ 법 및 금융관련법률[6] 또는 외국 금융 관련 법령에 따라 벌금 이상의 형을 선고받고 그 집행이 끝나거나 집행이 면제된 날로부터 5년이 지나지 아니한 사람, ⑥ 법 또는 금융관련법률에 따라 임직원 제재조치를 받은 사람으로 조치를 받은 때로부터 일정한 기간

---

6) 금융사지배구조법 시행령 제5조 각 호에 따른 법률을 말합니다.

이 경과되지 아니한 사람7) 등에 해당하지 않아야 합니다(법 제12조 제2항 제4호, 제4항 제1호).

8) 이해상충방지 요건(법 제12조 제2항 제5호)

(온라인 전용 법인) 전자금융거래법에 따른 전자적 장치를 이용한 자동화 방식을 통해서만 금융상품자문업을 영위하는 경우, 금융소비자와의 이해상충행위 방지를 위한 기준이 포함된 소프트웨어를 사용하여야 합니다(시행령 제5조 제4항 제1호). 이해상충행위 방지를 위한 기준이란 ① 법 제17조 제2항 각 호의 구분에 따른 정보를 고려하여 금융소비자의 금융상품 거래 성향을 분석할 것(감독규정 제5조 제4항 제1호), ② 법 제2조 제4호에 따른 금융상품자문에 응하는 내용이 하나의 금융상품 또는 하나의 금융상품 직접판매업자에 집중되지 않을 것(감독규정 제5조 제4항 제2호), ③ 금융소비자별로 매년 1회 이상 금융상품자문에 응하는 내용에 따른 거래의 안정성 및 수익성, 그리고 이에 따른 금융상품 거래 성향을 평가하여 금융상품자문에 응하는 내용을 조정할 것입니다(감독규정 제5조 제4항 제3호). 이 중 ①, ③은 금융상품 유형 중 보장성 상품과 투자성 상품에만 적용됩니다.

(기타 법인) 온라인 방식으로만 자문서비스를 제공하는 경우가 아닌 경우, ① 이해상충행위 방지 기준의 문서화, ② 이해상충행위 방지를 위한 교육·훈련 체계 수립, ③ 이해상충행위 방지 기준 위반 시 조치 체계 수립의 요건을 모두 갖추어야 합니다(시행령 제5조 제4항 제2호).

9) 독립성 요건(법 제12조 제2항 제6호)

금융상품판매업자와 이해관계를 갖지 않는 자로서 다음 각 요건을 충족하여야 합니다. ① 금융상품판매업, 금융투자업, 신용사업 또는 공제사업8)을 겸영

---

7) 임원에 대한 제재조치의 유형별로 ① 해임(해임요구 또는 해임권고를 포함합니다)은 해임일(해임요구 또는 해임권고의 경우에는 해임요구일 또는 해임권고일을 말합니다)부터 5년, ② 직무정지(직무정지의 요구를 포함합니다) 또는 업무집행정지는 직무정지 종료일(직무정지 요구의 경우에는 직무정지 요구일을 말합니다) 또는 업무집행정지 종료일부터 4년, ③ 문책경고는 문책경고일부터 3년을 말합니다. 그리고 직원에 대한 제재조치의 종류별로 ① 면직요구는 면직요구일부터 5년, ② 정직요구는 정직요구일부터 4년, ③ 감봉요구는 감봉요구일부터 3년을 말합니다(시행령 제7조 제2항, 금융사지배구조법 시행령 제7조 제2항).

하지 않아야 하고(법 제12조 제2항 제6호 가목, 시행령 제5조 제5항), ② 금융상품판매
업자와 공정거래법에 따른 계열회사 또는 외부감사법에 따른 관계회사의 관계
가 없어야 하며(법 제12조 제2항 제6호 나목, 시행령 제5조 제6항, 외부감사법 시행령 제
26조 제1항), ③ 임직원이 금융상품판매업자의 임직원 직위를 겸직하거나 그로
부터 파견받은 자가 아니어야 합니다(법 제12조 제2항 제6호 다목).

3. 금융상품판매대리 · 중개업자의 등록요건

가. 의 의

　금융상품판매대리 · 중개업은 신협 공제상품모집인과 개인 대출모집인, 법인
대출모집인으로 구분되어 별도의 등록요건이 적용됩니다.[9] 개인 대출모집인과
신협 공제상품모집인의 등록요건은 유사하고, 법인 대출모집인의 등록요건은
온 · 오프라인 법인에게 공통적으로 적용되는 요건과 온라인 법인에게만 단독으
로 적용되는 요건으로 구분됩니다.

---

8) 농업협동조합법, 산림조합법, 새마을금고법 또는 수산업협동조합법에 따른 신용사업 또는
　공제사업을 말합니다.
9) 법상 금융상품판매대리 · 중개업을 영위하려는 자는 예금성 상품, 대출성 상품, 투자성 상품
　및 보장성 상품 중 취급할 상품의 범위를 정하여 금융위원회에 등록하도록 되어 있으나, 감
　독규정 제6조에서 대출성 상품을 취급하는 금융상품판매대리 · 중개업자 및 신용협동조합법
　상 공제를 취급하는 금융상품판매대리 · 중개업자의 등록요건에 관한 세부사항만을 규정하고
　있습니다. 이외에 투자성 상품 및 보장성 상품을 판매대리 · 중개하려는 자는 각 자본시장법
　및 보험업법 등에 따른 등록 등을 거쳐 금융상품판매대리 · 중개업을 영위할 수 있으며, 대
　출성 상품 중 신용카드를 판매대리 · 중개하려는 자는 여신전문금융업법에 따라 모집인 등록
　을 하여 금융상품판매대리 · 중개업을 영위할 수 있습니다(법 제12조 제1항 단서).

■ 표 금융상품판매대리·중개업자의 등록요건[10]

신협 공제상품모집인 (개인)	대출모집인		
	개 인	온·오프라인 법인 공통	온라인 법인 단독
■ **자격요건** (인증, 교육 이수)	좌동	■ **사회적 신용요건** (신청인의 형사처벌 부존재 등)	■ **배상책임 담보요건** (5천만 원의 예탁 또는 보험 가입)
■ **결격요건** (미성년자등×, 형사처벌 부존재)	좌동	■ **임원결격요건** (미성년자등×, 형사처벌 부존재)	■ **알고리즘요건** (이자율 등으로 대출 상품 검색 가능/소비자에게 유리한 조건 順으로 상품 배열/검색 결과와 무관한 광고 금지)
		■ **업무수행기준요건** (직무수행 절차·방법·기준, 임직원 교육)	
		■ **인력요건** (상품·전산 전문인력 각각 1인 이상)	
		■ **물적요건** (전산설비, 고정사업장 등)	

대출모집인이 등록요건을 갖추어 한 번 등록이 된 이상 기존 금융회사와의 위탁 계약이 종료되고 다른 금융회사와 위탁계약을 체결하였다고 하여 새로 등록하여야 하는 것은 아닙니다.[11] 또한, 등록된 대출모집법인의 소속 임직원은 모집업무를 위해서 별도로 대출모집인으로 등록할 필요는 없습니다.[12]

---

10) 금융감독원, "금융소비자 보호에 관한 법률 설명 자료", 2021. 3월, 17쪽.

11) 금융위원회·금융감독원, "금융소비자보호법 FAQ 답변(2차)", 2021. 3. 17., 3쪽.

12) 전화권유판매업자(Telemarketing 업체)의 소속 직원은 직접 법률행위를 할 수 없는 법인을 대리하여 업무를 수행한다는 점에서 법인과 위탁계약을 체결하는 개인 대출모집인과 달리 별도의 등록을 요하지 않습니다[금융위원회·금융감독원, "금융소비자보호법 FAQ 답변(2차)", 2021. 3. 17., 3쪽].

나. 주요 내용

1) 신협 공제상품모집인

(인력요건) 신용협동조합법에 따른 공제를 취급하는 금융상품판매대리·중개업자가 되려는 사람은 ① 보험업법에 따른 보험설계사, 개인인 보험대리점 또는 개인인 보험중개사가 금융위원회에 등록할 경우 보험업법 시행령에 따라 이수해야 하는 교육 또는 ② 공제를 취급하는 금융상품판매대리·중개업자가 갖추어야 할 전문성 확보를 위해 신협중앙회가 위 ①의 교육에 준하여 실시하는 교육 중 어느 하나를 이수하여야 합니다(법 제12조 제3항 제1호, 시행령 제6조 제1항, 감독규정 제6조 제3항).

(결격요건) ① 미성년자, 피성년후견인 또는 피한정후견인, ② 파산선고를 받고 복권되지 않은 사람, ③ 금고 이상의 형의 집행유예를 선고받고 그 유예기간 중에 있는 사람, ④ 금고 이상의 실형을 선고받고 그 집행이 끝나거나 집행이 면제된 날로부터 2년이 지나지 않은 사람, ⑤ 법 및 금융관련법률 또는 외국 금융 관련 법령에 따라 벌금 이상의 형을 선고받고 그 집행이 끝나거나 집행이 면제된 날로부터 2년이 지나지 않은 사람에 해당하지 않아야 합니다(법 제12조 제3항 제2호, 제4항 제2호).

2) 개인 대출모집인

(인력요건) 대출성 상품을 취급하는 금융상품판매대리·중개업자가 되려는 자는 ① 대출성 상품을 취급하는 금융상품직접판매업에 3년 이상 종사한 경력이 있는 사람인 경우에는 여신전문금융업협회가 개인이 대출성 상품에 관한 계약의 체결을 대리하거나 중개하는데 필요한 전문성·윤리성을 갖추었는지 인증하는 데 필요한 교육을 여신전문금융업협회가 지정하는 기관으로부터 24시간 이상 받아야 하고, ② 그 밖의 경우에는 위 ①의 교육을 여신전문금융업협회가 지정하는 기관으로부터 48시간 이상 받은 후에 그 교육을 충실히 이수하였는지에 대해 여신전문금융업협회로부터 인증을 받아야 합니다(법 제12조 제3항 제1호, 시행령 제6조 제1항, 감독규정 제6조 제1항).

(결격요건) 개인 대출모집인의 결격요건은 신협 공제상품모집인의 결격요건과 같습니다(법 제12조 제3항 제2호, 제4항 제2호).

3) 법인 대출모집인

(사회적 신용 요건) 금융상품판매대리·중개업자로 등록하려는 법인은 ① 최근 3년간 금융관련법령,[13] 공정거래법, 조세범처벌법을 위반하여 벌금형 이상에 상당하는 형사처벌을 받거나, ② 최근 3년간 채무불이행 등으로 건전한 신용질서를 해치거나, ③ 최근 5년간 부실금융기관으로 지정되었거나 금융관련법령에 따라 영업의 인허가·등록이 취소되었거나 ④ 금융관련법령이나 외국금융관련법령에 따라 금융위원회, 외국금융감독기관 등으로부터 지점, 그 밖의 영업소의 폐쇄 또는 그 업무의 전부나 일부의 정지 이상의 조치(이에 상당하는 행정처분을 포함)를 받은 날로부터 일정한 기간[14]이 경과되지 아니한 사실 등이 없어야 합니다. 다만 그 위반의 정도가 경미하다고 인정되는 경우는 제외됩니다(법 제12조 제3항 제3호, 시행령 제6조 제2항 제4호, 자본시장법 시행령 제16조 제8항 제2호).

(임원 결격요건) 임원이 ① 미성년자, 피성년후견인 또는 피한정후견인, ② 파산선고를 받고 복권되지 않은 사람, ③ 금고 이상의 형의 집행유예를 선고받고 그 유예기간 중에 있는 사람, ④ 금고 이상의 실형을 선고받고 그 집행이 끝나거나 집행이 면제된 날로부터 2년이 지나지 않은 사람, ⑤ 법 및 금융관련법률 또는 외국 금융 관련 법령에 따라 벌금 이상의 형을 선고받고 그 집행이 끝나거나 집행이 면제된 날로부터 2년이 지나지 않은 사람에 해당하지 않아야 합니다(법 제12조 제3항 제2호, 제4항 제2호).

(업무 수행기준 요건) 금융소비자의 권익 보호와 건전한 거래질서를 위해 업무수행기준을 마련해야 합니다(법 제12조 제3항 제3호, 시행령 제6조 제2항). 업무 수행기준이란 ① 권유, 계약 체결 등 금융소비자를 대상으로 하는 직무의 수행에 관한 사항, ② 권유, 계약 체결 등 금융소비자를 대상으로 직무를 수행하는 사

---

13) 금융사지배구조법 시행령 제5조에 따른 법령을 말합니다.

14) 업무의 전부정지는 업무정지가 끝난 날로부터 3년, 업무의 일부정지는 업무정지가 끝난 날로부터 2년, 지점 그 밖의 영업소의 폐쇄 또는 그 업무의 전부나 일부의 정지의 경우 해당 조치를 받은 날로부터 1년의 기간을 말합니다.

람이 갖추어야 할 교육수준 또는 자격에 관한 사항, ③ 금융소비자와의 이해상충 방지에 관한 사항, ④ 광고물 제작 및 광고물 내부 심의에 관한 사항을 말합니다(감독규정 제6조 제4항).

(인력요건) 업무 수행에 필요한 전문성을 갖춘 인력을 1명 이상, 전산설비의 운용·유지 및 관리를 전문적으로 수행할 수 있는 인력을 1명 이상 각각 구비하여야 합니다(법 제12조 제3항 제3호, 시행령 제6조 제2항 제2호). 또한 법인의 대표 또는 임원은 취급하려는 금융상품 및 금융소비자보호 등에 관한 교육을 이수하여야 합니다(시행령 제6조 제1항).

(물적 요건) 컴퓨터 등 정보통신설비, 전자적 업무처리에 필요한 설비, 고정 사업장, 사무장비 및 통신수단, 업무 관련 자료의 보관 및 손실방지 설비, 전산설비 등을 안전하게 보호할 수 있는 보안설비를 구비하여야 합니다(법 제12조 제3항 제3호, 시행령 제6조 제2항 제3호).

(온라인 법인 요건) 전자금융거래법에 따른 전자적 장치를 이용한 자동화 방식을 통해서만 금융상품판매대리·중개업을 영위하려는 법인은 ① (배상책임 담보 요건) 금융소비자의 손해배상을 위해 5천만 원의 보증금을 예탁하거나 이와 같은 수준 이상의 보장성 상품에 가입하여야 합니다(법 제12조 제3항 제3호, 시행령 제6조 제2항 제5호, 감독규정 제6조 제6항). 또한 ② (알고리즘 요건) 전자금융거래법에 따른 전자적 장치에 이해상충행위 방지를 위한 기준이 포함된 소프트웨어를 설치하여야 합니다(시행령 제6조 제2항 제6호). 이때 이해상충행위 방지를 위한 기준이란, ① 금융소비자가 이자율, 신용점수, 상환기간 등 자신에게 필요한 사항을 선택하여 이에 부합하는 상품을 검색할 수 있을 것, ② 위 ①에 따른 검색을 하는 경우에 이자율이나 원리금이 낮은 금융상품을 상단에 배치시키는 등 소비자의 선택에 따라 소비자에 유리한 조건의 우선순위를 기준으로 금융상품이 배열되도록 할 것, ③ 위 ①에 따른 검색결과를 보여주는 화면에서 검색결과와 관련 없는 동종의 금융상품을 광고하지 않을 것, ④ 금융상품직접판매업자가 제공하는 수수료 등 재산상 이익으로 인해 위 ① 및 ② 각각의 기능이 왜곡되지 않을 것입니다(감독규정 제6조 제7항).

4. 등록절차

법에 따라 금융상품직접판매업자, 금융상품판매대리·중개업자, 금융상품자문업자의 등록을 하려는 자는 등록신청서를 금융위원회에 제출해야 합니다. 다만 소속 모집인 100명 이상인 법인 대출모집인 및 온라인 법인 대출모집인의 등록업무는 금융감독원이 수행하고(시행령 제49조 제1항 제1호), 그 외 법인 대출모집인, 개인 대출모집인, 신협 공제상품모집인의 등록업무는 관련 협회등에서 수행합니다(시행령 제49조 제2항).

등록신청을 받은 금융위원회 등은 등록신청을 받은 날로부터 2개월 이내에[15] 등록 여부를 결정하고, 해당 기간에 등록 여부를 결정하기 어려운 불가피한 사정이 있는 때에는 2개월의 범위에서 한 차례만 그 기간을 연장할 수 있습니다(시행령 제8조).

5. 관련 쟁점: 비대면 영업행위의 금융상품판매대리·중개업 해당 여부[16]

금융상품직접판매업자가 아닌 자가 비대면 채널에서 금융상품을 소개하는 등의 행위가 중개(권유가 포함된 행위)에 해당하는지 아니면 단순 광고에 불과한지가 문제되고 있습니다. 중개에 해당하면 금융상품판매대리·중개업자로서 등록이 필요할 뿐만 아니라 적합성 원칙의 적용을 받아 금융상품을 소개, 즉 권유하기 전에 일반금융소비자의 정보 확인 및 적합성 판단이 필요하기 때문입니다.[17]

이와 관련하여 비대면 채널에서 발생하는 행위 유형별 금융감독당국의 판단은 다음과 같습니다.

---

15) 등록요건 충족 여부 확인을 위하여 다른 기관으로부터 필요한 자료를 제공받는 데에 걸리는 기간, 신청인이 제출한 등록신청서에 흠이 있어 금융위원회가 보완을 요구한 경우 그 보완 기간 등은 등록 여부를 결정하는 2개월의 심사기간에서 제외됩니다(감독규정 제7조 제4항).

16) 금융위원회·금융감독원, "금융소비자보호법 FAQ 답변(2차)", 2021. 3. 17., 2쪽.

17) 적합성 원칙 관련 구체적인 내용은 본서 제5장(6대 판매규제 – 적합성 원칙)을 참고하시기 바랍니다.

영업행위 유형	유권해석
상품 추천 및 설명과 함께 금융상품판매업자와 계약을 체결할 수 있도록 지원	중개
불특정다수를 대상으로 금융거래를 유인하기 위해 금융상품 관련 정보를 게시	광고
금융상품판매업자가 특정인 맞춤형으로 광고를 제공	중개
특정 금융상품 추천 및 설명이 없는 광고(예: 배너광고) 클릭 시 계약을 체결할 수 있도록 금융상품판매업자에 연결	광고(일반적으로 적극적인 유인행위로 보기 어렵기 때문)
광고에 더하여 청약서류 작성 및 제출 기능을 지원	중개
금융상품판매업자가 아닌 자가 이익을 얻을 목적으로 자문에 응하여 그 소비자로부터 대가를 받고 상품을 추천 (예) 고객 관련 정보를 분석한 결과를 토대로 적합한 상품을 제시	자문서비스
금융상품판매업자로부터 특정 금융상품 추천에 대한 대가를 받는 경우	중개

6. 관련 쟁점: 온라인 금융플랫폼 서비스의 중개업 해당 여부

가. 문제점

금융플랫폼을 통한 금융상품판매는 온라인을 통한 비대면거래를 특징으로 합니다. 또한 금융플랫폼을 운영하는 사업자는 소비자 맞춤형 금융서비스를 제공하기 위해 다른 사업을 영위하거나 다른 사업자와 업무제휴 등을 하는 과정에서 보유하게 되는 다양한 비금융정보를 적극적으로 활용할 유인이 있습니다. 금융플랫폼이 데이터를 수집 및 처리하는 과정은 '알고리즘'을 활용하여 자동화되어 있고, 금융플랫폼 서비스를 운영하는 핀테크 업체들은 최대한 많은 소비자를 확보함으로써 발생하는 '네트워크 효과'[18]를 통해 영업이익을 극대화하고 있습니다.

---

18) '네트워크 효과(Network effect)'란 특정 상품 등에 대한 수요가 다른 사람에게 영향을 미치는 효과를 의미하는 것으로 사람들이 네트워크를 형성하여 다른 사람의 수요에 영향을 준다는 의미에서 붙여진 경제현상을 말합니다.

이러한 금융플랫폼의 특성으로 인해 소비자가 선택할 수 있는 금융상품의 범위가 넓어지고, 거래비용이 감소되며, 소비자 중심의 맞춤형 금융서비스를 통해 금융분야의 혁신과 경쟁이 촉진되는 등 긍정적인 효과가 발생합니다. 그러나 다른 한편으로는 역선택[19]의 가능성, 부적절한 정보수집, 디지털 소외계층의 발생, 소비자의 실수 유발, 책임 소재의 불명확화 등 리스크가 존재하는 것도 사실입니다.

법은 금융상품판매중개행위를 엄격하게 규제하고, 온라인 금융플랫폼을 통한 금융상품판매활동이 '중개행위'에 해당할 경우 법상 각종 판매규제를 준수해야 하므로,[20] 금융플랫폼 서비스 운영자의 영업행위의 '중개행위' 해당 여부가 실무상 중요한 문제로 대두되고 있습니다.

이와 관련하여 금융감독당국은, 소비자가 온라인 금융플랫폼을 판매업자로 오인할 가능성, 해당 플랫폼이 판매과정 전반에 관여한 정도, 판매실적에 따른 수수료 지급 여부, 자동차보험 등 의무보험, 신용대출 등과 같이 구조가 단순한 금융상품인지 등 제반 사정을 고려하여 온라인 금융플랫폼 서비스의 목적이 정보제공 자체가 아니라 판매를 목적으로 하는 경우 일반적으로 '중개행위'에 해당한다는 입장을 밝힌 바 있습니다. 이는 온라인 금융플랫폼 운영자에 대해서도 '동일기능·동일규제' 원칙에 따라 법을 적용하겠다는 입장인 것으로 이해됩니다.

나. 금융감독당국 유권해석

온라인 금융플랫폼 운영자의 영업행위가 '중개행위'에 해당하는지 문제된 사안에서 금융감독당국은 다음과 같은 입장을 밝힌 바 있습니다.

---

19) '역선택(Adverse Selection)'이란 거래를 할 때 정보 비대칭으로 인해 부족한 정보를 가지고 있는 쪽이 불리한 선택을 하는 상황을 말합니다.

20) 법상 6대 판매규제 관련 구체적인 내용은 본서 제5장(6대 판매규제 - 적합성 원칙)~제10장(6대 판매규제 - 광고규제)을, 금융상품판매중개업자에 대한 영업행위 규제 관련 구체적인 내용은 본서 제11장(영업규제 - 금융상품판매대리·중개업자 등)을 참고하시기 바랍니다.

문제된 사례	금융당국의 유권해석
[금융상품 정보제공] – 플랫폼의 첫 화면에서 '결제, 대출, 보험 등'과 함께 '투자'를 해당 앱이 제공하는 서비스로 표시하였고, '투자' 서비스에서 '펀드, 연금보험, 저축보험' 등 특정 금융상품에 관하여 상품명 없이 구체적인 정보를 확인할 수 있음. – 해당 플랫폼 내에서 '청약 → 송금 → 계약내역 관리' 등 모든 계약절차가 이루어지는 반면, 실제 금융상품판매업자에 관한 정보는 해당 플랫폼 화면 최하단에 가장 작게 표시되어 있음. – 해당 플랫폼은 충전된 금액에서 결제하고 남은 금액을 특정 금융상품판매업자가 취급하는 펀드에 자동으로 투자하는 서비스를 제공할 뿐만 아니라, 금융상품판매업자로부터 판매실적에 따라 수수료를 지급받음.	**→ '중개행위'에 해당** – 플랫폼을 통해 체결되는 계약이 늘어날수록 해당 플랫폼이 금융상품판매업자로부터 지급받는 수수료 수입이 증대되므로, 플랫폼이 판매이익을 목적으로 상품정보 제공 등 판매과정에서 소비자의 판단에 부정적인 영향을 미칠 수 있는 만큼 그에 상응한 법적 책임을 확보할 필요가 있음. – 해당 플랫폼을 통해 특정 금융상품에 관한 정보뿐만 아니라 금융상품판매에 필요한 전자인증, 계약 체결을 위한 송금 및 계약내역 정보열람 등의 서비스도 제공되므로, 전반적으로 플랫폼이 금융상품판매에 적극적으로 관여하고 있다고 볼 수 있음. – 소비자가 플랫폼이 '투자' 서비스를 제공한다고 인지할 수 있는 상태에서 모든 계약절차가 해당 플랫폼 내에서 이루어지는 반면, 금융상품판매업자의 표시가 사회통념상 보통의 주의력을 가진 일반인이 명확히 인지할 수 있을 것으로 예상하기 어려울 뿐만 아니라, 상품목록에서 상품명이 아닌 상품의 특성을 표시하고 있는 데다 해당 상품의 정보제공 화면에서도 상품명을 눈에 띄지 않게 표시하고 있으므로, 소비자가 계약의 주체를 실제 금융상품판매업자가 아닌 플랫폼으로 오인할 가능성이 높음. [출처: 금융위원회·금융감독원 보도참고자료, "금융소비자보호법 적용대상 여부 판단 관련 온라인 금융플랫폼 서비스 사례 검토결과", 2021. 9. 7., 4–5쪽]
[유사 사례] A사의 온라인연계투자상품 관련 서비스	**→ '중개행위'에 해당** – A사 앱의 시장공간이 허락된 업체에만 제공되어 판매업체의 입점이나 영업과정에서 A사가 상품판매에 관한 거래조건, 판매방식 등에 영향을 미치지 않을 것이라 보기 어려움. – A사는 A사 앱을 거쳐 계약이 체결된 건에 대하여 판매업체로부터 판매건수 또는 취급액의 일정 비율을 수수료로 취득하였고, 소비자 식별정보 제공, 투자금 송금 및 투자내역 정보열람 서비스 등 A사 앱에서 제공되는 편의는 A사 앱을 통해 계약을 체결하는 고객을 늘리기 위한 목적으로 이해할 수 있는 바, A사

문제된 사례	금융당국의 유권해석
	의 온라인연계투자상품 관련 서비스 제공이 단순히 '광고'만을 목적으로 한다고 보기 어려움(대법원 2013. 9. 26. 선고 2013두11086 판결 참조). [출처: 금융위원회·금융감독원 보도참고자료, "금융소비자보호법 적용대상 여부 판단 관련 온라인 금융플랫폼 서비스 사례 검토결과", 2021. 9. 7., 2쪽]
[금융상품 비교·추천] ① **보험상품 추천 서비스 사례** – 플랫폼의 첫 화면에서 '보험'을 해당 앱이 제공하는 서비스 중 하나로 표시하였고, '보험' 서비스에서 해당 플랫폼이 추천하는 인기보험의 목록을 상품명 없이 유형에 따라 분류하여 표시하였음. – 가입자가 (소유자동차 등에 관한) 자신의 정보를 입력하면 보험상품 목록 및 보험료 조회서비스를 제공하거나, '보험료 조회'를 클릭하면 해당 보험회사의 모바일 화면으로 이동함. ② **신용카드 추천 서비스 사례** – 플랫폼이 가입자가 플랫폼을 이용한 내역이나 신용카드 가입을 위해 입력한 개인정보 등을 활용하여 가입자에게 적합한 신용카드를 추천함. – 플랫폼 내에서 신용카드에 관한 구체적인 정보를 제공하여 가입자가 신용카드를 신청하면 해당 신용카드사의 모바일 화면으로 연결되지만, 해당 플랫폼과 제휴한 신용카드 중 일부는 플랫폼 내에서 신청절차까지 모두 진행됨.	→ ①·② **사례 모두 '중개행위'에 해당** – 금융상품판매계약은 통상 '잠재고객의 발굴 및 가입유도 → 상품설계 → 소비자의 청약서 작성 → 금융회사의 심사·승낙'의 순으로 진행되는데, 본 사례에서 문제된 상품 추천 행위는 '잠재고객의 발굴 및 가입유도'에 해당하고, 그 밖에 해당 플랫폼을 통해 가입할 경우 (현금 지급 등) 혜택이 제공된다는 점까지 감안하면, 플랫폼이 금융상품을 추천하는 행위는 판매과정의 하나로 볼 수 있음. – 특히 의무보험이나 신용카드는 그 구조가 단순한 만큼 플랫폼이 판매에 미치는 영향이 상대적으로 큰 측면이 있으므로, 판매업자에 대해 우월적 지위를 가지는 플랫폼의 행위를 규제할 필요성이 큼. [출처: 금융위원회·금융감독원 보도참고자료, "금융소비자보호법 적용대상 여부 판단 관련 온라인 금융플랫폼 서비스 사례 검토결과", 2021. 9. 7., 6-7쪽]
[맞춤형 금융정보 제공] ① **보험상담 서비스 사례** – 플랫폼의 첫 화면에서 '보험'을 해당 앱이 제공하는 서비스 중 하나로 표시하였고, '보험' 서비스 중에서 '보험상담 서비스'를 제공함. – 해당 플랫폼은 판매목적이 없음을 강조	→ **'중개행위'에 해당** – (i) **해당 플랫폼이 '금융상품판매업자'가 아닌 경우**: 플랫폼 화면을 통해 '보험상담'을 제공 서비스로 표시하고, 상담의뢰 후 절차진행 및 사후관리가 모두 플랫폼 내에서 이루어지는 점을 감안할 때 '자문서비스'에 해당함.

문제된 사례	금융당국의 유권해석
하면서도 가입자가 플랫폼을 통해 보험 상담을 의뢰하면 보험대리점 소속 설계사와 연결해 주는 서비스를 제공함.	비록 해당 플랫폼이 소비자로부터 대가를 받지는 않았지만, 금전적 이익이 없더라도 상담정보 축적 등 비금전적 이익을 추구하는 것이 가능하므로, 서비스에 영리목적이 없다는 특별한 사정이 없는 한 '자문업'에 해당함.
	실제 상담제공자가 플랫폼이 아닌 보험대리점 소속 설계사이기는 하지만, 상담 서비스를 다른 법인에 아웃소싱하거나 파견직원을 통해 운영하는 형태로 이해할 수 있기 때문에, 그러한 사정만을 이유로 플랫폼의 서비스가 아니라고 보기는 어려움.
	– (ⅱ) **해당 플랫폼이 '금융상품판매업자'인 경우**: 금융소비자보호법상 '금융상품판매업자'가 소비자로부터 대가를 받지 않고 상담을 제공하는 경우는 금융상품자문업의 제외대상(법 제2조 제4호 단서 나목 및 시행령 제2조 제4항 제3호)에 해당하므로, '중개행위'에 해당함.
	※ 다만, 해당 플랫폼에서 '보험상담'을 'A 보험대리점의 보험상담'으로 표시하는 등 플랫폼이 제공하는 서비스가 아님을 소비자에 명확히 인지시킬 경우에는 '중개행위'가 아닌 '금융상품판매업자의 알선'으로 볼 수 있음.
	[출처: 금융위원회·금융감독원 보도참고자료, "금융소비자보호법 적용대상 여부 판단 관련 온라인 금융플랫폼 서비스 사례 검토결과", 2021. 9. 7., 8–9쪽]
② 가입 보험상품 분석서비스 사례 – 플랫폼의 첫 화면에서 '보험'을 해당 앱이 제공하는 서비스 중 하나로 표시하였고, '보험' 서비스 중에서 '가입 보험상품 분석서비스'를 제공함. – 가입자가 이미 가입한 보험상품의 정보를 제공하면, 플랫폼과 제휴하는 1개 보험회사가 그 정보에 대한 분석 결과를 제공하고, 이를 통해 가입자가 보완해야할 보장사항과 관련한 보험상품(분석서비스 제공 보험회사의 상품)을 추천해 주는 서비스가 제공됨.	→ **'중개행위'에 해당** – 해당 플랫폼 내에서 분석 결과가 제공됨은 물론 분석 결과와 관련하여 상품 추천 및 (보험설계 등) 가입지원이 이루어지고, 특히 추천되는 상품이 분석서비스를 제공한 보험회사 상품으로 한정됨. – 플랫폼으로부터 분석서비스 제공을 허락받은 보험회사에 단독으로 판매기회가 부여되므로, (가입 보험상품 분석 결과의 조작, 높은 중개수수료를 요구함에 따른 보험료 인상 등) 플랫폼의 우월적 지위로 인한 부작용이 우려됨. [출처: 금융위원회·금융감독원 보도참고자료, "금융소비자보호법 적용대상 여부 판단 관련 온라인 금융플랫폼 서비스 사례 검토결과", 2021. 9. 7., 8쪽 및 10쪽]

제4장

영업규제 - 내부통제기준

1. 영업행위 일반원칙 및 관리책임

가. 영업행위 준수사항 해석의 기준

누구든지 이 장의 영업행위 준수사항에 관한 규정을 해석·적용하려는 경우 금융소비자의 권익을 우선적으로 고려하여야 하며, 금융상품 또는 계약관계의 특성 등에 따라 금융상품 유형별 또는 금융상품판매업자등의 업종별로 형평에 맞게 해석·적용되도록 하여야 합니다(법 제13조).

제13조(영업행위 준수사항 해석의 기준) 누구든지 이 장의 영업행위 준수사항에 관한 규정을 해석·적용하려는 경우 금융소비자의 권익을 우선적으로 고려하여야 하며, 금융상품 또는 계약 관계의 특성 등에 따라 금융상품 유형별 또는 금융상품판매업자등의 업종별로 형평에 맞게 해석·적용되도록 하여야 한다.

제14조(신의성실의무 등) ① 금융상품판매업자등은 금융상품 또는 금융상품자문에 관한 계약의 체결, 권리의 행사 및 의무의 이행을 신의성실의 원칙에 따라 하여야 한다.
② 금융상품판매업자등은 금융상품판매업등을 영위할 때 업무의 내용과 절차를 공정히 하여야 하며, 정당한 사유 없이 금융소비자의 이익을 해치면서 자기가 이익을 얻거나 제3자가 이익을 얻도록 해서는 아니 된다.

제15조(차별금지) 금융상품판매업자등은 금융상품 또는 금융상품자문에 관한 계약을 체결하는 경우 정당한 사유 없이 성별·학력·장애·사회적 신분 등을 이유로 계약조건에 관하여 금융소비자를 부당하게 차별해서는 아니 된다.

제16조(금융상품판매업자등의 관리책임) ① 금융상품판매업자등은 임직원 및 금융상품판매대

나. 신의성실 의무 등

금융상품판매업자등은 금융상품 또는 금융상품자문에 관한 계약의 체결,
권리의 행사 및 의무의 이행을 신의성실의 원칙에 따라 하여야 합니다(법 제14
조 제1항). 금융상품판매업자등은 금융상품판매업등을 영위할 때 업무의 내용
과 절차를 공정히 하여야 하며, 정당한 사유 없이 금융소비자의 이익을 해치
면서 자기가 이익을 얻거나 제3자가 이익을 얻도록 해서는 아니 됩니다(법 제
14조 제2항).

다. 차별금지

금융상품판매업자등은 금융상품 또는 금융상품자문에 관한 계약을 체결하
는 경우 정당한 사유 없이 성별·학력·장애·사회적 신분 등을 이유로 계약조
건에 관하여 금융소비자를 부당하게 차별해서는 아니 됩니다(법 제15조).

라. 금융상품판매업자등의 관리책임

금융상품판매업자등은 임직원 및 금융상품판매대리·중개업자(보험업법 제2조
제11호에 따른 보험중개사는 제외)가 업무를 수행할 때 법령을 준수하고 건전한 거
래질서를 해치는 일이 없도록 성실히 관리하여야 합니다(법 제16조 제1항). 즉 금
융상품직접판매업자, 금융상품판매대리·중개업자(보험중개사 포함) 또는 금융상
품자문업자는 금융소비자 보호를 철저히 이행할 수 있도록, 금융소비자를 대상

으로 판매 또는 자문에 응하는 ① 임직원, ② 업무를 위탁받아 동 업무를 수행하는 금융상품판매대리·중개업자의 법령 준수 및 거래질서의 건전성 저해 방지에 대한 관리책임을 부담합니다. 다만 위탁관계 없이 독립적으로 업무를 수행하는 보험중개사는 관리 대상에서 제외됩니다.

한편 법인인 금융상품판매업자등으로서 대통령령으로 정하는 자는 위 법 제16조 제1항에 따른 관리업무를 이행하기 위하여 그 임직원 및 금융상품판매대리·중개업자가 직무를 수행할 때 준수하여야 할 기준 및 절차(이하 본서에서 "내부통제기준")를 시행령으로 정하는 바에 따라 마련하여야 합니다(법 제16조 제2항). 내부통제기준에 대해서는 별도의 항으로 자세히 살펴보겠습니다.

2. 내부통제기준

가. 의 의

금융상품판매업자등의 관리책임 이행의 일환으로, 법은 금융상품판매업자등의 내부통제기준 마련 의무를 규정하고 있습니다. 이에 따라 금융상품판매업자등은 임직원 및 그로부터 업무를 위탁받아 수행하는 금융상품판매대리·중개업자가 직무를 수행할 때 준수하여야 하는 기준 및 절차인 내부통제기준을 마련·운영하여야 합니다.

나. 내부통제기준 마련의무의 적용 대상

원칙적으로 법인인 금융상품판매업자등은 모두 내부통제기준을 마련하여야 합니다. 다만, 한 개 회사에 전속되거나 소속 개인 금융상품판매대리·중개업자가 5명 미만인 금융상품판매대리·중개업자 등의 경우에는 제외됩니다. 구체적으로 내부통제기준 마련 의무를 면제받는 자는 다음과 같습니다(법 제16조, 시행령 제10조 제1항, 감독규정 제9조 제1항).

구 분	면제대상	근거 법령
1	상호저축은행중앙회	시행령 제10조 제1항
2	온라인소액투자중개업자	
3	대부업자 및 대부중개업자	
4	온라인투자연계금융업자	
5	겸영여신업자	감독규정 제9조 제1항
6	겸영금융투자업자	
7	금융상품직접판매업자 및 금융상품자문업자 중 상시근로자가 5명 미만인 경우	
8	금융상품판매대리·중개업자 중 i) 하나의 금융상품직접판매업자가 취급하는 금융상품에 관한 계약의 체결만 대리·중개하는 것을 영업으로 하는 경우 또는 ii) 소속된 개인 금융상품판매대리·중개업자가 5명 미만(직전 분기의 일평균을 기준)인 경우(전자금융거래 방식만으로 금융상품판매업등을 영위하는 법인은 상시근로자가 3명 미만인 경우)	

다. 내부통제기준의 주요 내용

1) 개 요

내부통제기준에는 ① 기준 운영 및 조직구조(금융소비자보호 내부통제위원회, 총괄기관, 임직원의 기준 위반 점검·조치·평가 등), 영업행위(업무수행 기준 및 절차, 영업담당 직원이 갖추어야 할 교육수준 및 자격 등), 성과보상(소비자와의 이해상충이 발생하지 않도록 성과보상체계를 설계·운영) 등의 사항이 포함되어야 합니다. 내부통제기준에 포함되어야 할 구체적인 사항은 다음과 같습니다(법 제16조 제2항, 시행령 제10조 제2항, 감독규정 제9조 제2항).[1]

---

1) 현장의 수용성을 높이기 위해 기존에 금융권에서 수년간 적용해왔던 「금융소비자보호모범규준」(금융감독원 행정지도)의 주요사항을 상당 부분 반영하여 내부통제기준에 포함시켜야 할 사항을 규정하였습니다. 한편 각 금융업권 협회는 내부통제기준위원회를 신설하여 해당 금융업권에 적용될 "표준내부통제기준"을 마련하였습니다.

구 분	내부통제기준에 포함되어야 하는 사항(감독규정 별표2)
1	업무의 분장 및 조직구조
2	임직원이 업무를 수행할 때 준수해야 하는 기준 및 절차 가. 금융상품의 개발, 판매 및 사후관리에 관한 정책 수립에 관한 다음의 사항 　1) 민원 또는 금융소비자 의견 등의 반영 　2) 금융상품으로 인해 금융소비자에 발생할 수 있는 잠재적 위험요인에 대한 평가 나. 광고물 제작 및 광고물 내부 심의에 관한 사항 다. 권유, 계약 체결 등 금융소비자를 대상으로 하는 직무의 수행에 관한 사항 라. 금융소비자와의 이해상충 방지에 관한 사항 마. 금융소비자 보호 관련 교육에 관한 사항 바. 금융소비자의 신용정보, 개인정보 관리에 관한 사항 사. 금융상품등에 관한 업무 위탁 및 관련 수수료 지급에 관한 사항 아. 금융소비자로부터 받는 보수에 관한 사항(금융상품자문업자만 해당)
3	내부통제기준의 운영을 위한 조직 및 인력 가. 금융소비자 보호에 관한 내부통제를 수행하는데 필요한 의사결정기구(이하 "금융소비자 보호 내부통제위원회")의 설치 및 운영에 관한 사항 　1) 조정·의결하는 의제에 관한 사항 　　가) 금융소비자 보호에 관한 경영방향 　　나) 금융소비자 보호 관련 주요 제도 변경사항 　　다) 금융상품의 개발, 영업방식 및 관련 정보공시에 관한 사항 　　라) 임원·직원의 성과보상체계에 대한 금융소비자 보호 측면에서의 평가 　　마) 법 제16조 제2항에 따른 내부통제기준 및 법 제32조 제3항에 따른 금융소비자보호기준의 적정성·준수실태에 대한 점검·조치 결과 　　바) 법 제32조 제2항에 따른 평가(이하 "금융소비자보호실태평가"), 감독(법 제48조 제1항에 따른 "감독") 및 검사(법 제50조에 따른 "검사") 결과의 후속조치에 관한 사항 　　사) 중요 민원·분쟁에 대한 대응결과 　2) 대표자, 금융소비자 보호를 담당하는 임원 및 사내 임원(금융사지배구조법 제2조 제2호에 따른 임원)으로 구성할 것 　3) 대표자가 주재하는 회의를 매년 반기마다 1회 이상 개최할 것 나. 금융소비자 보호에 관한 내부통제를 금융상품 개발·판매 업무로부터 독립하여 수행하는데 필요한 조직(이하 "금융소비자보호 총괄기관")의 설치 및 운영에 관한 사항 　1) 수행하는 업무에 관한 사항(사)는 금융소비자보호 내부통제위원회를 운영하는 자만 해당) 　　가) 금융소비자 보호에 관한 경영방향 수립 　　나) 금융소비자 보호 관련 교육의 기획·운영 　　다) 금융소비자 보호 관련 제도 개선 　　라) 금융상품의 개발, 판매 및 사후관리에 관한 금융소비자 보호 측면에서의 모니터링 및 조치

구 분	내부통제기준에 포함되어야 하는 사항(감독규정 별표2)
	마) 민원·분쟁의 현황 및 조치결과에 대한 관리 바) 임원·직원의 성과보상체계에 대한 금융소비자 보호 측면에서의 평가 사) 금융소비자보호 내부통제위원회의 운영(가)부터 마)까지의 사항을 금융소비자보호 내부통제위원회에 보고하는 업무를 포함) 2) 대표자 직속으로 설치할 것 3) 업무수행에 필요한 인력을 갖출 것 다. 금융소비자보호 총괄기관의 업무를 수행하는 임원 및 직원의 임명·자격요건 및 직무 등에 관한 사항 라. 대표이사, 이사 등 법인의 업무집행에 관한 의사결정 권한을 가진 자의 내부통제기준 운영에 관한 권한 및 책임에 관한 사항 마. 내부통제기준 준수에 관한 금융소비자 총괄기관과 그 외 기관 간의 권한 및 책임에 관한 사항(금융소비자 총괄기관과 그 외 기관 간의 금융상품의 개발 및 판매에 관한 사전협의 절차를 포함) 바. 그 밖에 금융소비자 보호 및 건전한 거래질서를 위해 필요한 사항
4	내부통제기준 준수 여부에 대한 점검·조치 및 평가
5	개별 금융상품에 대해 권유, 계약체결 등 금융소비자를 대상으로 직무를 수행하는 사람이 갖추어야 할 교육수준 또는 자격에 관한 사항
6	업무수행에 대한 보상체계 및 책임확보 방안: 영업행위를 수행하는 담당 임원·직원과 금융 소비자 간에 이해상충이 발생하지 않도록 하는 성과 보상체계의 설계·운영에 관한 사항
7	내부통제기준의 제정·변경 절차
8	고령자 및 장애인의 금융거래 편의성 제고 및 재산상 피해 방지에 관한 사항

2) 내부통제기준의 운영을 위한 조직

금융상품판매업자등은 내부통제기준의 운영을 위한 조직으로 '금융소비자보호 내부통제위원회', '금융소비자보호총괄기관', '금융소비자보호 담당임원(Chief Consumer Officer, CCO)'에 대한 사항을 내부통제기준에 두고 이를 설치, 운영하여야 합니다.

가) 금융소비자보호 내부통제위원회

금융소비자보호 내부통제위원회는 금융소비자 보호에 관한 내부통제를 수행하는데 필요한 의사결정기구로 대표자, 금융소비자보호 담당임원, 기타 사내임원을 위원으로 반드시 포함시켜 구성하여야 하고, 대표자가 주재하는 회의를 매년 반기마다 1회 이상 개최하여야 합니다(감독규정 <별표2> 3.가.2), 3)). 이와 같이 금융소비자보호 내부통제위원회를 설치하도록 하는 것은 대표자 및 주요 임원이 영업행위 전반에 관한 주요 의사결정을 소비자보호의 관점에서 논의하도록 하여 소비자보호 중심의 경영을 조직에 체화시키는데 그 목적이 있습니다.[2]

금융소비자보호 내부통제위원회는 금융소비자 보호에 관한 경영방향, 금융상품의 개발, 영업방식 및 관련 정보공시에 관한 사항, 임직원의 성과보상체계에 대한 금융소비자보호 측면에서의 평가, 내부통제기준 및 금융소비자보호기준의 적정성·준수실태에 대한 점검·조치 결과 등에 대해 조정·의결하는 기능을 담당합니다(감독규정 <별표2> 3.가.1)).

다만 내부통제기준의 마련의무가 있는 법인인 금융상품판매업자등 중 다음 중 어느 하나에 해당하는 자는 금융소비자보호 내부통제위원회를 설치할 의무가 없습니다(감독규정 별표2 비고 제1호).

가. 금융사지배구조법 시행령 제6조 제3항 각 호의 어느 하나에 해당하는 자[3]

---

[2] 금융위원회·금융감독원, "금융소비자보호법 FAQ 답변(1차)", 2021. 2. 18., 5쪽.

[3] **금융사지배구조법 시행령 제6조**

③ 금융사지배구조법 제3조 제3항 각 호 외의 부분에서 "대통령령으로 정하는 금융회사"란 다음 각 호의 어느 하나에 해당하는 자를 말한다. 다만, 해당 금융회사가 주권상장법인 (자본시장법 제9조 제15항 제3호에 따른 주권상장법인을 말한다. 이하 같다)으로서 최근 사업연도 말 현재 자산총액이 2조 원 이상인 자는 제외한다.

1. 최근 사업연도 말 현재 자산총액이 7천억 원 미만인 상호저축은행법에 따른 상호저축은행(이하 "상호저축은행"이라 한다)

2. 최근 사업연도 말 현재 자산총액이 5조 원 미만인 금융투자업자 또는 자본시장법에 따른 종합금융회사(이하 "종합금융회사"라 한다). 다만, 최근 사업연도 말 현재 그 금융투자업자가 운용하는 자본시장법 제9조 제20항에 따른 집합투자재산(이하 "집합투자재산"이라 한다), 같은 법 제85조 제5호에 따른 투자일임재산(이하 "투자일임재산"이라 한다) 및 신탁재산(자본시장법 제3조 제1항 제2호에 따른 관리형신탁의 재산은 제외한다. 이하 같다)의 전체 합계액이 20조 원 이상인 경우는 제외한다.

3. 최근 사업연도 말 현재 자산총액이 5조 원 미만인 보험업법에 따른 보험회사(이하 "보험회사"라 한다)

4. 최근 사업연도 말 현재 자산총액이 5조 원 미만인 여신전문금융업법에 따른 여신전문금융회사(이하 "여신전문금융회사"라 한다)

나. 최근 사업연도 말 현재 자산총액이 7천억 원 미만인 신용협동조합법에 따른 신용협동조합

다. 자본금의 총액이 10억 원 미만인 금융상품자문업자(법 제12조 제1항에 따라 등록한 금융상품자문업자를 말합니다)

라. 소속된 개인 금융상품판매대리 · 중개업자가 500명 미만인 법인 금융상품판매대리 · 중개업자

나) 금융소비자보호 총괄기관

금융소비자보호 총괄기관은 금융소비자 보호에 관한 내부통제를 금융상품 개발 · 판매 업무로부터 독립하여 수행하는 조직으로, 금융소비자보호 관련 교육의 기획 · 운영, 금융상품의 개발, 판매 및 사후관리에 관한 금융소비자 보호 측면에서의 모니터링 및 조치, 민원 · 분쟁의 현황 및 조치결과에 대한 관리, 임직원의 성과보상체계에 대한 금융소비자 보호 측면에서의 평가, 금융소비자보호 내부통제위원회의 운영 등의 업무를 수행합니다(감독규정 <별표2> 3.나.). 감독규정에 열거된 금융소비자보호 총괄기관의 업무는 예시적 사항이므로, 그 외 금융상품판매업자등이 소비자보호를 위하여 필요하다고 판단하는 업무를 소비자보호 총괄기관의 업무에 추가하는 것도 가능합니다.[4]

금융소비자보호 총괄기관은 영업부서로부터의 독립성 확보를 위하여 대표자 직속으로 설치되고 업무수행에 필요한 인력을 갖추어야 합니다. 금융소비자보호 총괄기관의 독립성을 요구하는 취지는 소비자보호와 영업부서 업무 간의 이해상충 방지 및 조직의 소비자보호 업무역량 제고에 있습니다. 따라서 이러한 취지에 벗어나지 않는다면 조직의 경영효율성 확보를 위해 필요 시 소비자보호 담당부서를 준법감시인 등 대표자에 직속된 다른 부서와 함께 운영하는 것이 가능합니다. 다만, 소비자보호 담당부서 총괄 임원을 별도로 선임하는 경우에는 다른 부서와 함께 운영할 수 없습니다.[5]

---

5. 그 밖에 자산규모, 영위하는 금융업무 등을 고려하여 금융위원회가 정하여 고시하는 자

[4] 금융위원회 · 금융감독원, "금융소비자보호법 FAQ 답변(3차)", 2021. 4. 26., 7쪽.

[5] 금융위원회 · 금융감독원, "금융소비자보호법 FAQ 답변(1차)", 2021. 2. 18., 6쪽.

다) 금융소비자보호 담당임원(CCO)

'금융소비자보호 담당임원'은 금융소비자보호 총괄기관의 업무를 수행하는 임원을 말합니다. ① 금융소비자보호 내부통제위원회의 설치의무가 면제된 자, ② 최근 사업연도 말 현재 자산총액이 5조 원 미만인 상호저축은행법에 따른 상호저축은행, ③ 은행법 제58조 제1항에 따라 인가를 받은 외국은행의 지점 또는 대리점, ④ 개인인 금융소비자를 대상으로 계약을 체결하지 않거나 또는 개인인 금융소비자를 대상으로 체결한 계약에 따른 자산이 전체 자산의 5%를 초과하지 않는 여신전문금융회사의 경우, 준법감시인 또는 이에 준하는 사람[6]을 금융소비자보호 총괄기관의 업무를 수행하는 임원으로 둘 수 있으나, 그 밖의 경우에는 금융소비자보호 총괄기관을 전담하는 임원을 별도로 두어야 합니다(감독규정 별표2 비고 제2호).

원칙적으로 금융소비자보호 총괄기관 담당임원은 해당 기관의 업무를 전담하도록 규정하고 있으므로 금융소비자보호 총괄기관 업무 이외 다른 업무 수행은 불가능합니다.

3) 내부통제기준의 제정·변경

내부통제기준을 제정·변경하는 경우 이사회의 승인을 받아야 합니다. 아울러, 내부통제기준을 신설·변경한 사실 및 주요 현황을 인터넷 홈페이지에 게시하여야 합니다. 다만, ① 법령 또는 관련 규정의 제정·개정에 연동되어 변경해야 하는 사항, ② 이사회가 의결한 사항에 대한 후속조치 또는 ③ 이에 준하는 사항 등의 경미한 사항을 변경하는 경우에는 대표자의 승인으로 갈음할 수 있습니다(법 제16조 제3항 및 제4항, 감독규정 제9조 제3항 및 제4항).[7]

---

6) 최근 사업연도말 현재 자산총액이 5조 원 미만인 금융투자업자, 보험회사, 여신전문금융회사 등은 사내이사 또는 업무집행책임자가 아닌 직원 중에서 준법감시인을 선임할 수 있으므로(금융사지배구조법 제25조 제2항, 동법 시행령 제20조 제2항), 준법감시인이 CCO를 겸직할 수 있는 회사의 경우에 사내이사 또는 업무집행책임자가 아닌 직원이 CCO로 선임될 수 있습니다(신속처리시스템 회신, 여전210820-67).

7) 2022. 7. 7. 금융위원회가 입법예고한 시행령 개정안에서는 이사회가 없는 외국금융사회의 국내지점이 금융소비자보호법 준수가 가능하도록 '이사회가 없는 외국금융회사의 국내지점의 경우 대표자가 참여하는 내부 의사결정기구 승인으로 내부통제기준 제·개정이 가능'하도록

4) 금융사지배구조법과의 관계

금융사지배구조법도 내부통제기준에 관한 제도를 두고 있습니다(금융사지배구조법 제24조). 금융사지배구조법상 내부통제기준은 금융회사의 일반적인 경영건전성 확보를 위한 소속 임직원에 대한 전반적인 관리책임과 관련되어 있으나, 법의 내부통제기준은 금융상품판매업자등의 소속 임직원 및 금융상품판매대리·중개업자에 대한 판매행위 관리책임과 관련된 것이라는 점에서 구별됩니다. 각 법에 따른 적용대상, 규율범위, 규율사항을 표로 정리하면 아래와 같습니다.

■ 표 금융사지배구조법과 법 간 내부통제기준 제도 비교[8]

구 분	금융사지배구조법	법
적용대상	금융회사 (금융상품직접판매업자)	금융상품직접판매업자, 금융상품판매대리·중개업자, 금융상품자문업자
규율범위	소속 임직원	소속 임직원 및 금융상품판매대리·중개업자
규율사항	위험관리 등 경영 전반	금융상품판매·자문 행위

또한 금융사지배구조법도 금융회사로 하여금 내부통제기준의 운영과 관련하여 최고경영자를 위원장으로 하는 내부통제위원회를 설치하도록 하고 있습니다(금융사지배구조법 시행령 제19조 제2항). 금융소비자보호 내부통제위원회와 금융사지배구조법상의 내부통제위원회는 그 구성 및 기능면에서 차이가 있는 조직이나, 소비자보호 중심의 경영을 조직에 체화시킬 수 있도록 금융소비자보호 내부통제위원회를 두도록 한 법의 취지에 벗어나지 않는다면 조직의 경영효율

하는 특례규정을 신설하였습니다(금융위원회, 시행령 조문별 개정 이유서).

> **시행령(안) 제10조(내부통제기준)** ③ 금융상품판매업자등은 법 제16조제2항에 따라 내부통제기준을 제정·변경하는 경우 이사회의 승인(**다만, 「금융회사의 지배구조에 관한 법률」 제3조제2항에 따른 외국금융회사의 국내지점 중 이사회가 없는 경우는 대표자가 참여하는 내부 의사결정기구의 승인을 말한다.**)을 받아야 한다. 다만, 금융위원회가 정하여 고시하는 경미한 사항을 변경하는 경우에는 대표자의 승인으로 갈음할 수 있다.

8) 금융감독원, "금융소비자 보호에 관한 법률 설명 자료", 2021. 3월, 20쪽.

성 확보를 위해 필요 시 금융소비자보호 내부통제위원회를 기존 금융사지배구조법상 내부통제위원회와 따로 구성하지 않아도 됩니다.[9]

3. 위반 시 책임

가. 손해배상책임(법 제44조, 제45조)

금융상품판매업자등이 고의 또는 과실로 법을 위반하여 금융소비자에게 손해를 발생시킨 경우 이를 배상할 책임이 있습니다. 또한 금융상품직접판매업자는 금융상품판매대리 · 중개업자등에 대한 관리책임이 있으므로, 금융상품판매대리 · 중개업자등이 대리 · 중개 업무를 할 때 금융소비자에게 손해를 발생시킨 경우에는 그 손해를 배상할 책임이 있습니다. 다만, 금융상품직접판매업자가 금융상품판매대리 · 중개업자의 선임과 그 업무 감독에 대하여 적절한 주의를 하였고 손해를 방지하기 위하여 노력한 경우에는 면책됩니다.[10]

나. 행정적 책임

1) 과태료(법 제69조)[11]

법 제16조 제2항을 위반하여 내부통제기준을 마련하지 아니한 자에게는 1억 원 이하의 과태료를 부과합니다.

---

9) 금융위원회 · 금융감독원, "금융소비자보호법 FAQ 답변(1차)", 2021. 2. 18., 5쪽.
10) 구체적인 내용은 본서 제13장(금융소비자의 사후적 권익구제1 - 손해배상)을 참고하시기 바랍니다.
11) 구체적인 내용은 본서 제16장(감독 및 처분, 형사처벌 등)을 참고하시기 바랍니다.

2) 제재 조치(법 제51조, 제52조)[12]

법 제16조 제2항을 위반하여 내부통제기준을 마련하지 않은 경우, 금융상품 판매업자등 및 임직원은 금융위원회 또는 금융감독원으로부터 제재조치를 받을 수 있습니다.[13]

---

12) 구체적인 내용은 본서 제16장(감독 및 처분, 형사처벌 등)을 참고하시기 바랍니다.

13) 금융회사들의 사모펀드 판매로 투자자들이 손실을 입은 사안에서 금융감독원은 금융회사들이 금융사지배구조법상 내부통제마련의무를 위반하여 내부통제기준을 실효성 있게 마련하지 않았다는 이유로 대표이사를 포함한 임원들에게 제재를 내린 바 있습니다. 이에 불복하여 제기된 징계처분 취소소송에서 제1심 법원은 금융사지배구조법상 내부통제기준에 포함되어야 하는 것으로 규정된 사항들을 형식적으로 규정한 것만으로는 내부통제기준 마련 의무를 다 하였다고 볼 수 없고 실질적으로 실효성 있게 마련하여야 한다는 원칙을 판시하였습니다 (서울행정법원 2021. 8. 27. 선고 2020구합57615 판결, 서울행정법원 2022. 3. 14. 선고 2020구합65654 판결). 해당 판결들에 대해서는 모두 항소가 제기되어 있는 상태입니다.

제5장

6대 판매규제 – 적합성 원칙

1. 적합성 원칙의 의의 및 주요 내용

제17조(적합성원칙) ① 금융상품판매업자등은 금융상품계약체결 등[1]을 하거나 자문업무를 하는 경우에는 상대방인 금융소비자가 일반금융소비자인지 전문금융소비자인지를 확인하여야 한다.

② 금융상품판매업자등은 일반금융소비자에게 다음 각 호의 금융상품 계약 체결을 권유(금융상품자문업자가 자문에 응하는 경우를 포함한다. 이하 이 조에서 같다)하는 경우에는 면담·질문 등을 통하여 다음 각 호의 구분에 따른 정보를 파악하고, 일반금융소비자로부터 서명(「전자서명법」 제2조 제2호에 따른 전자서명을 포함한다. 이하 같다), 기명날인, 녹취 또는 그 밖에 대통령령으로 정하는 방법으로 확인을 받아 이를 유지·관리하여야 하며, 확인 받은 내용을 일반금융소비자에게 지체 없이 제공하여야 한다.

1. 「보험업법」 제108조 제1항 제3호에 따른 변액보험 등 대통령령으로 정하는 보장성 상품

　　가. 일반금융소비자의 연령

　　나. 재산상황(부채를 포함한 자산 및 소득에 관한 사항을 말한다. 이하 같다)

　　다. 보장성 상품 계약 체결의 목적

2. 투자성 상품(「자본시장과 금융투자업에 관한 법률」 제9조 제27항에 따른 온라인소액투자중개의 대상이 되는 증권 등 대통령령으로 정하는 투자성 상품은 제외한다. 이하 이 조에서 같다) 및 운용 실적에 따라 수익률 등의 변동 가능성이 있는 금융상품으로서 대통령령으로 정하는 예금성 상품

　　가. 일반금융소비자의 해당 금융상품 취득 또는 처분 목적

　　나. 재산상황

　　다. 취득 또는 처분 경험

3. 대출성 상품

　　가. 일반금융소비자의 재산상황

　　나. 신용 및 변제계획

4. 그 밖에 일반금융소비자에게 적합한 금융상품 계약의 체결을 권유하기 위하여 필요한 정보로서 대통령령으로 정하는 사항

③ 금융상품판매업자등은 제2항 각 호의 구분에 따른 정보를 고려하여 그 일반금융소비자에게 적합하지 아니하다고 인정되는 계약 체결을 권유해서는 아니 된다. 이 경우 적합성 판단 기준은 제2항 각 호의 구분에 따라 대통령령으로 정한다.

④ 제2항에 따라 금융상품판매업자등이 금융상품의 유형별로 파악하여야 하는 정보의 세부적인 내용은 대통령령으로 정한다.

⑤ 금융상품판매업자등이 「자본시장과 금융투자업에 관한 법률」 제249조의2에 따른 전문투자형 사모집합투자기구의 집합투자증권을 판매하는 경우에는 제1항부터 제3항까지의 규정을 적용하지 아니한다. 다만, 같은 법 제249조의2에 따른 적격투자자 중 일반금융소비자 등 대통령령으로 정하는 자가 대통령령으로 정하는 바에 따라 요청하는 경우에는 그러하지 아니하다.

⑥ 제5항에 따른 금융상품판매업자등은 같은 항 단서에 따라 대통령령으로 정하는 자에게 제1항부터 제3항까지의 규정의 적용을 별도로 요청할 수 있음을 대통령령으로 정하는 바에 따라 미리 알려야 한다.

가. 의 의

적합성 원칙이란 금융상품판매업자등이 일반금융소비자의 재산상황, 금융상품 취득 또는 처분 경험 등에 비추어 부적합한 계약체결의 권유를 금지하는 원칙입니다. 적합성 원칙은 금융상품에 관해 전문성을 갖춘 금융상품판매업자등으로 하여금 일반금융소비자에게 적합한 금융상품의 계약체결을 권유하도록 유도하는 데에 그 목적이 있습니다.[2]

적합성 원칙은 종래 개별 금융법령[3]에 따라 금융투자상품 및 변액보험에 대해서 적용되었으나, 이 법에 따라 대출성 상품 및 운용실적에 따라 수익률 등의 변동가능성이 있는 예금성 상품까지 적용이 확대되었습니다.[4]

적합성 원칙은 금융소비자의 재산상황 등의 정보를 사전에 파악하여 금융소

---

1) 금융상품에 관한 계약의 체결 또는 계약 체결의 권유를 하거나 청약을 받는 것(법 제2조 제8호).

2) 금융감독원, "금융소비자 보호에 관한 법률 설명 자료", 2021. 3월, 22쪽.

3) 구 자본시장법(2020. 3. 24. 법률 제17112호로 개정되기 전의 것) 제46조, 구 보험업법 (2020. 3. 24. 법률 제17112호로 개정되기 전의 것) 제95조의3를 말합니다.

4) 예금성 상품은 운용실적에 따라 수익률 등의 변동 가능성이 있는 금융상품으로서 시행령으로 정하는 상품에 한하여 적합성 원칙 적용 대상이 되는데, 2022. 7월 현재 시행령으로 정한 적합성 원칙 적용 대상인 예금성 상품은 없습니다.

비자가 자신에게 적합한 금융상품에 대해서 계약을 체결할 수 있도록 유도하는 원칙이라는 점에서 적정성 원칙과 유사하나, 적합성 원칙은 금융상품판매업자 등이 금융상품 계약체결을 권유하는 경우 적용되는 반면, 적정성 원칙은 금융소비자가 먼저 자발적으로 계약체결의사를 밝힌 경우에 적용되고 적합성 원칙에 비해 적용대상 금융상품의 범위가 좁다는 점에서 차이가 있습니다.[5]

나. 주요 내용

1) 적용 범위

적합성 원칙은 금융상품직접판매업자, 금융상품판매대리·중개업자, 금융상품자문업자가 일반금융소비자에게, 보장성 상품, 투자성 상품, 대출성 상품의 계약체결을 권유 또는 금융상품 자문에 응하는 때에 적용됩니다. 적합성 원칙이 적용되는 금융상품의 구체적인 범위는 아래 표와 같습니다.

■ 표 적합성 원칙이 적용되는 금융상품의 범위(법 제17조 제2항 각 호)

상품구분	적합성 원칙이 적용되는 항목
보장성 상품	– 보험업법에 따른 변액보험[6][7] – 보험료 또는 공제료의 일부를 자본시장법에 따른 금융투자상품의 취득·처분 또는 그 밖의 방법으로 운용할 수 있도록 하는 보험 또는 공제
투자성 상품	아래 일부 상품을 제외한 투자성 상품[8] – 자본시장법 제4조 제1항에 따라 온라인소액투자중개의 대상이 되는 증권 – 연계투자상품 – 위 두 금융상품에 준하는 금융상품으로서 그 특성 및 위험 등을 고려하여 금융위원회가 정하여 고시하는 금융상품(2022. 7월 현재 고시된 사항은 없음)
대출성 상품	모든 대출성 상품

---

5) 금융감독원, "금융소비자보호법 검사업무 안내서", 2022. 3월, 37쪽.

6) 단, 만기에 원금을 보장하지 않는 변액보험은 보장성 상품뿐만 아니라 투자성 상품에도 해당한다는 것이 금융감독당국의 해석입니다[금융위원회·금융감독원, "금융소비자보호법 FAQ 답변(2차)", 2021. 3. 17., 9쪽]. 따라서 금융상품판매업자등은 변액보험의 경우 투자성 상품으로서 해당 일반금융소비자에게 적합한 상품인지 여부에 관하여도 평가하여야 합니다.

2) 금융소비자의 성격 확인(법 제17조 제1항)

적합성 원칙은 일반금융소비자에게만 적용되므로, 금융상품판매업자등은 먼저 금융소비자가 일반금융소비자 또는 전문금융소비자인지 여부를 확인하여야 합니다(법 제17조 제1항). 전문금융소비자란 금융상품에 관한 전문성 또는 소유자산규모 등에 비추어 금융상품 계약에 따른 위험감수능력이 있는 금융소비자로서 국가, 한국은행, 금융회사 등 법령에서 열거하고 있는 자를 의미하고, 일반금융소비자는 전문금융소비자가 아닌 금융소비자를 말합니다(법 제2조 제9호, 제10호).9) 금융상품 유형에 따라 일반금융소비자의 범위가 달라지므로 주의할 필요가 있습니다.

---

7) 퇴직연금 계좌에서 편입하는 보험계약의 경우에 그 계약이 원금을 보장하지 않는 경우에도 투자성 상품에 해당한다는 것이 금융감독당국의 해석입니다[금융위원회·금융감독원, "금융소비자보호법 FAQ 답변(2차)", 2021. 3. 17., 9쪽].

8) 2022. 7. 7. 금융위원회가 입법예고한 시행령 개정안에서는, 보험료의 납입과 보험금의 지급이 모두 외국통화로 이루어지는 보험(외화보험)에 대하여도 적합성 및 적정성 원칙이 적용되도록 제11조 제1항 제1호 다목이 신설되었습니다. 외화보험의 경우 환율 변동 등에 따라 손실가능성이 있으므로, 외화보험 판매 시 적합성 및 적정성 원칙을 적용하여 보험계약자가 환위험을 명확하게 인지하고 필요한 경우에만 가입이 가능하도록 하기 위함입니다(금융위원회, 시행령 조문별 개정 이유서).

> **시행령(안) 제11조(적합성원칙)** ① 법 제17조제2항에 따라 금융상품판매업자등이 일반금융소비자의 정보를 파악하고 그 정보에 대해 해당 일반금융소비자의 확인을 받아야 하는 금융상품의 범위는 다음 각 호와 같다.
> 1. 다음 각 목의 보장성 상품
>   다. 「보험업법」에 따른 보험상품 중 보험료의 납입과 보험금의 지급이 모두 외국통화로 이루어지는 보험(부가특약 등으로 보험료 납입 또는 보험금 지급이 원화로 환산하여 이루어지는 경우를 포함한다.)

9) 구체적인 내용은 본서 제1장(법 개관 및 총칙)을 참고하시기 바랍니다.

■ 표 적합성 원칙이 적용되는 금융상품별 일반금융소비자 범위(법 제2조 제9호, 제10호)[10]

상품구분	일반금융소비자
보장성 상품	− 보험업법상 일반보험계약자와 동일
투자성 상품	− 자본시장법상 일반투자자와 거의 동일 (투자권유대행인, 공제법인 등 일부 제외)
대출성 상품	− 개인(금융상품판매대리·중개업자 제외) − 상시근로자 5인 미만 법인·조합·단체

3) 일반금융소비자의 정보 파악, 확인·유지·관리 및 제공 의무(법 제17조 제2항)

금융상품판매업자등은 계약 체결 권유 등에 있어 금융상품 유형별로 일반금융소비자의 정보를 파악하고, 일반금융소비자의 확인을 받아 이를 유지·관리하며, 확인받은 내용을 일반금융소비자에게 제공하여야 합니다.

가) 일반금융소비자의 정보 파악

금융상품판매업자등이 일반금융소비자에게 금융상품 계약 체결을 권유하거나 금융상품자문업자가 자문에 응하는 경우에는 면담·질문 등을 통하여 소비자에 대한 정보를 파악하여야 합니다. 금융상품별로 금융상품판매업자등이 파악하여야 하는 정보는 아래와 같습니다(법 제17조 제2항 및 제4항, 시행령 제11조, 감독규정 제10조).

■ 표 금융상품 유형별 파악해야 하는 일반금융소비자 정보 내용

보장성 상품	투자성 상품	대출성 상품
1) 소비자의 연령 2) 재산상황(부채를 포함한 자산 및 소득에 관한 사항) 3) 계약체결의 목적 4) 금융상품의 취득·처분 경험 5) 금융상품에 대한 이해도 6) 기대이익 및 기대손실 등을 고려한 위험에 대한 태도	1) 해당 금융상품 취득·처분 목적 2) 재산상황(부채를 포함한 자산 및 소득에 관한 사항) 3) 금융상품의 취득·처분 경험 4) 소비자의 연령 5) 금융상품에 대한 이해도 6) 기대이익 및 기대손실 등을 고려한 위험에 대한 태도	1) 재산상황(부채를 포함한 자산 및 소득에 관한 사항) 2) 신용[11]및 변제계획 3) 소비자의 연령 4) 계약체결의 목적 (대출만 해당)

---

10) 금융위원회·금융감독원 보도참고자료, "금융소비자보호법 시행 후 원활할 금융상품거래를 위해 판매자·소비자가 알아야 할 중요사항을 알려드립니다", 2021. 3. 29., 2쪽.

11) 신용정보법에 따른 신용정보 또는 자본시장법에 따른 신용등급으로 한정합니다(시행령 제11

나) 정보에 대한 일반금융소비자의 확인

금융상품판매업자등은 일반금융소비자로부터 제공받은 정보에 이상이 없는 지를 일반금융소비자로부터 확인받아야 합니다.

확인받는 방법은 서명(전자서명법 제2조 제2호에 따른 전자서명 포함)[12], 기명날인, 녹취 중 하나의 방법에 의하여야 합니다. 위 전자서명에 휴대폰인증이나 PIN(Personal Identification Number) 인증, 신용카드 인증도 허용되는지 실무상 문제되나, 금융감독당국에서는 '전자서명법상 전자서명에 해당하는 경우 허용할 수 있다'는 원론적인 입장을 유지하면서, 인터넷진흥원 전자서명인증관리센터 등 전문기관과의 협의를 권고하고 있습니다.[13][14]

한편 법 제17조 제2항상 적합성 원칙에서 일반금융소비자의 확인대상은 해당 소비자로부터 파악한 정보의 내용인 반면, 법 제19조 제2항상 설명의무에서 일반금융소비자의 확인대상은 해당 소비자가 설명내용을 이해하였는지입니다. 위와 같이 법 취지상 금융소비자 정보에 대한 확인은 권유할 상품이 정해지기 전이며, 설명의무 이행은 권유할 상품이 정해진 후에 이루어지는 바, 법상 각각의 의무이행 시점이 다르다고 할 것입니다. 따라서 금융감독당국은 비대면 상품 취급 시 적합성 원칙 및 설명의무에 대한 확인을 계약체결 단계에서 일괄하

조 제4항). 금융상품판매업자등은 위 신용정보 혹은 신용등급을 적합성 평가를 하는데 필요한 범위 내에서 파악해야 합니다(감독규정 제10조 제3항).

12) **전자서명법 제2조(정의)**
　　2. "전자서명"이란 다음 각 목의 사항을 나타내는 데 이용하기 위하여 전자문서에 첨부되거나 논리적으로 결합된 전자적 형태의 정보를 말한다.
　　　　가. 서명자의 신원
　　　　나. 서명자가 해당 전자문서에 서명하였다는 사실
13) 금융위원회 · 금융감독원, "금융소비자보호법 FAQ 답변(3차)", 2021. 4. 26., 7쪽.
14) 2022. 7. 7. 금융위원회가 입법예고한 시행령 개정안에서는, 제11조의2가 신설되었습니다. 전자서명 외 안전성과 신뢰성이 확보될 수 있는 다양한 확인수단을 허용함으로써 금융상품판매업자 및 금융소비자의 편의성을 증진하기 위함입니다(금융위원회, 시행령 조문별 개정 이유서)

> **시행령(안) 제11조의2(일반금융소비자로부터의 확인)** 법 제17조 제2항, 법 제18조 제2항, 법 제19조 제2항에서 "대통령령으로 정하는 방식"이란 안전성과 신뢰성이 확보될 수 있는 수단을 활용함으로써 해당 일반금융소비자에게 관련 내용을 알리고 확인 받는 방식을 말한다.

여 전자서명으로 받기는 어렵다고 판단하고 있습니다.[15]

금융상품판매업자등은 제공받은 정보에 이상이 없는지를 일반금융소비자로부터 확인을 받으면 되고, 제공받은 정보를 확인하기 위하여 별도의 증빙자료를 일반금융소비자에게 요구해야 할 의무는 없습니다.[16]

다만, 실무상 금융상품판매업자등은 적합성 판단의 정확성을 높이기 위하여 일반금융소비자의 동의를 받아 타 기관으로부터 추가 정보를 받는 등의 조치를 취하는 경우가 있는데, 이러한 조치가 법상 허용되는지가 문제됩니다. 예를 들어 대출 연체 여부를 일반금융소비자에게 직접 물어보면 사실과 다르게 대답할 가능성이 있으므로, 일반금융소비자의 동의를 받아 신용정보사로부터 연체 여부를 조회하는 것이 가능한가 하는 것입니다. 이에 관하여 금융감독당국은 적합성 판단의 정확성을 높이기 위해 일반금융소비자의 동의를 받아 타 기관으로부터 추가 정보를 받는 등의 조치를 취하는 부분에 대해서는 별도의 제한이 없다는 입장입니다.[17]

다) 정보의 제공

금융상품판매업자등은 확인받은 내용을 일반금융소비자에게 지체 없이 제공하여야 합니다. 일반금융소비자로부터 제공받은 정보의 정확성을 재차 검증하기 위하여 제공하는 것이므로, 금융상품판매업자등이 자체 기준에 따라 적합성을 판단하고 그 판단결과가 포함된 자료까지 제공할 필요는 없습니다.[18]

한편, 적합성 원칙에 따라 파악된 고객정보에 대하여 유효기간을 정하고 운영하는 것이 가능하지가 문제되는데, 금융감독당국은 개별 금융회사가 자율적으로 고객정보의 유효기간을 마련할 수 있다는 입장입니다.[19] 또한 과거 거래를 했던 일반금융소비자가 신규 거래를 하려는 경우에 이후 평가기준에 변동이 없다면 추가 평가 없이 소비자 정보에 변동사항이 있는지만 확인하고 변동이

---

15) 신속처리시스템 회신, 은행210414-29.

16) 금융위원회·금융감독원 보도참고자료, "금융소비자보호법 관련 10문 10답", 2021. 3. 25., 6쪽.

17) 신속처리시스템 회신, 생보210422-15.

18) 신속처리시스템 회신, 생보210422-16.

19) 신속처리시스템 회신, 은행210402-5.

없는 경우 기존 평가결과를 활용하는 것도 가능합니다. 다만 고객정보의 유효기간 내에 있다고 하여 일률적으로 소비자 정보의 변동이 없는 경우에 해당한다고 할 수는 없다는 입장입니다.[20]

4) 금융상품의 적합 여부 판단 및 부적합 금융상품의 체결 권유 금지(법 제17조 제3항, 제4항)

금융상품판매업자등은 일반금융소비자로부터 제공받은 정보를 토대로 법령에 따른 금융상품 유형별 적합성 판단기준을 마련하고, 이를 바탕으로 해당 금융상품이 일반금융소비자에게 적합한지를 판단하여야 합니다. 법령에서는 원칙적으로 원금손실위험이 있는 보장성 상품 및 투자성 상품의 경우 일반금융소비자의 손실감수능력을, 상환의무를 부담하는 대출성 상품의 경우에는 일반금융소비자의 상환능력을 중심으로 적합성을 판단하도록 규정하고 있습니다.

■ 표 금융상품 유형별 적합성 판단 기준

금융상품	판단 기준
보장성 상품 투자성 상품 (감독규정 제10조 제1항 제1호)	일반금융소비자의 손실감수능력이 적정수준인지를 평가하되, 아래의 사항을 종합 고려하여 평가할 것. 다만, 일반금융소비자 보호를 위해 필요한 경우에는 다음의 사항 중 어느 하나만으로 해당 금융상품에 적합하지 않다고 평가할 수 있음. 1. 거래 목적 2. 계약기간, 기대이익 및 기대손실 등을 고려한 위험에 대한 태도 3. 금융상품에 대한 이해도[21] 4. 재산상황(보유한 자산 중 금융상품의 유형별 비중을 말한다) 5. 투자성 상품을 취득·처분한 경험 6. 연령
대출성 상품 (감독규정 제10조 제1항 제2호)	일반금융소비자의 상환능력과 관련하여 다음의 사항을 종합 고려하여 평가할 것. 다만, 해당 금융상품의 특성상 필요한 경우에는 다음의 사항 중 어느 하나만으로 평가할 수 있음. 1. 거래 목적 2. 원리금 변제계획 3. 법 제17조 제2항 제3호 나목에 따른 신용 4. 재산상황(소득, 부채 및 자산을 말한다) 및 고정지출

---

20) 신속처리시스템 회신, 은행210512-97.

금융상품	판단 기준
	5. 연령
예외사항 (감독규정 제10조 제2항)	다음 중 어느 하나에 해당하는 금융상품은 그 특성상 필요한 범위 내에서 금융상품판매업자등이 자체 기준에 따라 평가할 수 있음. 1. 여신전문금융업법에 따른 신용카드 2. 분양된 주택의 계약 또는 주택조합 조합원의 추가 분담금 발생에 따른 중도금 지급을 목적으로 하는 대출 3. 주택 재건축·재개발에 따른 이주비 확보를 목적으로 하는 대출 4. 환매조건부채권 등 원금손실 위험이 현저히 낮은 투자성 상품 5. 그 밖에 제1호부터 제4호까지의 규정에 준하는 금융상품으로서 그 특성상 감독규정 제10조 제1항에 따른 기준 적용이 객관적으로 어려운 금융상품

단, 과거 거래를 했던 일반금융소비자가 신규 거래를 하려는 경우, 과거 일반금융소비자로부터 제공받은 정보와 적합성 판단기준에 변경이 없다면 적합성 평가를 해야 할 실익이 크지 않을 것입니다. 예를 들어, 적합성 판단기준이 동일하면, 소비자 정보의 변경여부를 확인하는 절차로 적합성 평가를 갈음할 수도 있을 것입니다.[22]

금융상품판매업자등은 금융상품 유형별 적합성 판단기준에 비추어 해당 금융상품이 일반금융소비자에게 부적합하다고 판단될 경우, 해당 금융상품 계약체결을 권유해서는 안 됩니다. 적합성 원칙을 적용받지 않고 권유하기 위하여 일반금융소비자로부터 계약체결의 권유를 원하지 않는다는 의사를 서면으로 수령하는 행위는 불공정영업행위로 금지됩니다(감독규정 제15조 제4항 제5호). 따라서 부적합한 금융상품을 일반금융소비자가 원한다는 이유로 펀드 카탈로그 제공 등의 방법으로 부적합한 상품을 권유하고 일반금융소비자로부터 부적합확인서를 받아 계약하는 행위는 적합성 원칙의 위반으로 볼 수 있습니다.[23]

---

21) 금융감독당국은 "해당 금융상품에 대한 설명을 이해하는데 필요한 기초지식이 있는지를 객관적인 문항을 통해 확인하고, 소비자의 주관적 의사에 의존하는 문항('자신이 충분한 지식을 가지고 있다고 생각하는지?' 등)은 지양하여야 한다는 입장입니다[금융위원회·금융감독원, "금융소비자보호법 FAQ 답변(2차)", 2021. 3. 17., 5쪽].

22) 금융위원회·금융감독원 보도참고자료, "금융소비자보호법 시행 후 원활한 금융상품거래를 위해 판매자·소비자가 알아야 할 중요사항을 알려드립니다", 2021. 3. 29., 3쪽.

23) 한편, 금융상품판매업자등은 일반금융소비자에게 적합한 상품을 권유하였으나 일반금융소비

5) 적용 특례(법 제17조 제5항, 제6항)

금융상품판매업자등이 자본시장법 제249조의2에 따른 전문투자형 사모집합투자기구의 집합투자증권을 판매하는 경우에는 적합성 원칙을 적용하지 않습니다.[24] 다만, 금융상품판매업자등은 일반금융소비자에게 적합성 원칙의 적용을 별도로 요청할 수 있다는 사실과 그 요청방법을 알려야 하고, 일반금융소비자가 별도로 요청하지 않을 경우에는 적합하지 않은 계약의 체결로 인한 손해에 대해 금융상품판매업자등이 해당 규정에 따른 책임을 지지 않는다는 사실을 안내하여야 합니다(감독규정 제10조 제4항). 일반금융소비자는 서면 교부, 우편 또는 전자우편, 전화 또는 팩스, 휴대전화 문자메시지 또는 이에 준하는 전자적 의사표시의 방법으로 적합성 원칙을 적용하여 줄 것을 요청할 수 있습니다(시행령 제11조 제5항).

2. 적합성 원칙 적용상 쟁점

가. '권유'의 범위

적합성 원칙은 금융상품에 대한 계약체결의 '권유'를 하는 경우 적용됩니다. 따라서 무엇이 '권유'에 해당하는지에 따라 적합성 원칙의 적용 여부가 결정됩니다. 그런데 최근 비대면 거래가 활성화됨에 따라 금융상품판매업자의 직원이 일반금융소비자와 대면하여 금융상품을 안내하고 계약을 체결하는 것 이외에도 다양한 채널을 통하여 금융상품에 대한 소개와 계약 체결이 이루어지고 있습니다. 따라서 이로 인하여 금융상품에 대한 단순 광고와, 적합성의 원칙이 적용되

자가 부적합한 상품을 특정하여 청약하는 경우에는, 적합성 원칙이 아니라 적정성 원칙에 비추어 그 상품이 부적정하다는 사실을 법령에 따라 알린 후 계약 체결이 가능합니다[금융위원회·금융감독원, "금융소비자보호법 FAQ 답변(2차)", 2021. 3. 17., 4쪽].

24) 2021. 10. 21.부터 시행된 개정 자본시장법은 사모집합투자기구 제도를 전면 개편하여 종래 '전문투자형'과 '경영참여형'으로 구분되던 사모집합투자기구를 투자자 유형에 따라 '일반 사모집합투자기구'와 '기관전용 사모집합투자기구'로 재편하였습니다. 이에 따라 자본시장법 제249조의2는 일반 사모집합투자기구에 대한 규정으로 개정되었으므로 법 제17조 제5항은 일반 사모집합투자기구를 가리키는 것으로 해석하여야 할 것입니다.

는 권유 및 이를 포함하는 중개행위를 구별하는 것이 쉽지 않습니다. 게다가, 법에서는 '권유'에 대해 별도로 정의하고 있지 않아 어떠한 행위까지 권유에 해당한다고 보아야 하는지가 문제되고 있습니다.

이에 금융감독원에서는 2021. 3월 "금융소비자 보호에 관한 법률 설명 자료"를 배포하면서, 금융상품의 판매광고, 권유, 중개, 대리, 자문의 개념을 다음과 같이 정리하였습니다. 금융감독원의 설명을 요약하면, 단순정보제공행위와 판매계약체결 행위 사이에 발생하는 청약의 유인행위로 광고와 권유가 존재한다고 구분하고, 광고는 불특정소비자를 대상으로 하는 약한 청약의 유인인 반면, 권유는 특정 소비자를 대상으로 하는 강한 청약의 유인에 해당한다는 차이점이 있다는 것입니다(다음의 표 참조). 다만, 특정 행위가 권유에 해당하는지는, 설명의 정도, 계약체결에 미치는 영향, 실무처리 관여도, 이익발생 여부 등과 같은 계약체결에 관한 제반사정을 종합하여 판단하여야 한다는 것이 판례의 태도이므로,25) 위 큰 틀 하에서 구체적 사정을 함께 고려하여야 할 것입니다.

■ 표 금융상품판매 단계별 절차26)

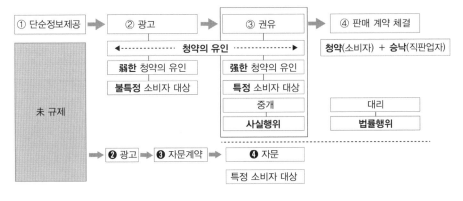

---

25) 대법원 2017. 12. 5. 선고 2014도14924 판결.

26) 금융감독원, "금융소비자 보호에 관한 법률 설명 자료", 2021. 3월, 9쪽.

■ 표 법상 광고·권유·중개·대리·자문의 구별[27)

행위	정의	사례
광고	**불특정 소비자**에게 사업자 또는 상품내용을 널리 알리거나 제시하는 것(표시광고법 제2조)	– 인터넷 홈페이지의 FAQ에 신용조회관련 설명 게시는 광고 해당[28) – 사이버몰 입점업체 광고에 대한 운영자의 광고 주체로서 행정책임 여부는, ① 양자거래약정 내용, ② 사이버몰 이용약관 내용, ③ 양자 역할·관여 정도, ④ 광고 내용, ⑤ 소비자 오인 가능성 등을 종합하여 구체적·개별적으로 판단
권유	**특정 소비자**에게 금융상품판매 계약 체결을 목적으로 금융상품에 대한 정보를 제공하고 해당 소비자에게 계약체결을 촉구하는 것	– 투자권유의 해당 여부는 설명의 정도, 투자판단에 미치는 영향, 실무처리 관여도, 이익발생 여부 등 제반사정을 종합하여 판단[29) – 보험계약의 권유행위는 보험계약 체결을 목적으로 고객에게 보험상품에 대한 정보를 제공하거나 보험가입을 촉구하는 행위[30)
중개	금융상품직접판매업자를 위해 금융상품직접판매업자와 소비자 간에 계약이 체결될 수 있도록 힘쓰는 일체의 사실행위	– 보험계약 체결 중개는 보험자와 계약자 간에 보험계약이 성립될 수 있도록 힘쓰는 일체의 사실행위[31)
대리	금융상품직접판매업자를 위해 소비자로부터 청약의사를 수령하거나 소비자에게 승낙의사를 표시하는 것	– 보험계약 체결 대리는 보험자와 위탁계약을 체결한 보험대리점이 계약자로부터 청약의사 표시를 수령하고 보험자를 위하여 승낙의 의사표시를 하면 그 법률효과가 직접 보험자에게 귀속되는 것[32)

---

27) 금융감독원, "금융소비자 보호에 관한 법률 설명 자료", 2021. 3월, 9쪽.
28) 대법원 2009. 5. 28. 선고 2009두843 판결.
29) 대법원 2017. 12. 5. 선고 2014도14924 판결.
30) 서울행정법원 2015. 5. 28. 선고 2013구합62367 판결.
31) 서울행정법원 2015. 5. 28. 선고 2013구합62367 판결.
32) 서울행정법원 2015. 5. 28. 선고 2013구합62367 판결.

행 위	정 의	사 례
자 문	특정 소비자를 대상으로 금융상품의 가치 또는 취득·처분 결정에 대한 자문에 응하는 것(법 제2조 제4항)	− 불특정 다수인을 상대로 한 경우가 아니라, 문의자와 상담자 사이에 1:1 상담 혹은 자문이 행해지는 것은 투자자문업에 해당[33] * 아래 사항의 경우 금융상품자문업에서 제외됨 ① 불특정다수 대상 간행물·출판물·통신물·방송 등을 통한 조언 ② 변호사·변리사·세무사·공인회계사 등 해당 법률에 따른 자문 ③ 무상으로 금융상품판매업에 부수하여 금융상품의 가치 등에 자문

현재까지 특정 행위가 권유에 해당하는지에 대한 금융감독당국의 유권해석을 정리하면 아래와 같습니다.

행 위	유권해석
자동차보험 갱신, 실손 의료보험 갱신도 금융상품의 권유인지?	− 보험상품의 경우, 권유에 해당하는지 여부는 새로운 보험계약 체결을 목적으로 하는지를 기준으로 판단할 수 있음 − **자동차보험의 경우 통상 매년 보험사가 계약 갱신여부를 확인한 후 계약이 새로 체결되므로 권유로 볼 수 있음** **실손 의료보험의 경우 보험료 등이 변경되는 것에 불과하며 매년 새로운 계약이 체결되지는 않으므로 권유로 볼 수 없음** [출처: 금융위원회·금융감독원, "금융소비자보호법 FAQ 답변(3차)", 2021. 4. 26., 4쪽]
회사에서 전 고객(**불특정 고객**)을 대상으로 '보험계약대출 제도(대출가능금액, 이율, 신청방법 등 안내)'를 안내(소정의 상품을 제공한다는 내용 포함)하고 보험계약대출을 신청한 고객을 대상으로 추첨 등을 통하여 소정의 상품을 제공하는 경우 권유행위로	− **불특정 다수를 대상으로 금융상품 및 금융상품 계약 시 경품 제공 관련 정보를 제공하는 행위에 해당할 뿐만 아니라, 경품은 대출을 권유 받는 자가 아닌 대출계약 신청을 한 자에 제공되기 때문에 권유가 아닌 광고에 해당** [출처: 신속처리시스템 회신, 생보210405-1]

---

33) 대법원 2007. 11. 29. 선고 2006도119 판결.

행 위	유권해석
보아 적합성 원칙 적용대상이 되는 것인지?	
고객에 대한 신용정보조회 및 신용점수 안내 등의 행위가 권유에 해당하는지?	– "고객에 대한 신용정보조회 및 신용점수 안내"는 법상 **권유 전 고객정보를 파악하는 행위에 해당하여 권유로 볼 수 없음** [출처: 신속처리시스템 회신, 생보210409-4]
소비자군을 분류하여 금융상품을 안내하는 행위가 권유에 해당하는지?	**분류기준에 따라 광고 혹은 권유** – 사실상 불특정 다수로 볼 수 있을 정도로 연령이나 특정 소득 계층을 기준으로 포괄 분류된 소비자군에 대해 동일한 정보를 알리는 행위는 "광고"에 해당 – 다양한 정보의 조합을 통해 소비자군을 세분화하여 사실상 특정 소비자에 맞춤형으로 상품정보를 제공한다고 볼 수 있는 경우에는 "권유"로 판단 가능 [출처: 금융위원회·금융감독원, "금융소비자보호법 FAQ 답변(3차)", 2021. 4. 26., 4쪽]
키오스크(비대면)에서 거래되는 예금담보대출 상품은 단일상품으로서 신규 가입하고자 하는 경우 한가지 상품만 제시되는데, 이 경우에도 권유행위가 있다고 봐야 하는지?	– 단일상품이라는 사유만으로 권유행위가 없다고 단정하기는 어려움이 있으나, **ATM에서의 카드론 거래**와 같이 키오스크에서의 예금담보대출 거래가 사회적 통념으로 형성되어 있다면, 대출을 목적으로 (일반금융소비자가) **키오스크를 스스로 찾아가 예금담보대출 거래를 하는 행위**는 특별한 사정이 없는 한 **권유로 보기는 어렵다**고 판단됨. [출처: 신속처리시스템 회신, 은행210402-6]
대면·비대면 등 채널을 통해 고객에게 맞춤형으로 대출상품을 추천(안내)하는 것이 '권유행위'에 해당되는지?	– 고객 맞춤형 금융상품 추천이 모두 '권유행위'라 할 수는 없으나, 그 고객의 금융상품 계약여부 판단에 상당한 영향을 미칠 수 있기 때문에 **통상적으로는 '권유행위'에 해당**된다고 볼 수 있음 – 참고로 콜센터(금융상품판매대리·중개업자가 아닌 금융회사 내부기관인 경우에 한정)에서 고객에 특정 상품을 안내하는 행위를 권유로 볼 수 있다 하더라도 콜센터 안내 단계에서 적합성 원칙이나 설명의무를 반드시 이행해야 할 필요는 없음. 은행 내부 역할분담에 따라 콜센터 단계에서 적합성 원칙이 적용되지 않아도 이후 계약체결 담당자가 법에 따라 절차를 진행하면 됨. [출처: 신속처리시스템 회신, 은행210402-67]

행 위	유권해석
자동차 할부금융·리스 견적서 제공행위가 권유에 해당하는지? (자동차 판매과정에서는 통상적으로 자동차딜러가 고객에게 자동차 구입 방법으로 할부금융을 안내하면서 견적서를 제공하게 되는데, 이때 견적서에는 고객의 재산상황, 신용과 무관하게 리스나 할부금융의 일반적인 조건이 기재됨)	– 견적서의 구체적인 내용에 따라 달리 판단하여야 할 것이나, (1) 견적서가 소비자의 금융상품 선택을 위해 제공되는 점, (2) 견적서에 소비자의 의사결정에 영향을 미치는 정보(리스기간, 월납입액, 선수금, 유예금 등)가 포함된 점, (3) 소비자가 견적서를 선택하면 자동차딜러가 해당 회사 상품을 취급하는 리스·할부금융 모집인을 연결해준다는 점을 감안하면, **견적서가 계약에 상당한 영향을 미친다고 볼 수 있으므로 권유로 판단됨** [출처: 신속처리시스템 회신, 여전210416–10]
(1) 보험계약대출에 대해 보험약관상의 내용을 알리는 행위는 권유에 해당하는지? [예: 계약대출제도를 알아보세요. 기존보험의 해지환급금의 80% 범위내 대출받을 수 있습니다. (이율: 최저 XX% ~ 최고 XX%)]	(1) **권유가 아니라 안내로 볼 수 있음**
(2) 단순히 보험약관상 내용을 알리는 것에 그치지 않고, 보험약관에 없던 금리 등의 정보를 알리거나 대출청약을 접수하는 등의 적극적인 유인행위가 이루어질 경우에는 권유에 해당하는지 [예: 귀하께서 받을 수 있는 금액은 1,000,000원이며, 지금 대출받으시면 XX%로 대출받을 수 있습니다.]	(2) **보험약관에 없던 금리 등의 정보를 알리거나 대출청약을 접수하는 등 적극적인 유인행위가 이루어질 경우 광고 또는 권유로 볼 수 있음** – 특정 1인 또는 개별성의 정도가 높은 특정 다수인 경우: 권유 – 상대방이 불특정 다수이거나 특정 다수이지만 개별성의 정도가 높지 않은 경우*: 광고 * 특정 연령대, 특정 소득계층만을 기준으로 소비자군을 분류하는 경우 [출처: 신속처리시스템 회신, 손보210608–26]
카드를 대체발급*하는 것이 권유행위에 해당하는지? *대체발급: 기존 카드의 단종 등으로 불가피한 상황에서 기존 카드와 가장 유사한 카드로 새로 발급하는 것(기존 카드와 동일한 카드를 유효기간을 연장하여 새로 발급하는 것은 '갱신발급'이라 함)	– 연회비, 부가서비스 등 주요사항의 변경이 있다면 대체발급은 동일한 상품의 갱신으로 보기 어려우며, 카드사가 소비자에게 **부가서비스 등 주요사항에 변경이 있는 대체카드 발급을 위한 청약 의사를 표시하도록 유인하는 경우 권유행위로 보아야 함** [출처: 신속처리시스템 회신, 여전210506–24]

나. 비대면 금융거래와 적합성 원칙[34]

금융감독당국은 비대면으로 거래하는 경우에도 적합성 원칙이 적용된다는 입장입니다. 즉, 금융감독당국은 비대면 거래에서 일반금융소비자가 법상 적합성 원칙이 적용되는 금융상품에 대해 권유를 받겠다는 의사를 표시한 이후에 금융상품판매업자가 금융상품 계약체결을 권유할 경우에는 적합성 원칙이 적용된다고 보고 있습니다. 비대면 거래에서도 일반금융소비자가 적합성 원칙 적용에 응하는 경우에 한하여 금융상품판매업자등은 금융상품의 추천 및 설명 등 권유를 진행할 수 있고, "상품권유를 원하지 않는다는 의사" 및 "부적합한 상품 계약도 원한다는 의사"를 서명 등으로 확인 받고 부적합한 상품을 권유하여서는 안 됩니다.

금융감독당국은 소비자가 권유를 받겠다는 의사를 표시했다고 볼 수 있는 경우로, (1) 소비자가 맞춤형 상품 추천에 필요한 정보를 제공하거나, (2) 소비자가 특정 기준(거래 빈도, 수익률, 이자율, 대출한도 등)을 선택하여 그 기준에 부합하는 상품을 찾는 경우를 예로 들고 있습니다. 또한 금융상품판매업자가 웹사이트나 전화를 통해 특정 금융상품에 대한 소비자의 문의에 무료로 답변을 제공하는 경우는 안내에 해당하나, 문의내용이 자신에게 적합한 금융상품을 추천해달라는 내용인 경우는 권유에 해당하며, 신용카드 회원 전체에 전자메일로 새로운 금융상품을 안내하는 경우는 광고에 해당한다고 입장입니다.[35]

다. 퇴직연금에 대한 적합성 원칙 적용[36]

퇴직급여법에 따른 퇴직연금계약(운용관리계약, 자산관리계약)의 체결 자체에 대해서는 법상 규제가 적용되지 않지만, 퇴직연금계좌에 상품을 편입하는 과정에서 운용관리업무를 수행하는 자의 특정 금융상품에 대한 권유에 대해서는 법상 규제가 적용됩니다.[37]

---

34) 금융위원회 · 금융감독원, "금융소비자보호법 FAQ 답변(1차)", 2021. 2. 18., 7쪽.
35) 금융위원회 · 금융감독원, "금융소비자보호법 FAQ 답변(2차)", 2021. 3. 17., 2쪽.
36) 금융위원회 · 금융감독원, "금융소비자보호법 FAQ 답변(3차)", 2021. 4. 26., 3쪽.
37) 신속처리시스템 회신, 은행210507 - 91.

한편 퇴직급여법은 퇴직연금사업자로 하여금 반기마다 1회 이상 위험과 수익구조가 서로 다른 세 가지 이상의 적립금 운용방법을 제시하도록 규정하고 있습니다(퇴직급여법 제21조 제2항). 이에 따른 상품제시가 금융상품 계약 체결의 권유에 해당하는지에 대하여 금융감독당국은 운용관리기관의 '상품 제시'는 모든 가입자에 동일한 상품목록이 제공되는 경우에 한하여 법상 권유에 해당하지 않는다고 판단하였습니다. 다만 이 경우 상품목록은 운용관리기관의 주관적 기준이 아닌 '가나다 순' 또는 '수익률' 등 객관적 지표를 기준으로 제공되어야 한다고 보고 있습니다.

또한 퇴직연금제도의 특성상 실질적으로 소비자에 금융상품을 권유하고 해당 금융상품에 대한 계약을 체결하는 자는 운용관리업무 수행자이며, 자산관리업무 수행자는 계약이 체결된 소비자의 재산을 보관·관리하는 역할을 하는 것에 불과하므로 규제를 중복 적용하지 않는 것이 소비자 권익에 부합합니다. 따라서 운용관리업무 수행자가 규제를 준수하는 경우 자산관리업무 수행자에게는 법상 규제가 적용되지 않습니다.

3. 투자자 적합성평가 제도 운영지침[38]

가. 제정 배경

금융상품판매업자는 투자성 상품을 소비자에 권유하기 전에 원칙적으로 소비자로부터 받은 정보를 토대로 소비자에 적합하지 않은 상품을 선별하는 절차(이하 "투자자성향 평가")를 거쳐야 합니다. 투자자성향 평가는 과거에도 자본시장법에 따라 운영되어 왔으나 법 제정으로 내용이 일부 개선되었습니다. 달라진 점은 크게 두 가지입니다.

---

[38] 금융위원회·금융감독원 보도자료, "투자자성향 평가 관련 현장의 관행을 합리화하겠습니다", 2021. 6. 3.

- 과거 금융투자협회의 표준투자권유준칙 및 생명·손해보험협회의 변액보험권유준칙 등 자율규제로 규정되었던 확인해야 할 소비자 정보의 범위 및 투자자성향 평가기준 법제화
- 판매직원이 평가 관련 소비자 정보를 조작하거나 적합성 평가를 회피하는 경우 부당권유행위에 해당되어 해당 금융회사에 대해 과징금·과태료 부과

그런데 법 시행 후, 소비자가 비대면 채널을 통해 투자자성향 평가를 받았음에도 영업지점 방문 시 또다시 대면 평가를 받아 금융상품 거래시간이 길어진다거나, 일별(日別) 투자자성향 평가횟수(예: 1회) 제한으로 인해 소비자가 착오로 잘못 기재한 사항도 정정하지 못하여 잘못된 평가를 받게 되는 등의 문제가 발생하였습니다. 이후 금융감독당국에서는 이러한 문제점을 해소하고 기존 판매관행을 개선하고자 「투자자 적합성평가 제도 운영지침」(금융위원회 행정지도 제2021-1호)(이하 본장에서 "운영지침")을 마련하였습니다.

나. 주요 내용

1) 일반원칙

① **판매자는 투자자성향 평가 취지를 소비자가 이해하기 쉽게 설명하고, 파악하고자 하는 정보를 소비자에게 명확하게 요구해야 합니다.** '순자산'과 같은 어려운 용어를 사용하거나 '투자상품의 구조를 이해하는지?'와 같은 불명확한 표현을 사용하는 것은 지양하여야 합니다.

② **투자자 성향 평가는 법령상 기준에 따라 일관되게 실시해야 합니다.** 투자성 상품의 경우 일반금융소비자의 정보를 종합 고려하여 손실감수능력을 평가하고 그 결과를 금융상품의 위험등급에 관한 정보와 비교하여야 합니다. 소비자 정보를 평가하는 과정에서 소비자로부터 제공받은 정보 간에 모순이 발생하거나, 정보가 유사한 소비자들 간 평가결과에 적지 않은 차이가 발생할 경우 조정이 이루어져야 할 것입니다.

③ **평가결과 자료는 반드시 평가근거와 함께 기록하고 유지해야 합니다.** 이를 토대로 짧은 시간 내 투자자성향 평가결과가 급격히 변동된 사례 등 특이 동향을 주기적으로 파악하고 필요 시 조치를 하는 내부통제가 이루어질 필요가 있습니다.

2) 대면 거래 시 비대면 평가결과 활용 관련

영업점을 방문한 소비자가 미리 비대면 평가결과를 받은 경우, 이후 평가기준에 변동이 없다면 추가 평가 없이 소비자 정보(법 제17조 제1항 각 호의 구분에 따른 정보)에 변동사항이 있는지만 확인하는 것도 가능합니다. 소비자 정보에 변동이 없는 경우에는 기존 평가결과를 활용할 수 있으며, 변동이 있는 경우에는 다시 평가를 해야 합니다.

이는 비대면 거래 시 대면 투자자성향 평가결과를 활용하는 경우에도 동일하게 적용됩니다.

3) 일별 투자자성향 평가횟수 제한 관련

① 금융상품 권유 등을 통해 소비자가 **자신의 투자자성향 평가결과를 알기 전인 경우,** 판매자는 소비자의 정보 변경 요구를 원칙적으로 허용해야 합니다. 소비자가 자신의 정보에 오류가 있어 변경을 요구했음에도 당일 변경을 불허하고 이에 기초하여 투자권유를 하는 행위는 소비자로부터 정보를 확인받을 의무(법 제17조 제2항)에 위반될 소지가 있습니다.

② **소비자가 평가결과를 안 후에는,** 판매자는 소비자가 위험등급이 높아 부적합한 금융상품 거래를 위해 의도적으로 자신의 정보를 변경하지 않도록 필요한 조치를 취하여야 합니다. 운영지침에서는 대면거래와 비대면 거래로 나누어 다음과 같이 변경기준을 정하고 있습니다.

거래 형태	변경기준
대면 거래	제공받은 정보 중 통상 짧은 시간 내 변경되기 어렵고 오류를 객관적으로 확인하기 어려운 정보(금융상품 이해도, 위험에 대한 태도 등)의 경우, 당일 변경을 허용하지 않는 것을 원칙으로 하되, 객관적 확인이 가능한 소비자의 사실관계 착오, 오기(誤記) 등은 소비자 요청 시 변경을 허용할 것을 권고함

거래 형태	변경기준
비대면 거래	비대면 거래의 경우 금융상품판매업자등이 일반금융소비자의 재평가를 통제하기 어려우므로, 이러한 사정을 감안하여 재평가횟수를 사전 제한할 것을 권고함 **1일 평가 가능횟수는 최대 3회***를 원칙으로 하되, 고객특성(예: 고령자, 장애인), 정보유형(예: 재산상황, 투자경험) 등을 합리적으로 반영하여 마련한 자체 기준에 따라 횟수를 조정할 수 있음 * 주요 증권사 일일 평균 비대면 투자자성향 평가횟수 중 1~3회가 98% 이상인 점 등 감안

③ 판매자는 투자자성향 재평가를 실시하는 경우 소비자의 재평가 요구사유를 파악하고 그 내용을 기록 및 유지해야 합니다.

4. 적합성 원칙 위반 시 책임

가. 민사적 책임

1) 손해배상책임(법 제44조, 제45조)

금융상품판매업자등이 고의 또는 과실로 법 제17조의 적합성 원칙을 위반하여 금융소비자에게 손해를 발생시킨 경우 이를 배상할 책임이 있습니다. 또한 금융상품직접판매업자는 금융상품판매대리·중개업자등[39]에 대한 관리책임이 있으므로, 금융상품판매대리·중개업자등이 대리·중개 업무를 할 때 금융소비자에게 손해를 발생시킨 경우에는 그 손해를 배상할 책임이 있습니다. 다만, 금융상품직접판매업자가 금융상품판매대리·중개업자등의 선임과 그 업무감독에 대하여 적절한 주의를 하였고 손해를 방지하기 위하여 노력한 경우에는 면책됩니다.

---

39) 금융상품판매대리·중개업자(법 제25조 제1항 제2호 단서에서 정하는 바에 따라 대리·중개하는 제3자를 포함하고, 보험업법 제2조 제11호에 따른 보험중개사는 제외한다) 또는 보험업법 제83조 제1항 제4호에 해당하는 임원 또는 직원을 포함하는 자를 의미합니다(법 제45조 제1항).

2) 위법계약해지권(법 제47조)

금융상품판매업자등이 일반금융소비자에 대해 부적합한 금융상품 계약 체결 권유로 계약을 체결한 경우(즉 법 제17조 제3항을 위반한 경우), 해당 일반금융소비자는 그 계약의 해지를 요구할 수 있습니다.

나. 행정적 책임

1) 과태료(법 제69조 제2항 제1호, 제2호)[40]

금융상품판매업자등이 ① 법 제17조 제2항을 위반하여 일반금융소비자의 정보를 파악하지 아니하거나 확인을 받지 아니하거나 이를 유지·관리하지 아니하거나 확인 받은 내용을 지체 없이 제공하지 않은 경우, 혹은 ② 법 제17조 제3항을 위반하여 부적합한 금융상품의 계약 체결을 권유한 경우에는 3천만 원 이하의 과태료가 부과됩니다.

2) 제재 조치(법 제51조~제53조)[41]

법 제17조를 위반한 금융상품판매업자등 및 임직원은 금융위원회 또는 금융감독원으로부터 제재조치를 받을 수 있습니다.

---

40) 구체적인 내용은 본서 제16장(감독 및 처분, 형사처벌 등)을 참고하시기 바랍니다.
41) 구체적인 내용은 본서 제16장(감독 및 처분, 형사처벌 등)을 참고하시기 바랍니다.

제6장

6대 판매규제 - 적정성 원칙

1. 적정성 원칙의 의의 및 주요 내용

제18조(적정성원칙) ① 금융상품판매업자는 대통령령으로 각각 정하는 보장성 상품, 투자성 상품 및 대출성 상품에 대하여 일반금융소비자에게 계약 체결을 권유하지 아니하고 금융상품판매 계약을 체결하려는 경우에는 미리 면담·질문 등을 통하여 다음 각 호의 구분에 따른 정보를 파악하여야 한다.

    1. 보장성 상품: 제17조 제2항 제1호 각 목의 정보

    2. 투자성 상품: 제17조 제2항 제2호 각 목의 정보

    3. 대출성 상품: 제17조 제2항 제3호 각 목의 정보

    4. 금융상품판매업자가 금융상품판매 계약이 일반금융소비자에게 적정한지를 판단하는 데 필요하다고 인정되는 정보로서 대통령령으로 정하는 사항

② 금융상품판매업자는 제1항 각 호의 구분에 따라 확인한 사항을 고려하여 해당 금융상품이 그 일반금융소비자에게 적정하지 아니하다고 판단되는 경우에는 대통령령으로 정하는 바에 따라 그 사실을 알리고, 그 일반금융소비자로부터 서명, 기명날인, 녹취, 그 밖에 대통령령으로 정하는 방법으로 확인을 받아야 한다. 이 경우 적정성 판단 기준은 제1항 각 호의 구분에 따라 대통령령으로 정한다.

③ 제1항에 따라 금융상품판매업자가 금융상품의 유형별로 파악하여야 하는 정보의 세부적인 내용은 대통령령으로 정한다.

④ 금융상품판매업자가 「자본시장과 금융투자업에 관한 법률」 제249조의2에 따른 전문투자형 사모집합투자기구의 집합투자증권을 판매하는 경우에는 제1항과 제2항을 적용하지 아니한다. 다만, 같은 법 제249조의2에 따른 적격투자자 중 일반금융소비자 등 대통령령으로 정하는 자가 대통령령으로 정하는 바에 따라 요청하는 경우에는 그러하지 아니하다.

⑤ 제4항에 따른 금융상품판매업자는 같은 항 단서에 따라 대통령령으로 정하는 자에게 제1항과 제2항의 적용을 별도로 요청할 수 있음을 대통령령으로 정하는 바에 따라 미리 알려야 한다.

가. 의 의

적정성 원칙은 일반금융소비자가 자발적으로 금융상품 계약체결을 하려는 경우, 즉 계약체결의 권유가 없어 적합성 원칙이 적용되지 않는 경우에 적용되는 원칙입니다. 금융상품판매업자는 계약체결의 권유가 없는 경우에도 일반금융소비자의 재산상황, 금융상품 취득 처분 경험 등을 바탕으로 적정성을 파악하여야 하고, 만약 부적정한 경우에는 이를 일반금융소비자에게 알리고 확인을 받아야 합니다.

나. 주요 내용

1) 적용 범위

적정성 원칙은 금융상품직접판매업자, 금융상품판매대리·중개업자가 일부 보장성 상품, 투자성 상품, 대출성 상품에 대하여 일반금융소비자에게 계약체결 권유 없이 금융상품판매 계약을 체결하는 경우에 적용됩니다. 적정성 원칙이 적용되는 금융상품의 구체적인 범위는 아래 표와 같습니다(법 제18조 제1항, 시행령 제12조 제1항).

■ 표 적정성 원칙이 적용되는 금융상품의 범위(시행령 제12조 제1항 각 호)

상품구분	적정성 원칙이 적용되는 항목
보장성 상품	– 보험업법에 따른 변액보험[1][2] – 보험료 또는 공제료의 일부를 자본시장법에 따른 금융투자상품의 취득·처분 또는 그 밖의 방법으로 운용할 수 있도록 하는 보험 또는 공제

---

1) 단, 만기에 원금을 보장하지 않는 변액보험은 보장성 상품뿐만 아니라 투자성 상품에도 해당한다는 것이 금융감독당국의 해석입니다[금융위원회·금융감독원, "금융소비자보호법 FAQ 답변(2차)", 2021. 3. 17., 9쪽]. 따라서 금융상품판매업자는 변액보험의 경우 투자성 상품으로서 해당 일반금융소비자에게 적정한 상품인지에 관하여도 평가하여야 합니다.

2) 2022. 7. 7. 금융위원회가 입법예고한 시행령 개정안에서는, 보험료의 납입과 보험금의 지급이 모두 외국통화로 이루어지는 보험(외화보험)에 대하여도 적합성 및 적정성 원칙이 적용되도록 제11조 제1항 제1호 다목이 신설되었습니다. 외화보험의 경우 환율 변동 등에 따라

상품구분	적정성 원칙이 적용되는 항목
투자성 상품	- 파생상품 또는 파생결합증권 - 일정한 사유가 발생하는 경우 주식으로 전환되거나 원리금을 상환해야 할 의무가 감면될 수 있는 사채(전환사채, 신주인수권부사채, 이익배당에 참가할 수 있는 사채, 주식이나 그 밖의 다른 유가증권으로 교환 또는 상환할 수 있는 사채, 유가증권이나 통화 또는 그 밖에 대통령령으로 정하는 자산이나 지표 등의 변동과 연계하여 미리 정하여진 방법에 따라 상환 또는 지급금액이 결정되는 사채는 제외) - 고난도금융투자상품, 고난도투자일임계약 및 고난도금전신탁계약 - 그 밖에 금융위원회가 정하여 고시하는 금융상품[3]
대출성 상품	- 주택담보대출 - 증권·지적재산권 담보대출

손실가능성이 있으므로, 외화보험 판매 시 적합성 및 적정성 원칙을 적용하여 보험계약자가 환위험을 명확하게 인지하고 필요한 경우에만 가입이 가능하도록 하기 위함입니다(금융위원회, 시행령 조문별 개정 이유서).

> **시행령(안) 제11조(적합성원칙)** ① 법 제17조제2항에 따라 금융상품판매업자등이 일반금융소비자의 정보를 파악하고 그 정보에 대해 해당 일반금융소비자의 확인을 받아야 하는 금융상품의 범위는 다음 각 호와 같다.
> 1. 다음 각 목의 보장성 상품
> **다.「보험업법」에 따른 보험상품 중 보험료의 납입과 보험금의 지급이 모두 외국통화로 이루어지는 보험(부가특약 등으로 보험료 납입 또는 보험금 지급이 원화로 환산하여 이루어지는 경우를 포함한다.)**

3) **감독규정 제11조(적정성원칙)** ① 영 제12조 제1항 라목에서 "금융위원회가 정하여 고시하는 금융상품"이란 다음 각 호의 금융상품을 말한다.
1. 「자본시장과 금융투자업에 관한 법률」 제93조 제1항에 따른 집합투자기구의 같은 법에 따른 집합투자증권(이하 "집합투자증권"이라 한다). 다만, 다음 각 목의 사항에 모두 해당하는 집합투자기구의 집합투자증권(같은 법에 따른 상장지수집합투자기구가 목표로 하는 지수의 변화에 1배를 초과한 배율로 연동하거나 음의 배율로 연동하여 운용하는 것을 목표로 하는 상장지수집합투자기구의 집합투자증권이 아닌 경우로 한정한다)은 제외한다.
   가. 「자본시장과 금융투자업에 관한 법률」에 따른 장외파생상품이나 같은 법에 따른 파생결합증권(이하 "파생결합증권"이라 한다)에 투자하지 아니할 것
   나. 기초자산(「자본시장과 금융투자업에 관한 법률」 제4조 제10항에 따른 "기초자산"을 말한다. 이하 같다)의 가격 또는 기초자산의 종류에 따라 다수 종목의 가격수준을 종합적으로 표시하는 지수의 변화에 연동하여 운용하는 것을 목표로 하는 「자본시장과 금융투자업에 관한 법률」에 따른 집합투자기구(이하 "집합투자기구"라 한다)일 것
   다. 연동하고자 하는 기초자산의 가격 또는 지수가 「자본시장과 금융투자업에 관한 법률 시행령」제246조 각 호의 요건을 모두 갖출 것

2) 금융소비자의 성격 확인

적정성 원칙의 경우 적합성 원칙과 달리 법에서 금융소비자가 일반금융소비자인지 전문금융소비자인지를 금융상품판매업자가 확인하도록 별도로 규정하고 있지는 않으나, 적정성 원칙이 일반금융소비자에게만 적용되므로 금융상품판매업자등은 계약체결 전에 일반금융소비자 여부를 확인하여야 합니다. 구체적인 내용은 적합성 원칙의 '금융소비자의 성격 확인'과 동일합니다.

3) 일반금융소비자의 정보 파악 의무(법 제18조 제1항)

금융상품판매업자는 전술한 보장성 상품, 투자성 상품, 대출성 상품에 대하여 일반금융소비자에게 계약 체결을 권유하지 아니하고 판매 계약을 체결하려는 경우에는 미리 면담, 질문 등을 통하여 정보를 파악하여야 합니다. 이때 금융상품 유형별로 파악하여야 하는 일반금융소비자의 정보는 아래 표와 같습니다(법 제18조 제2항 및 제3항, 시행령 제12조). 이는 적합성 원칙에 따라 파악하여야 하는 정보와 동일합니다.

■ 표 금융상품 유형별 파악해야 하는 일반금융소비자 정보 내용]

보장성 상품	투자성 상품	대출성 상품
1) 소비자의 연령 2) 재산상황(부채를 포함한 자산	1) 해당 금융상품 취득·처분 목적 2) 재산상황(부채를 포함한 자산	1) 재산상황(부채를 포함한 자산 및 소득에 관한 사항)

    라. 1좌당 또는 1주당 순자산가치의 변동율과 집합투자기구가 목표로 하는 지수의 변동율의 차이가 100분의 10 이내로 한정될 것
2. 집합투자재산의 50%를 초과하여 파생결합증권에 운용하는 집합투자기구의 집합투자증권
3. 다음 각 목의 금융상품 중 어느 하나를 취득·처분하는 금전신탁계약(「자본시장과 금융투자업에 관한 법률」 제110조 제1항의 "금전신탁계약"을 말한다)의 수익증권(이와 유사한 것으로서 신탁계약에 따른 수익권이 표시된 것을 포함한다)
    가. 제1호 각 호 외의 본문에 따른 집합투자증권
    나. 「자본시장과 금융투자업에 관한 법률」에 따른 파생상품 및 파생결합증권(같은 법 시행령 제7조 제2항 각 호의 증권은 제외한다)
    다. 「자본시장과 금융투자업에 관한 법률 시행령」에 따른 고난도금융투자상품, 고난도금전신탁계약 및 고난도투자일임계약
    라. 사채(社債) 중 일정한 사유가 발생하는 경우 주식으로 전환되거나 원리금을 상환해야 할 의무가 감면될 수 있는 사채(「상법」 제469조 제2항, 제513조 및 제516조의2에 따른 사채는 제외한다)

보장성 상품	투자성 상품	대출성 상품
및 소득에 관한 사항) 3) 계약체결의 목적 4) 금융상품의 취득·처분 경험 5) 금융상품에 대한 이해도 6) 기대이익 및 기대손실 등을 　 고려한 위험에 대한 태도	및 소득에 관한 사항) 3) 금융상품의 취득·처분 경험 4) 소비자의 연령 5) 금융상품에 대한 이해도 6) 기대이익 및 기대손실 등을 　 고려한 위험에 대한 태도	2) 신용[4]및 변제계획 3) 소비자의 연령 4) 계약체결의 목적(대출만 해당)

4) 금융상품의 적정 여부 판단 및 부적정한 금융상품의 고지·확인 의무(법 제 18조 제2항)

가) 적정성 판단

금융상품판매업자는 파악된 정보를 바탕으로 금융상품 유형별 적정성 판단 기준에 따라 해당 금융상품이 일반금융소비자에게 적정한지를 판단하여야 합니다. 이때의 판단기준은 적합성 원칙의 판단기준을 준용합니다. 즉, 금융상품판매업자는 보장성 상품과 투자성 상품의 경우 일반금융소비자의 손실에 대한 감수능력이 적정한 수준인지 여부를, 대출성 상품의 경우 일반금융소비자의 상환능력이 적정한 수준인지를 기준으로 적정성 여부를 판단하여야 합니다(시행령 제12조 제3항, 제11조 제3항 및 제6항). 구체적인 판단기준은 아래 표와 같습니다.

■ 표 금융상품 유형별 적정성 판단 기준

금융상품	판단 기준
보장성 상품 투자성 상품 (감독규정 제10조 제1항 제1호)	일반금융소비자의 손실감수능력이 적정수준인지를 평가하되, 아래의 사항을 종합 고려하여 평가할 것. 다만, 일반금융소비자 보호를 위해 필요한 경우에는 다음의 사항 중 어느 하나만으로 해당 금융상품이 적정하지 않다고 평가할 수 있음 1. 거래 목적 2. 계약기간, 기대이익 및 기대손실 등을 고려한 위험에 대한 태도

---

4) 신용정보법에 따른 신용정보 또는 자본시장법에 따른 신용등급으로 한정합니다(시행령 제11조 제4항). 금융상품판매업자는 위 신용정보 혹은 신용등급을 적정성 평가를 하는데 필요한 범위 내에서 파악해야 합니다(감독규정 제10조 제3항).

금융상품	판단 기준
	3. 금융상품에 대한 이해도[5] 4. 재산상황(보유한 자산 중 금융상품의 유형별 비중을 말한다) 5. 투자성 상품을 취득·처분한 경험 6. 연령
대출성 상품 (감독규정 제10조 제1항 제2호)	일반금융소비자의 상환능력과 관련하여 다음의 사항을 종합 고려하여 평가할 것. 다만, 해당 금융상품의 특성상 필요한 경우에는 다음의 사항 중 어느 하나만으로 평가할 수 있음 1. 거래 목적 2. 원리금 변제계획 3. 법 제17조 제2항 제3호 나목에 따른 신용 4. 재산상황(소득, 부채 및 자산을 말한다) 및 고정지출 5. 연령
예외사항 (감독규정 제10조제2항)	다음 중 어느 하나에 해당하는 금융상품은 그 특성상 필요한 범위 내에서 금융상품판매업자가 자체 기준에 따라 평가할 수 있음 1. 여신전문금융업법에 따른 신용카드 2. 분양된 주택의 계약 또는 주택조합 조합원의 추가 분담금 발생에 따른 중도금 지급을 목적으로 하는 대출 3. 주택 재건축·재개발에 따른 이주비 확보를 목적으로 하는 대출 4. 환매조건부채권 등 원금손실 위험이 현저히 낮은 투자성 상품 5. 그 밖에 제1호부터 제4호까지의 규정에 준하는 금융상품으로서 그 특성상 감독규정 제10조 제1항에 따른 기준 적용이 객관적으로 어려운 금융상품

　　금융상품판매업자는 적정성 평가결과를 평가근거와 함께 문서로 기록하여야 합니다. 이때, 적정성 원칙에 따라 파악된 고객정보에 대하여 유효기간을 정하고 운영하는 것이 가능하지가 문제되는데, 금융감독당국은 개별 금융회사가 자율적으로 고객정보의 유효기간을 마련할 수 있다는 입장입니다.[6]

---

5) 금융감독당국은 "해당 금융상품에 대한 설명을 이해하는데 필요한 기초지식이 있는지를 객관적인 문항을 통해 확인하고, 소비자의 주관적 의사에 의존하는 문항('자신이 충분한 지식을 가지고 있다고 생각하는지?' 등)은 지양하여야 한다는 입장입니다[금융위원회·금융감독원, "금융소비자보호법 FAQ 답변(2차)", 2021. 3. 17., 5쪽].

6) 신속처리시스템 회신, 은행210402-5.

나) 부적정한 금융상품의 고지·확인

금융상품판매업자는 해당 금융상품이 일반금융소비자에게 부적정하다고 판단되는 경우 이를 알리고, 해당 소비자로부터 확인을 받아야 합니다. 이때 금융상품판매업자는 서면, 우편, 전자우편, 전화, 팩스, 휴대폰 문자메시지 또는 이에 준하는 전자적 의사표시의 방식으로 알려야 하고(시행령 제12조 제4항, 제11조 제5항), 해당 금융상품의 설명서와 적정성 판단결과 및 그 이유를 기재한 서류를 함께 제공하여야 합니다(시행령 제12조 제4항).

확인받는 방법은 적합성 원칙과 동일합니다. 즉, 금융상품판매업자는 일반금융소비자로부터 서명(전자서명법 제2조 제2호에 따른 전자서명 포함),[7] 기명날인, 녹취 중 하나의 방법에 의하여 확인을 받아야 하고, 전자우편을 통해 확인하는 방법은 허용되지 않습니다.[8]

단, 부적정으로 판단되어 금융상품에 대한 계약이 체결되지 않은 경우에는 해당 소비자로부터 부적정 사실에 대하여 확인받지 않아도 무방합니다.[9] 위 전자서명에 휴대폰인증이나 PIN(Personal Identification Number) 인증, 신용카드 인증도 허용되는지 실무상 문제되나, 금융감독당국에서는 '전자서명법상 전자서명에 해당하는 경우 허용할 수 있다'는 원론적인 입장을 유지하면서, 인터넷진흥원 전자서명인증관리센터 등 전문기관과의 협의를 권고하고 있습니다.[10]

---

7) **전자서명법 제2조(정의)**
   2. "전자서명"이란 다음 각 목의 사항을 나타내는 데 이용하기 위하여 전자문서에 첨부되거나 논리적으로 결합된 전자적 형태의 정보를 말한다.
   　가. 서명자의 신원
   　나. 서명자가 해당 전자문서에 서명하였다는 사실

8) 2022. 7. 7. 금융위원회가 입법예고한 시행령 개정안에서는, 제11조의2가 신설되었습니다. 전자서명 외 안전성과 신뢰성이 확보될 수 있는 다양한 확인수단을 허용함으로써 금융상품판매업자 및 금융소비자의 편의성을 증진하기 위함입니다(금융위원회, 시행령 조문별 개정이유서).

> **시행령(안) 제11조의2(일반금융소비자로부터의 확인)** 법 제17조 제2항, 법 제18조 제2항, 법 제19조 제2항에서 "대통령령으로 정하는 방식"이란 안전성과 신뢰성이 확보될 수 있는 수단을 활용함으로써 해당 일반금융소비자에게 관련 내용을 알리고 확인 받는 방식을 말한다.

9) 신속처리시스템 회신, 은행210413-25.

10) 금융위원회·금융감독원, "금융소비자보호법 FAQ 답변(3차)", 2021. 4. 26., 7쪽.

5) 적용 특례(법 제18조 제4항, 제5항)

금융상품판매업자가 자본시장법 제249조의2에 따른 전문투자형 사모집합투자기구의 집합투자증권을 판매하는 경우에는 적정성 원칙이 적용되지 않습니다.[11] 다만 금융상품판매업자는 일반금융소비자에게 적정성 원칙의 적용을 별도로 요청할 수 있다는 사실과 그 요청방법을 알려야 하고, 일반금융소비자가 별도로 요청하지 않을 경우에는 적정하지 않은 계약의 체결로 인한 손해에 대해 금융상품판매업자가 해당 규정에 따른 책임을 지지 않는다는 사실을 안내하여야 합니다(시행령 제12조 제6항, 제11조 제6항, 감독규정 제10조 제4항). 적합성 원칙의 적용 특례와 동일하다고 할 것입니다.

일반금융소비자는 서면 교부, 우편 또는 전자우편, 전화 또는 팩스, 휴대전화 문자메시지 또는 이에 준하는 전자적 의사표시의 방법으로 적정성 원칙을 적용하여 줄 것을 요청할 수 있습니다(시행령 제12조 제6항, 제11조 제5항).

2. 적정성 원칙 관련 유권해석

금융감독당국은 투자일임계약이란 소비자로부터 투자성 상품에 대한 처분, 취득 등 판단의 전부 또는 일부를 일임받아 운영하는 것이라는 점(자본시장법 제6조 제8항), 법에서 고난도금융투자상품과는 별도로 고난도투자일임계약을 적정성 원칙 대상으로 규정하고 있는 취지를 감안할 때, 일임계약 체결 시점에 해당 소비자로부터 운용 대상상품 및 대상상품 선정기준 등을 정하여 적합성, 적정성 평가를 실시하였다면 해당 운용방법 및 기준이 변경되지 않는 한 추가로 적합성, 적정성 원칙을 추가로 적용할 필요는 없다는 입장입니다.[12]

---

11) 2021. 10. 21.부터 시행된 개정 자본시장법은 사모집합투자기구 제도를 전면 개편하여 종래 '전문투자형'과 '경영참여형'으로 구분되던 사모집합투자기구를 투자자 유형에 따라 '일반 사모집합투자기구'와 '기관전용 사모집합투자기구'로 재편하였습니다. 이에 따라 자본시장법 제249조의2는 일반 사모집합투자기구에 대한 규정으로 개정되었으므로 법 제18조 제4항은 일반 사모집합투자기구를 가리키는 것으로 해석하여야 할 것입니다.

12) 신속처리시스템 회신, 금투210423-8.

3. 적정성 원칙 위반 시 책임

가. 민사적 책임

1) 손해배상책임(법 제44조, 제45조)

금융상품판매업자가 고의 또는 과실로 법 제18조의 적정성 원칙을 위반하여 금융소비자에게 손해를 발생시킨 경우 이를 배상할 책임이 있습니다. 또한 금융상품직접판매업자는 금융상품판매대리·중개업자등에 대한 관리책임이 있으므로, 금융상품판매대리·중개업자등이 대리·중개 업무를 할 때 금융소비자에게 손해를 발생시킨 경우에는 그 손해를 배상할 책임이 있습니다. 다만, 금융상품직접판매업자가 금융상품판매대리·중개업자등의 선임과 그 업무 감독에 대하여 적절한 주의를 하였고 손해를 방지하기 위하여 노력한 경우에는 면책됩니다.

2) 위법계약해지권(법 제47조)

금융상품판매업자가 일반금융소비자에게 해당 금융상품이 부적정하다는 사실을 고지하지 않거나 일반금융소비자로부터 확인받지 않고 계약을 체결한 경우(즉 법 제18조 제2항을 위반하여 계약을 체결한 경우), 해당 일반금융소비자는 그 계약의 해지를 요구할 수 있습니다.

나. 행정적 책임

1) 과태료(법 제69조 제2항 제3호 및 제4호)[13]

금융상품판매업자가 ① 법 제18조 제1항을 위반하여 일반금융소비자의 정보를 파악하지 아니한 경우, 또는 ② 법 제18조 제2항을 위반하여 해당 금융상품의 부적정 사실을 고지하지 않거나 고객으로부터 확인받지 않고 계약을 체결한 경우에는 3천만 원 이하의 과태료가 부과됩니다.

---

13) 구체적인 내용은 본서 제16장(감독 및 처분, 형사처벌 등)을 참고하시기 바랍니다.

2) 제재 조치(법 제51조~제53조)[14]

법 제18조를 위반한 금융상품판매업자 및 임직원은 금융위원회 또는 금융감독원으로부터 제재조치를 받을 수 있습니다.

---

14) 구체적인 내용은 본서 제16장(감독 및 처분, 형사처벌 등)을 참고하시기 바랍니다.

제7장

6대 판매규제 - 설명의무

1. 설명의무의 의의 및 주요 내용

제19조(설명의무) ① 금융상품판매업자등은 일반금융소비자에게 계약 체결을 권유(금융상품자문업자가 자문에 응하는 것을 포함한다)하는 경우 및 일반금융소비자가 설명을 요청하는 경우에는 다음 각 호의 금융상품에 관한 중요한 사항(일반금융소비자가 특정 사항에 대한 설명만을 원하는 경우 해당 사항으로 한정한다)을 일반금융소비자가 이해할 수 있도록 설명하여야 한다.

1. 다음 각 목의 구분에 따른 사항

  가. 보장성 상품

    1) 보장성 상품의 내용

    2) 보험료(공제료를 포함한다. 이하 같다)

    3) 보험금(공제금을 포함한다. 이하 같다) 지급제한 사유 및 지급절차

    4) 위험보장의 범위

    5) 그 밖에 위험보장 기간 등 보장성 상품에 관한 중요한 사항으로서 대통령령으로 정하는 사항

  나. 투자성 상품

    1) 투자성 상품의 내용

    2) 투자에 따른 위험

    3) 대통령령으로 정하는 투자성 상품의 경우 대통령령으로 정하는 기준에 따라 금융상품직접판매업자가 정하는 위험등급

    4) 그 밖에 금융소비자가 부담해야 하는 수수료 등 투자성 상품에 관한 중요한 사항으로서 대통령령으로 정하는 사항

  다. 예금성 상품

    1) 예금성 상품의 내용

    2) 그 밖에 이자율, 수익률 등 예금성 상품에 관한 중요한 사항으로서 대통령령으로 정하는 사항

  라. 대출성 상품

    1) 금리 및 변동 여부, 중도상환수수료(금융소비자가 대출만기일이 도래하기 전 대출금의 전부 또는 일부를 상환하는 경우에 부과하는 수수료를 의미한다. 이하 같다) 부과 여부·기간 및 수수료율 등 대출성 상품의 내용

2) 상환방법에 따른 상환금액·이자율·시기

3) 저당권 등 담보권 설정에 관한 사항, 담보권 실행사유 및 담보권 실행에 따른 담보목
   적물의 소유권 상실 등 권리변동에 관한 사항

4) 대출원리금, 수수료 등 금융소비자가 대출계약을 체결하는 경우 부담하여야 하는 금액
   의 총액

5) 그 밖에 대출계약의 해지에 관한 사항 등 대출성 상품에 관한 중요한 사항으로서 대통
   령령으로 정하는 사항

2. 제1호 각 목의 금융상품과 연계되거나 제휴된 금융상품 또는 서비스 등(이하 "연계·제휴
   서비스등"이라 한다)이 있는 경우 다음 각 목의 사항

   가. 연계·제휴서비스등의 내용

   나. 연계·제휴서비스등의 이행책임에 관한 사항

   다. 그 밖에 연계·제휴서비스등의 제공기간 등 연계·제휴서비스등에 관한 중요한 사항
       으로서 대통령령으로 정하는 사항

3. 제46조에 따른 청약 철회의 기한·행사방법·효과에 관한 사항

4. 그 밖에 금융소비자 보호를 위하여 대통령령으로 정하는 사항

② 금융상품판매업자등은 제1항에 따른 설명에 필요한 설명서를 일반금융소비자에게 제공하여야
하며, 설명한 내용을 일반금융소비자가 이해하였음을 서명, 기명날인, 녹취 또는 그 밖에 대
통령령으로 정하는 방법으로 확인을 받아야 한다. 다만, 금융소비자 보호 및 건전한 거래질서
를 해칠 우려가 없는 경우로서 대통령령으로 정하는 경우에는 설명서를 제공하지 아니할 수
있다.

③ 금융상품판매업자등은 제1항에 따른 설명을 할 때 일반금융소비자의 합리적인 판단 또는 금
융상품의 가치에 중대한 영향을 미칠 수 있는 사항으로서 대통령령으로 정하는 사항을 거짓
으로 또는 왜곡(불확실한 사항에 대하여 단정적 판단을 제공하거나 확실하다고 오인하게 할
소지가 있는 내용을 알리는 행위를 말한다)하여 설명하거나 대통령령으로 정하는 중요한 사
항을 빠뜨려서는 아니 된다.

④ 제2항에 따른 설명서의 내용 및 제공 방법·절차에 관한 세부내용은 대통령령으로 정한다.

가. 의 의

설명의무란 일반금융소비자에게 금융상품 계약 체결을 권유하거나 일반금
융소비자가 설명을 요청하는 경우 금융상품에 관한 중요사항을 설명해 주어야
하는 금융상품판매업자등의 의무를 말합니다. 금융상품판매업자가 일반금융소
비자에게 계약 체결 권유 등을 함에 있어 일반금융소비자에게 금융상품에 관한

정보를 제공하여 해당 소비자의 올바른 구매의사 결정을 지원하고자 하는 취지입니다.

금융상품에 대한 계약체결 등은 원칙적으로 금융소비자 자신의 결정에 따라 이루어지고 그 결정에 따른 결과에 대하여 책임을 져야 할 것입니다(투자자의 자기책임 원칙 등). 그러나 현실적으로는 금융상품판매업자등과 금융소비자 사이에는 금융상품에 관한 전문성 등의 차이로 인한 정보비대칭이 존재하는데, 이를 방치할 경우 금융소비자가 합리적인 의사 결정을 하기 어렵습니다.

설명의무는 특히 정보열위에 있는 일반금융소비자에게 금융상품에 대한 중요한 사항을 설명할 의무를 금융상품판매업자등에게 부과함으로써, 해당 소비자의 합리적인 구매의사 결정을 지원하고 일반금융소비자가 거래결과에 스스로 책임질 수 있도록 필요한 정보를 제공하는데 취지가 있습니다.[1]

설명의무는 종래 구 자본시장법[2] 제47조, 구 보험업법[3] 제95조의2 등 개별 금융업권별 법령에서 규율하고 있었으며, 법원 또한 고객에 대한 보호의무의 하나로서 금융회사의 설명의무를 인정해 왔습니다.[4] 법은 개별 금융업권별 법령상의 설명의무를 하나로 통합하여 법 제19조에서 규정하게 된 것입니다.

이에 따라 금융상품판매업자등이 일반금융소비자에게 금융상품 계약 체결을 권유하거나 일반금융소비자가 설명을 요청하는 경우, ① 금융상품에 관한 중요한 사항을 일반금융소비자가 이해할 수 있도록 설명하여야 하고(중요사항

---

1) 금융위원회·금융감독원, "금융상품 설명의무의 합리적 이행을 위한 가이드라인", 2021. 7. 14., 10쪽.

2) 구 자본시장법(2020. 3. 24. 법률 제17112호로 개정되기 전의 것).

3) 구 보험업법(2020. 3. 24. 법률 제17112호로 개정되기 전의 것).

4) 우리 대법원은 "투자신탁회사의 임직원이 고객에게 투자신탁상품의 매입을 권유할 때에는 그 투자에 따르는 위험을 포함하여 당해 투자신탁의 특성과 주요 내용을 설명함으로써 고객이 그 정보를 바탕으로 합리적인 투자판단을 할 수 있도록 고객을 보호하여야 할 주의의무가 있다."(대법원 2003. 7. 11. 선고 2001다11802 판결), "금융기관이 일반 고객과 사이에 전문적인 지식과 분석능력이 요구되는 장외파생상품 거래를 할 경우에는, 고객이 당해 장외파생상품에 대하여 이미 잘 알고 있는 경우가 아닌 이상, 그 거래의 구조와 위험성을 정확하게 평가할 수 있도록 거래에 내재된 위험요소 및 잠재적 손실에 영향을 미치는 중요인자 등 거래상 주요 정보를 적합한 방법으로 명확하게 설명하여야 할 신의칙상 의무가 있다"(대법원 2013. 9. 26. 선고 2012다1146, 1153 전원합의체 판결)고 판시하는 등 고객보호의무 또는 신의칙을 근거로 금융회사의 설명의무를 인정해 왔습니다.

설명의무, 법 제19조 제1항), ② 위와 같은 중요사항 설명에 필요한 설명서를 일반금융소비자에게 제공하고 일반금융소비자가 설명 내용을 이해하였음을 확인받아야 하며(설명서 제공 및 설명 내용 확인 의무, 법 제19조 제2항), ③ 일반금융소비자의 합리적인 판단 또는 금융상품의 가치에 중대한 영향을 미칠 수 있는 사항을 거짓으로 또는 왜곡하여 설명하거나 중요한 사항을 누락하여서는 안 됩니다(거짓·왜곡 설명 및 누락 금지 의무, 법 제19조 제3항).

나. 적용 범위

설명의무는 금융상품직접판매업자, 금융상품판매대리·중개업자, 금융상품자문업자가 일반금융소비자에게, 보장성 상품, 투자성 상품, 예금성 상품, 대출성 상품, 연계·제휴서비스의 계약체결을 권유하거나[5] 금융상품 자문에 응답하는 경우 혹은 일반금융소비자가 설명을 요청하는 경우에 적용됩니다.

다. 중요사항 설명의무(법 제19조 제1항)

1) 개 관

금융상품판매업자등은 일반금융소비자에게 계약 체결을 권유(금융상품자문업자가 자문에 응하는 것을 포함)하는 경우 및 일반금융소비자가 설명을 요청하는 경우에는 금융상품에 관한 중요한 사항(일반금융소비자가 특정 사항에 대한 설명만을 원하는 경우 해당 사항으로 한정)을 일반금융소비자가 이해할 수 있도록 설명하여야 합니다.

---

5) 대출기한 연장, 실손의료보험 갱신, 신용카드 갱신 등 신규 계약이 아닌 경우에는 설명의무가 적용되지 않습니다(금융위원회·금융감독원 보도참고자료, "금융소비자보호법 시행 후 원활한 금융상품거래를 위해 판매자·소비자가 알아야 할 중요사항을 알려드립니다", 2021. 3. 29., 4쪽).

2) 설명 내용: 금융상품에 관한 중요한 사항

가) 보장성 상품(법 제19조 제1항 제1호 가목)

보장성 상품에 대해서는, 보장성 상품의 내용, 보험료(공제료 포함. 이하 같음), 보험금(공제금 포함. 이하 같음), 지급제한 사유 및 지급절차, 위험보장의 범위, 그 밖에 위험보장 기간 등 보장성 상품에 관한 중요한 사항 등을 설명하여야 합니다. 구체적인 설명 사항은 아래와 같습니다.

■ 표 보장성 상품에 관한 설명 사항

항 목	관련 법령
보장성 상품의 내용	법 제19조 제1항 제1호 가목 1)
보험료에 대한 사항 – 보험료 – 보험료의 감액 청구 – 보험료 납입기간	법 제19조 제1항 제1호 가목 2), 시행령 제13조 제1항 제3호, 감독규정 제12조 제1항 및 별표 3 제1호 나목
보험금 또는 환급금*에 대한 사항 * 환급금: 해약을 하거나 만기에 이른 경우에 각각 금융소비자에게 돌려주어야 하는 금액 – 보험금 지급제한 사유 및 지급절차 – 보험금 또는 해약환급금의 손실 발생 가능성 – 환급금 및 산출근거. 이 경우 그 금액이 이미 납부한 보험료보다 적거나 없을 수 있다는 사실을 함께 설명해야 함	법 제19조 제1항 제1호 가목 3), 시행령 제13조 제1항 제4호, 감독규정 제12조 제1항 및 별표 3 제1호 다목
위험보장에 관한 사항 – 위험보장의 범위 – 위험보장 기간 – 주된 위험보장사항·부수적인 위험보장사항 및 각각의 보험료·보험금	법 제19조 제1항 제1호 가목 4), 시행령 제13조 제1항 제1호, 감독규정 제12조 제1항 및 별표 3 제1호 가목
기타 사항 – 계약의 해지·해제 – 일반금융소비자 또는 피보험자가 상법 제651조에 따른 고지의무 및 같은 법 제652조에 따른 통지의무를 각각 위반한 경우에 금융상품직접판매업자가 계약을 해지할 수 있다는 사실 – 보험금을 지급받는 자를 일반금융소비자가 지정할 수 있는지 여부(보험금을 지급받는 자를 지정할 수 있는 경우에는 지정방법을 포함)	시행령 제13조 제1항 제2호, 감독규정 제12조 제1항 및 별표 3 제1호 라목 및 마목

항 목	관련 법령
보장성 상품의 유형별 중요사항 1) ① 보험업법에 따른 변액보험 또는 ② 보험료의 일부를 자본시장법상 금융투자상품의 취득·처분 또는 그 밖의 방법으로 운용할 수 있도록 하는 보험·공제 　– 만기에 일정한 금액 이상을 제공한다는 사실을 보장하는 계약인 경우에도 일반금융소비자가 중도에 해지를 하는 경우에 그 금액을 제공하지 못할 수 있다는 사실 　– 금융상품의 구조 및 자산운용 방식 2) 보험업법 시행령 제30조 제1항에 따른 간단손해보험대리점이 취급하는 보장성 상품 　– 판매·제공 또는 중개하는 재화 또는 용역의 매매와 별도로 일반금융소비자가 보장성 상품에 관한 계약을 체결 또는 취소할 수 있거나 그 계약의 피보험자가 될 수 있는 권리가 보장된다는 사실 3) 피보험자가 생존 시 금융상품직접판매업자가 지급하는 보험금의 합계액이 일반금융소비자가 이미 납입한 보험료를 초과하는 보장성 상품 　– 일반금융소비자가 적용받을 수 있는 이자율(이하 "적용이율") 및 산출기준 　– 보험료 중 사업비(계약을 체결·관리하는데 사용된 금액. 이하 같음) 등을 뺀 일부 금액만 특별계정에서 운영되거나 적용이율이 적용된다는 사실 및 그 사업비 금액(적용이율이 고정되지 않는 계약에 한정함) 4) 65세 이상을 보장하는 실손의료보험 및 이에 준하는 공제 　– 65세 시점의 예상보험료 및 보험료의 지속납입에 관한 사항 5) 해약환급금(금융소비자가 계약의 해지를 요구하여 계약이 해지된 경우에 금융상품판매업자가 금융소비자에게 환급해주는 금액. 이하 같음)이 지급되지 않는 보장성 상품 　– 위험보장 내용이 동일하지만 해약환급금이 지급될 수 있는 다른 보장성 상품 6) 일반금융소비자에 배당이 지급되는 보장성 상품 　– 배당에 관한 사항 7) 계약 종료 이후 금융소비자가 청약에 필요한 사항을 금융상품직접판매업자에 알리지 않고 해당 금융상품에 관한 계약을 다시 체결할 수 있는 보장성 상품 　– 가입조건 및 보장내용 등의 변경에 관한 사항	감독규정 제12조 제1항 및 별표 3 제1호 바목
그 밖에 보통의 주의력을 가진 일반적인 금융소비자가 오해하기 쉬워 민원이 빈발하는 사항 등 보험금 지급 등 서비스 제공과 관하여 일반금융소비자가 특히 유의해야 할 사항	감독규정 제12조 제1항 및 별표 3 제1호 사목

나) 투자성 상품(법 제19조 제1항 제1호 나목)

투자성 상품에 대해서는 투자성 상품의 내용, 투자에 따른 위험, 금융상품직접판매업자가 정하는 위험등급, 그 밖에 금융소비자가 부담해야 하는 수수료 등 투자성 상품에 관한 중요한 사항 등에 대해 설명하여야 합니다. 구체적인 설명 사항은 아래와 같습니다.

■ 표 투자성 상품에 관한 설명 사항

항 목	관련 법령
투자성 상품의 내용	법 제19조 제1항 제1호 나목 1)
투자 위험에 대한 사항 – 투자에 따른 위험 – 금융상품직접판매업자가 정하는 위험등급	법 제19조 제1항 제1호 나목 2) 및 3),
수수료에 대한 사항 – 금융소비자가 부담하여야 하는 수수료	시행령 제13조 제4항 제1호
기타 사항 – 계약의 해지·해제 – 증권의 환매(還買) 및 매매 – 온라인투자연계금융업법 제22조 제1항 각 호의 정보6)	시행령 제13조 제4항 제2호~제4호
투자성 상품(연계투자 및 자본시장법 제9조 제29항에 따른 전문투자형 사모집합투자기구의 집합투자증권은 제외)의 경우 아래 사항 – 계약기간 – 금융상품의 구조 – 기대수익(객관적·합리적인 근거가 있는 경우에 한정함). 이 경우 객관적·합리적인 근거를 포함하여 설명해야 함 – 손실이 발생할 수 있는 상황(최대 손실이 발생할 수 있는 상황을 포함함) 및 그에 따른 손실 추정액. 이 경우, 객관적·합리적인 근거를 포함하여 설명해야 함 – 위험등급과 관련하여 ① 해당 위험등급으로 정해진 이유와 ② 해당 위험등급의 의미 및 유의사항 – 계약상 만기에 이르기 전에 일정 요건이 충족되어 계약이 종료되는 금융상품의 경우 그 요건에 관한 사항	감독규정 제12조 제1항 및 별표 3 제2호 가목

---

6) **온라인투자연계금융업법 제22조(투자자에게 제공하는 정보)**
   ① 온라인투자연계금융업자는 투자자에게 다음 각 호에 해당하는 정보를 투자자가 쉽게 이

항 목	관련 법령

자본시장법 제9조 제29항에 따른 전문투자형 사모집합투자기구의 집합투자
증권의 경우 아래 사항
 1) 기본정보
    – 집합투자기구의 명칭
    – 집합투자업자의 명칭
    – 판매회사, 수탁회사 및 사무관리회사의 명칭
    – 집합투자기구의 종류
    – 집합투자기구의 최소투자금액 및 만기일자
    – 판매일정, 환매일정, 결산 및 이익분배
 2) 집합투자기구에 관한 사항
    – 집합투자기구의 투자전략
    – 집합투자기구의 주요 투자대상자산
    – 투자구조 및 최종 기초자산(다른 집합투자증권이 편입되는 경우에만
     적용)
    – 레버리지(차입 등) 한도
    – 여유자금의 운용방법
    – 집합투자재산의 평가 및 기준가 산정 방법
    – 보수 및 수수료에 관한 사항
 3) 집합투자기구의 위험에 관한 사항
    – 위험등급 및 관련 세부설명
    – 위험요소
    – 유동성 리스크 및 관리방안
 4) 집합투자기구의 환매에 관한 사항(환매방법, 환매수수료 포함)
	감독규정 제12조 제1항
	및 별표 3 제2호 나목

해할 수 있도록 온라인플랫폼을 통하여 제공하여야 한다.
1. 대출예정금액, 대출기간, 대출금리, 상환 일자·일정·금액 등 연계대출의 내용
2. 법 제20조 제1항에 따라 확인한 차입자에 관한 사항
3. 연계투자에 따른 위험
4. 수수료·수수료율
5. 이자소득에 대한 세금·세율
6. 연계투자 수익률·순수익률
7. 투자자가 수취할 수 있는 예상 수익률
8. 담보가 있는 경우에는 담보가치, 담보가치의 평가방법, 담보설정의 방법 등에 관한 사항
9. 채무불이행 시 추심, 채권매각 등 원리금상환 절차 및 채권추심수수료 등 관련비용에 관한 사항
10. 연계대출채권 및 차입자 등에 대한 사항에 변경이 있는 경우에는 그 변경된 내용
11. 그 밖에 투자자 보호를 위하여 필요한 정보로서 금융위원회가 정하여 고시하는 사항

다만 연계투자와 자본시장법 제103조 제1항 제2호부터 제7호까지의 규정에 따른 신탁계약에 대하여서는 금융상품직접판매업자가 정하는 위험등급에 대해 설명하지 않아도 됩니다(시행령 제13조 제2항). 또한 연계투자에 대해서는 상품의 내용, 투자위험에 대한 사항 및 온라인투자연계금융업법 제22조 제1항 각 호의 정보만 설명대상이 됩니다.

한편 설명 대상 중 금융상품직접판매업자가 정하는 위험등급과 관련하여, 금융상품직접판매업자는 자본시장법에 따른 기초자산의 변동성, 자본시장법에 따른 신용등급, 금융상품 구조의 복잡성, 최대 원금손실 가능금액, 금융소비자의 환매나 매매가 용이한지, 환율의 변동성(외국화폐로 투자하는 경우에 한함), 그 밖에 원금 손실 위험에 중요한 영향을 미칠 수 있는 사항을 고려하여 투자성 상품의 위험등급을 정하여야 합니다(시행령 제13조 제3항, 감독규정 제12조 제3항). 이 경우 다수의 펀드로 구성된 금융상품의 위험은 구성 펀드의 위험등급 전체를 종합하여 평가합니다. 또한 변액보험이나 ISA(Individual Saving Account)는 계약 시 소비자가 펀드를 선택한 경우 선택한 펀드의 위험등급만 설명하면 되며, 선택 대상인 모든 펀드의 위험등급을 설명할 필요는 없습니다.[7]

다) 예금성 상품(법 제19조 제1항 제1호 다목)

예금성 상품에 대해서는, 예금성 상품의 내용, 이자율(만기 후 적용되는 이자율 포함) 및 그 산출 근거, 수익률 및 산출 근거, 계약의 해지·해제, 이자·수익의 지급시기 및 지급제한 사유에 대하여 설명하여야 합니다(법 제19조 제1항 제1호 다목, 시행령 제13조 제5항).[8]

라) 대출성 상품(법 제19조 제1항 제1호 라목)

대출성 상품에 대해서는, 금리 및 변동 여부, 중도상환수수료 부과 여부·기간 및 수수료율 등 대출성 상품의 내용, 상환방법에 따른 상환금액·이자율·시기, 담보권에 관한 사항, 대출원리금, 수수료 등 금융소비자가 대출계약을 체결

---

7) 금융위원회·금융감독원 보도참고자료, "금융소비자보호법 관련 10문 10답", 2021. 3. 25., 7쪽.
8) 그 밖에 위 사항에 준하는 것으로서 금융위원회가 정하여 고시하는 사항을 설명하게 되어 있으나, 현재 이에 해당하는 사항이 고시되어 있지는 않습니다.

하는 경우 부담하여야 하는 금액의 총액, 그 밖에 대출계약의 해지에 관한 사항 등 대출성 상품에 관한 중요한 사항을 설명하여야 합니다. 대출성 상품에 관한 구체적인 설명사항은 아래와 같습니다.

■ 표 대출성 상품에 관한 설명사항

항 목	관련 법령
대출성 상품의 내용 – 금리 및 변동 여부 – 중도상환수수료(금융소비자가 대출만기일이 도래하기 전 대출금의 전부 또는 일부를 상환하는 경우에 부과하는 수수료)의 부과 여부 및 기간, 수수료율 등	법 제19조 제1항 제1호 라목 1)
상환에 대한 사항 　　상환방법에 따른 상환금액·이자율·시기	법 제19조 제1항 제1호 라목 2)
담보권에 대한 사항 – 저당권 등 담보권 설정에 관한 사항 – 담보권 실행 사유 및 담보권 실행에 따른 담보목적물의 소유권 상실 등 권리변동에 관한 사항	법 제19조 제1항 제1호 라목 3)
대출원리금, 수수료 등 금융소비자가 대출계약을 체결하는 경우 부담하여야 하는 금액의 총액	법 제19조 제1항 제1호 라목 4)
기타 사항 – 계약의 해지·해제 – 신용에 미치는 영향 – 원리금 납부 연체에 따른 연체 이자율 및 그 밖의 불이익 – 계약기간 및 그 연장에 관한 사항 – 이자율의 산출 기준	시행령 제13조 제6항 제1호~제4호, 감독규정 제12조 제5항 제1호
신용카드의 경우 아래의 사항 – 신용카드로 결제한 금액 중 일정 비율만 지불하고 나머지 금액은 이후에 지불하는 서비스의 위험성 및 관련 예시 – 연회비 등 신용카드의 거래 조건 및 연회비 반환에 관한 사유 (반환사유, 반환금액 산정방식, 반환금액의 반환기한 포함)	감독규정 제12조 제5항 제2호

마) 연계 · 제휴서비스등에 관한 사항(법 제19조 제1항 제2호)

연계 · 제휴서비스등이란 보장성 상품, 투자성 상품, 예금성 상품, 대출성 상품과 연계되거나 제휴된 금융상품 또는 서비스 등을 말합니다. 연계 · 제휴서비스등이 있는 경우, 연계 · 제휴서비스등의 내용, 연계 · 제휴서비스등의 이행책임에 관한 사항, 연계 · 제휴서비스등의 제공기간, 연계 · 제휴서비스등의 변경 · 종료에 대한 사전통지 등의 사항을 설명하여야 합니다(법 제19조 제1항 제2호, 시행령 제13조 제7항).

이 중 연계 · 제휴서비스등의 이행책임에 관한 사항은, 연계 · 제휴서비스등을 부당하게 축소하거나 변경하지 않고, 이를 불가피하게 축소하거나 변경하더라도 금융소비자에게 그에 상응하는 다른 연계 · 제휴서비스등을 제공한다는 등의 내용을 의미합니다(법 제20조 제1항 제5호).

바) 청약 철회에 관한 사항(법 제19조 제1항 제3호)

법 제46조에 따른 청약 철회의 기한 · 행사방법 · 효과에 관한 사항을 설명하여야 합니다.

사) 기타 금융소비자 보호를 위한 사항(법 제19조 제1항 제4호)

그 밖에 민원처리 및 분쟁조정 절차, 예금자보호법 등 다른 법률에 따른 보호 여부(대출성 상품은 제외), 연계 · 제휴서비스등을 받을 수 있는 조건을 설명하여야 합니다(시행령 제13조 제8항, 감독규정 제12조 제6항).

3) 설명의 방식 및 정도

금융상품판매업자등은 금융상품에 관한 중요한 사항을 일반금융소비자가 이해할 수 있도록 설명하여야 합니다(법 제19조 제1항). 여기에서 일반금융소비자가 이해할 수 있는 수준인지를 일반적이고 평균적인 일반금융소비자를 기준으로 하여 판단할 것인지 아니면 설명의 상대방인 특정한 일반금융소비자를 기준으로 하여 판단할 것인지가 문제될 수 있습니다. 법 제정 이전 자본시장법상의 설명의무와 관련하여 대법원은 "금융투자업자가 투자자에게 어느 정도의 설명을 하여야 하는지는 해당 금융투자상품의 특성 및 위험도의 수준, 투자자의 투자경험 및 능력 등을 종합적으로 고려하여 판단하여야 한다"고 보았고,[9] "투자자나 그 대리인이 그 내용을 충분히 잘 알고 있는 경우에는 그러한 사항에 대하여서까지 금융투자업자에게 설명의무가 인정된다고 할 수는 없다"고 하였습니다. 법상의 설명의무 또한 설명의 상대방인 특정 일반금융소비자의 경험과 능력을 기준으로, 해당 일반금융소비자가 이해할 수 있는 수준으로 이행하여야 할 것입니다.

다만 금융상품판매업자등이 중요사항 설명의무를 이행하는 구체적인 방식에 대해서는 법이 명문의 규정을 두고 있지는 않으므로 금융소비자가 해당 상품을 이해하는 데에 효과적인 방식을 적절하게 사용하여 설명을 할 필요가 있습니다.

이와 관련하여 금융감독당국은 「금융상품 설명의무의 합리적 이행을 위한 가이드라인」을 마련하여 설명 방식 등에 대한 구체적인 가이드라인을 제시하였습니다.[10] 이에 따르면 소비자의 이해를 돕는데 있어 구두설명보다 동영상, AI 등의 활용이 효과적인 경우에는 이를 적극 활용하고, 금융상품에 공통 적용되는 청약철회권·위법계약해지권 행사에 관한 사항, 분쟁조정 절차 등 소비자보호 제도 일반 및 표준화하여 제시 가능한 범용성이 있는 정보는 가급적 동영상을 활용하도록 하고 있습니다. 또한 전화권유 판매 시 모집인의 고지사항은 구두전달보다 문자메시지 등을 통해 소비자가 확인하도록 할 필요가 있으며, 설명내용 중 보험료 세부내역 등 시각적으로 전달하는 게 효과적인 사항은 모바일 등을 통해 실시간으로 전달하고 이해 여부를 확인하는 방식도 가능하다고 하고 있습니다.

또한 설명의무의 이행 여부는 계약의 전 과정을 토대로 판단하므로, 금융상품판매대리·중개업자가 법령상 설명하여야 하는 사항의 일부만 설명하고 나머지는 금융상품직접판매업자가 설명하였다면 설명의무를 이행한 것으로 볼 수 있으며 금융상품판매대리·중개업자가 반드시 모든 사항을 설명하여야 하는 것은 아닙니다.[11]

---

9) 대법원 2018. 9. 28. 선고 2015다69853 판결.

10) 금융위원회·금융감독원, "금융상품 설명의무의 합리적 이행을 위한 가이드라인", 2021. 7. 14., 12쪽.

11) 금융위원회·금융감독원, "금융상품 설명의무의 합리적 이행을 위한 가이드라인", 2021. 7. 14., 16쪽.

한편 금융상품판매업자등은 금융상품에 관한 중요한 사항을 설명하기 전에 설명서를 일반금융소비자에게 제공할 의무가 있는데(법 제19조 제2항), 설명의무는 설명서를 빠짐없이 읽을 의무를 의미하지는 않으므로 설명서의 내용 중에서 소비자가 설명을 필요로 하지 않는다는 의사를 표시한 항목은 제외할 수도 있습니다.[12]

라. 설명서 제공 및 설명 내용 확인 의무(법 제19조 제2항)

1) 설명서 제공 의무

가) 의 의

금융상품판매업자등은 금융상품에 관한 중요한 사항을 설명하기 전에 서면교부, 우편 또는 전자우편, 휴대전화 문자메시지 또는 이에 준하는 전자적 의사표시의 방법으로 일반금융소비자에게 설명에 필요한 설명서를 제공하여야 합니다(법 제19조 제2항, 시행령 제14조 제3항).

나) 설명서의 내용 및 작성 방법

설명서에는 앞에서 살펴본 각각의 금융상품에 관한 중요한 사항(즉, 설명의무의 대상이 되는 사항)이 포함되어야 하며, 그 내용이 일반금융소비자가 쉽게 이해할 수 있도록 작성되어야 합니다. 다만, 일반금융소비자에게 자본시장법 제123조 제1항에 따른 투자설명서 또는 간이투자설명서를 제공하는 경우에는 해당 내용을 제외할 수 있습니다(시행령 제14조 제1항).

설명서 작성 시에는 다음과 같은 사항들을 준수하여야 합니다. 우선 일반금융소비자가 쉽게 이해할 수 있도록 알기 쉬운 용어를 사용하여 작성하여야 하고, 계약 내용 중 일반금융소비자의 선택에 따라 재산상 이익에 상당한 영향을 미칠 수 있는 사항이 있는 경우에는 일반금융소비자가 선택할 수 있는 사항들을 쉽게 비교할 수 있도록 관련 정보를 제공하여야 합니다. 또한 중요한 내용은 부호, 색채, 굵고 큰 글자 등으로 명확하게 표시하여 알아보기 쉽게 작성하

---

12) 금융위원회·금융감독원 보도참고자료, "금융소비자보호법 시행 후 원활한 금융상품거래를 위해 판매자·소비자가 알아야 할 중요사항을 알려드립니다", 2021. 3. 29., 4쪽.

여야 하고, 일반금융소비자가 해당 금융상품에 관한 계약으로 받을 수 있는 혜택이 있는 경우 그 혜택 및 혜택을 받는데 필요한 조건을 함께 알 수 있도록 하여야 합니다. 그리고 보험상품의 경우, 보험료 및 보험금에 대한 일반금융소비자의 이해를 돕기 위한 내용으로서 감독규정 별표 4에서 규정하고 있는 사항을 기재하여야 합니다(감독규정 제13조 제1항).[13]

---

13) 감독규정 [별표 4] 보장성 상품 설명서에 포함되어야 하는 사항
  1. 피보험자가 생존 시 보험금의 합계액이 이미 납입된 보험료를 초과하는 보장성 상품의 보험료에 관한 다음 각 목의 사항
    가. 계약을 체결·관리하는데 사용되는 금액
    나. 위험을 보장하는데 사용되는 금액
    다. 특별계정을 설정·운용하는데 사용되는 금액
    라. 중도인출수수료
    마. 주된 위험보장사항·부수적인 위험보장사항 외의 서비스 제공을 위해 사용되는 금액
    바. 계약 해지 시 공제되는 금액
  2. 피보험자가 생존 시 보험금의 합계액이 이미 납입된 보험료를 초과하지 않는 보장성 상품에 관한 다음 각 목의 사항. 이 경우, 나목은 「보험업법」에 따른 자동차보험계약에 적용하지 않는다.
    가. 「보험업감독규정」에 따른 보험가격지수 및 보장범위지수에 관한 사항(예시를 포함한다). 다만, 「보험업감독규정」 제1-2조 제11호에 따른 일반손해보험은 제외한다.
    나. 「보험업감독규정」 제7-46조 제1항 마목에 따른 계약체결비용지수 및 부가보험료지수(예시를 포함한다). 다만, 다음의 어느 하나에 해당하는 경우는 설명하지 않아도 된다.
      1) 계약을 체결하는데 사용되는 금액(이하 "계약체결비용"이라 한다)이 「보험업감독규정」 별표 14에 따른 표준해약공제액(이하 "표준해약공제액"이라 한다)보다 작거나 같은 경우
      2) 위험보장 기간이 종신이고 사망 위험을 보장하는 보장성 상품의 계약체결비용이 표준해약공제액의 1.4배(사망 외의 위험도 보장하는 보장성 상품인 경우에는 사망 위험에 한정하여 적용한다) 이내인 경우
  3. 다음 각 목의 구분에 따른 사항
    가. 「보험업감독규정」 제1-2조 제8호에 따른 자산연계형보험: 적용이율 산출근거. 다만, 공시이율을 적용하는 경우는 제외한다.
    나. 보험금이 금리 등에 연동되는 상품: 직전 1년간 적용금리의 변동현황
    다. 만기 시 자동갱신되는 보장성 상품: 최대 갱신 가능나이 또는 75세 이상을 포함하여 최소 5개 이상 갱신시점의 예상 보험료

다) 핵심설명서

금융상품판매업자등은 설명서를 작성할 때에 일반금융소비자의 계약 체결 여부에 대한 판단이나 권익 보호에 중요한 영향을 줄 수 있는 사항으로서 다음의 사항을 요약한 핵심설명서를 작성하여 설명서의 맨 앞에 두어야 합니다. 다만, 예금성 상품 등 설명서의 내용이 간단하여 요약이 불필요한 금융상품의 설명서에는 핵심설명서를 두지 않아도 됩니다(감독규정 제13조 제1항 제5호).

핵심설명서에 포함되어야 하는 사항

1. 유사한 금융상품과 구별되는 특징
2. 금융상품으로 인해 발생 가능한 불이익에 관한 사항(민원·분쟁 또는 상담요청이 빈번하여 일반금융소비자의 숙지가 필요한 사항 및 다음의 구분에 따른 사항을 반드시 포함해야 함)
   가. 투자성 상품: 위험등급의 의미 및 유의사항
   나. 보장성 상품: 해약환급금이 이미 납부한 보험료(공제료를 포함함. 이하 같음)보다 적거나 없을 수 있다는 사실
   다. 대출성 상품: 다음의 구분에 따른 사항
      1) 대출: 원리금 연체 시 불이익
      2) 신용카드: 다음의 사항
         가) 매월 사용대금 중 일정 비율만 지불하고 나머지 금액은 이후에 지불하는 서비스의 위험성 및 관련 예시
         나) 연회비 등 신용카드의 거래조건 및 연회비 반환에 관한 사항(반환사유, 반환금액 산정방식, 반환금액의 반환기한을 포함함)
3. 민원을 제기하거나 상담을 요청하려는 경우 이용 가능한 연락처

라) 설명서에 대한 서명

설명서에는 일반금융소비자에게 설명한 내용과 실제 설명서의 내용이 같다는 사실에 대해 법 제19조 제1항에 따른 설명을 한 사람이 서명(전자서명법 제2조 제2호에 따른 전자서명을 포함함)하여야 합니다(시행령 제14조 제2항).[14]

---

14) 2022. 7. 7. 금융위원회가 입법예고한 시행령 개정안에서는, 제11조의2가 신설되었습니다. 전자서명 외 안전성과 신뢰성이 확보될 수 있는 다양한 확인수단을 허용함으로써 금융상품판매업자 및 금융소비자의 편의성을 증진하기 위함입니다(금융위원회, 시행령 조문별 개정 이유서).

> **시행령(안) 제11조의2(일반금융소비자로부터의 확인)** 법 제17조 제2항, 법 제18조 제2항, 법 제19조 제2항에서 "대통령령으로 정하는 방식"이란 안전성과 신뢰성이 확보될 수 있는 수단을 활용함으로써 해당 일반금융소비자에게 관련 내용을 알리고 확인 받는 방식을 말한다.

이와 같은 서명을 요구하는 것은 설명 내용에 대한 판매직원의 책임 확보를 위한 것이므로, 반드시 판매직원의 설명이 종료된 후에 서명을 하여야 하는 것은 아니며 제도의 취지를 벗어나지 않는 범위에서 설명 전에 서명을 하는 것도 가능합니다.[15] 그리고 설명의무 적용 대상이 아니어서 설명의무의 이행 없이 계약서류로서 설명서를 제공하는 경우에는 판매직원의 서명이 필요하지 않습니다.[16] 다만 설명서에 대한 판매직원의 '서명'이 필요하므로, 전화를 통하여 설명하는 경우에 설명서의 내용과 실제 설명한 내용이 동일하다는 취지를 녹취하는 것으로 갈음할 수는 없습니다.[17]

예금성 상품 또는 대출성 상품에 관한 계약에 대한 설명서와 전자금융거래법에 따른 전자적 장치를 이용한 자동화 방식을 통해서만 서비스가 제공되는 계약에 대한 설명서에 대해서는 판매직원의 서명이 필요하지 않습니다(시행령 제14조 제2항).

마) 설명서의 제공 시기 및 방식

설명서는 설명의무의 이행, 즉 금융상품에 관한 중요한 사항을 설명하기 전에 제공되어야 하며, 제공 방식은 서면 교부, 우편 또는 전자우편, 휴대전화 문자메시지 또는 이에 준하는 전자적 의사표시의 방법이어야 합니다(법 제19조 제2항, 시행령 제14조 제3항). 금융감독당국은 설명서 제공 방식 중 하나인 '전자적 의사표시'에는 전자적 장치(모바일 앱, 태블릿 등)를 이용하여 설명서 내용을 보여주는 것도 포함되나, 소비자가 해당 전자문서를 상시 조회할 수 있어야 하며 그 과정에 위조나 변조가 없어야 한다고 보고 있습니다.[18]

금융상품의 판매에 대한 계약이 체결되지 않은 경우에도 설명서를 제공하여야 하는지에 대하여, 금융감독당국은 설명서 제공은 계약이 체결되기 전 금융

---

15) 금융위원회·금융감독원, "금융상품 설명의무의 합리적 이행을 위한 가이드라인", 2021. 7. 14., 18쪽.

16) 금융위원회·금융감독원, "금융상품 설명의무의 합리적 이행을 위한 가이드라인", 2021. 7. 14., 17쪽.

17) 신속처리시스템 회신, 손보210406-2.

18) 금융위원회·금융감독원, "금융상품 설명의무의 합리적 이행을 위한 가이드라인", 2021. 7. 14., 17쪽.

상품을 권유하는 단계에서 준수하여야 할 사항이므로 해당 금융상품에 대한 계약이 실제로 체결되었는지와는 직접적인 관련이 없다고 보았습니다.[19] 즉 계약 체결 여부와 상관없이 설명서는 제공되어야 합니다.

바) 예 외

다음과 같은 경우에는 설명서를 제공하지 않을 수 있습니다(시행령 제14조 제4항, 감독규정 제13조 제2항).

설명서를 제공하지 않을 수 있는 경우

1. 금융상품자문업자가 다음 각 목의 내용이 포함된 서류를 일반금융소비자에게 제공한 경우
   가. 해당 금융소비자의 자문에 대한 답변 및 그 근거
   나. 자문의 대상이 된 금융상품의 세부정보 확인 방법
   다. 그 밖에 일반금융소비자의 이해를 위해 필요한 사항으로서 금융위원회가 정하여 고시하는 사항[20]
2. 온라인투자연계금융업자가 일반금융소비자에게 온라인투자연계금융업법 제22조 제1항 각 호의 정보를 모두 제공하거나 같은 법 제24조 제1항 각 호의 사항을 모두 설명한 경우
3. 대부업자 또는 대부중개업자가 일반금융소비자에게 대부업법 제6조 제1항 각 호의 사항을 모두 설명한 경우
4. 기존 계약과 동일한 내용으로 계약을 갱신하는 경우
5. 그 밖에 위의 경우에 준하는 것으로서 금융위원회가 정하여 고시하는 다음의 경우
   가. 기본 계약을 체결하고 그 계약내용에 따라 계속적·반복적으로 거래를 하는 경우
   나. 다음의 어느 하나에 해당하는 계약으로서 동일한 계약을 반복하여 체결하는 경우
      1) 보험업법 시행령 제1조의2 제3항 제2호에 따른 해상보험계약
      2) 여객자동차법에 따른 여객자동차 운송사업 등 영업을 목적으로 체결하는 보험업법 시행령 제1조의2 제3항 제3호에 따른 자동차보험계약
   다. 다음의 구분에 따른 자에게 설명서를 제공한 경우
      1) 보험업법 시행령 제42조의5 제1항 제2호 가목에 따른 계약: 여행자인 일반금융소비자를 위해 해당 계약을 체결한 관광진흥법 제4조에 따라 등록한 여행업자
      2) 구성원이 5명 이상인 단체가 그 단체의 구성원을 위해 체결하는 계약: 일반금융소비자가 속한 해당 단체 또는 그 단체의 대표자

---

19) 신속처리시스템 회신, 손보210416-13.

라. 보험업법 시행령 제43조 제2항에 따른 전화를 이용하여 모집하는 자가 보장성 상품에 관한 계약의 체결을 대리·중개하는 경우

마. 방문판매법에 따른 전화권유판매업자가 대출성 상품에 관한 계약의 체결을 대리·중개하는 경우(다음의 요건을 충족하는 경우로 한정함)
  1) 전화로 설명한 내용과 설명서가 일치할 것
  2) 전화로 설명한 내용을 녹취할 것

바. 법 제19조 제1항 각 호의 보장성 상품에 관한 중요한 사항을 청약서에 반영한 경우(개인 또는 가계의 일상생활에서 발생 가능한 위험을 보장하고 위험보장을 받는 사람이 보험료를 모두 부담하는 보험계약으로서 다음의 어느 하나에 해당하는 보장성 상품만 해당함)
  1) 보장기간이 1년 초과 3년 이하인 보장성 상품으로서 다음의 어느 하나에 해당하는 보장성 상품(자동차손배법에 따른 책임보험은 제외한다)
    가) 월보험료가 5만 원 이하인 계약
    나) 연간보험료가 60만 원 이하인 계약
  2) 여행 중 발생 가능한 위험을 보장하는 보장성 상품
  3) 보장기간이 1년 이하인 계약

2) 설명 내용 확인 의무

금융상품판매업자등은 설명서 제공 및 설명 이후에, 그 설명한 내용을 일반금융소비자가 이해하였음을 서명, 기명날인, 녹취의 방법으로 확인을 받아야 합니다(법 제19조 제2항).

법 제19조 제2항에 따른 일반금융소비자의 확인과 법 제17조 제2항 적합성 원칙에 따른 일반금융소비자의 확인을 계약 체결 단계에서 일괄하여 받을 수 있는지에 대하여, 금융감독당국은 법 제17조 제2항상 적합성 원칙에서 금융소비자의 확인대상은 해당 소비자로부터 파악한 정보 내용인 반면 법 제19조 제2항상 설명의무에서 금융소비자의 확인대상은 해당 소비자가 설명내용을 이해하였는지이고, 규정의 취지상 이행 시기 또한 적합성 원칙에 따른 소비자 정보에 대한 확인은 권유할 상품이 정해지기 전인 반면 설명의무 이행은 권유할 상품이 정해진 후에 이루어지므로, 확인을 위한 일반금융소비자의 서명을 일괄하여 받기는 어렵다고 보았습니다.[21]

---

20) 현재 금융위원회에서 별도로 고시한 사항은 없습니다.
21) 신속처리시스템 회신, 은행210414-29.

마. 거짓·왜곡 설명 및 누락 금지 의무(법 제19조 제3항)

금융상품판매업자등은 설명을 할 때 일반금융소비자의 합리적인 판단 또는 금융상품의 가치에 중대한 영향을 미칠 수 있는 사항으로서 시행령으로 정하는 사항을 거짓으로 또는 왜곡(불확실한 사항에 대하여 단정적 판단을 제공하거나 확실하다고 오인하게 할 소지가 있는 내용을 알리는 행위)하여 설명하거나 시행령으로 정하는 중요한 사항을 빠뜨려서는 안 됩니다. 여기에서 "시행령으로 정하는 사항" 및 "시행령으로 정하는 중요한 사항"은 앞서 중요사항 설명의무 부분에서 다룬 설명 내용에 해당하는 사항과 동일합니다.

2. 관련 쟁점- 타 법령상 설명의무와의 관계

가. 약관에 대한 설명의무

약관법 제3조 제3항은 "사업자는 약관에 정하여져 있는 중요한 내용을 고객이 이해할 수 있도록 설명하여야 한다. 다만, 계약의 성질상 설명하는 것이 현저하게 곤란한 경우에는 그러하지 아니하다"라고 규정하여 사업자에게 약관의 중요 내용에 대한 설명의무를 지우고 있습니다. 그리고 위 조항을 위반하여 계약을 체결한 경우에는 해당 약관을 계약의 내용으로 주장할 수 없습니다(약관법 제3조 제4항). 이와 같은 약관법상의 설명의무는 법상 설명의무와는 별개로 적용되어야 합니다.[22] 따라서 법상 금융상품에 관한 중요한 사항으로 열거되어 있지 않더라도, 약관상 중요한 내용은 소비자가 이해하기 쉽도록 설명하여야 합니다.

상법 제638조의3 제1항은 보험약관에 대한 설명의무를 규정하고 있는데, 이에 따르면 "보험자는 보험계약을 체결할 때에 보험계약자에게 보험약관을 교부하고 그 약관의 중요한 내용을 설명하여야 한다"고 규정하고 있고, 제2항은 "보험자가 제1항을 위반한 경우 보험계약자는 보험계약이 성립한 날부터 3개월

---

22) 금융위원회·금융감독원, "금융상품 설명의무의 합리적 이행을 위한 가이드라인", 2021. 7. 14., 6쪽.

이내에 그 계약을 취소할 수 있다"고 규정하고 있습니다. 이와 같은 상법의 규정 역시 법상의 설명의무와는 별개로 준수되어야 합니다.

나. 개별 금융업권별 법령상 설명의무

보험업법은 설명의무에 관한 별도의 규정(보험업법 제95조의2)을 두고 있으므로, 보장성 상품 중 보험업법이 적용되는 보험상품에 대해서는 법 제19조의 설명의무뿐만 아니라 보험업법 제95조의2에 규정된 설명의무 역시 준수되어야 합니다. 즉 보험회사는 보험업법 제2조 제20호에 따른 일반보험계약자가 설명을 거부하는 경우를 제외하고는 일반보험계약자에게 보험계약의 체결 시부터 보험금 지급 시까지의 주요 과정을 설명하여야 합니다(보험업법 제95조의2 제3항). 그리고 보험회사는 일반보험계약자가 보험금 지급을 요청한 경우에는 보험금의 지급절차 및 지급내역 등을 설명하여야 하며, 보험금을 감액하여 지급하거나 지급하지 아니하는 경우에는 그 사유를 설명하여야 합니다(보험업법 제95조의2 제4항).

이외에도, 개별 금융업권별 법령에 남아 있는 다음과 같은 설명의무 관련 규정들 역시 마찬가지로 준수되어야 합니다.

대상자	내 용	근거규정
은행	금융거래 단계별 설명의무[23]	은행법 제52조의2 제2항 동법 시행령 제24조의5 제2항 제2호 은행업감독규정 제89조 제3항 내지 제5항
신용카드회원을 모집하는 자	모집자의 준수사항 (거래조건 등 설명의무)	여신전문금융업법 제14조의2 제2항 동법 시행령 제6조의8 제1항 제2호, 제8호
대부업자	대부계약서 기재사항 설명의무[24]	대부업법 제6조 제1항, 제2항
온라인투자연계금융업자	연계대출계약서 기재사항 설명의무[25]	온라인투자연계금융업법 제24조 제1항, 제2항

---

23) 법에 따른 금융상품의 계약에 따른 거래는 제외됩니다(은행법 시행령 제24조의5 제2항 제2호).

24) 대부업자 또는 대부중개업자가 대부계약서 기재사항(대부업법 제6조 제1항 각호의 사항)을

개별 금융업권별 법령에 설명서 또는 이와 유사하게 금융상품의 내용을 설명하는 서류를 고객에게 제공하도록 규정하고 있는 경우가 있습니다. 이 경우 법령에 따라 교부해야 하는 설명서의 명칭이 다르더라도 어떤 형태로든 해당 설명서의 설명항목이 소비자에게 전달된다면 그 취지는 이행된 것으로 볼 수 있습니다. 따라서 예를 들어, 공모펀드의 경우 소비자에게 제공되는 간이투자설명서에, 법 제19조에서 설명하도록 규정한 사항이 감독규정 제13조 제1항에서 정하는 바에 따라 포함되어 있다면 별도로 법상의 설명서를 제공할 필요는 없습니다.[26]

나아가 과도한 자료는 소비자의 합리적 의사결정을 저해할 수 있으므로 유사한 설명서를 산발적으로 제공하는 행위를 지양하고 가급적 법에 따른 설명의무의 대상이 되는 금융상품에 관한 중요한 사항과 개별 금융업권별 법령이 정한 설명사항을 통합적으로 정리한 설명서를 제공하는 것이 바람직합니다.[27]

모두 설명한 경우 법상 설명서를 제공하지 아니할 수 있습니다(법 제19조 제2항 단서, 시행령 제14조 제4항 제3호).

25) 온라인투자연계금융업자가 연계대출계약서 기재사항(온라인투자연계금융업법 제24조 제1항 각호의 사항)을 모두 설명하는 등의 경우 법상 설명서를 제공하지 아니할 수 있습니다(법 제19조 제2항 단서, 시행령 제14조 제4항 제2호).

26) 금융위원회·금융감독원, "금융소비자보호법 FAQ 답변(2차)", 2021. 3. 17., 5쪽.

27) 금융위원회·금융감독원, "금융상품 설명의무의 합리적 이행을 위한 가이드라인", 2021. 7. 14., 5쪽.

3. 설명의무 위반 시 책임

가. 민사적 책임

1) 손해배상책임(법 제44조 제2항, 제45조)

금융상품판매업자등이 고의 또는 과실로 법 제19조의 설명의무를 위반하여 금융소비자에게 손해를 발생시킨 경우에는 그 손해를 배상할 책임이 있습니다. 특히 법 제19조의 설명의무를 위반하여 일반금융소비자에게 손해를 발생시킨 경우에는 설명의무 위반에 대한 금융상품판매업자등의 고의 및 과실에 대한 입증책임이 전환되어 있습니다(법 제44조 제2항).[28] 즉 설명의무 위반으로 손해를 입은 일반금융소비자가 금융상품판매업자등이 고의 또는 과실로 설명의무를 위반하였음을 입증해야 손해배상을 받을 수 있는 것이 아니고, 금융상품판매업자등이 그에게 설명의무 위반의 고의 및 과실이 없음을 입증해야만 손해배상책임을 면할 수 있습니다.[29]

금융상품직접판매업자는 금융상품계약체결등의 업무를 대리·중개한 금융상품판매대리·중개업자(법 제25조 제1항 제2호 단서에서 정하는 바에 따라 대리·중개하는 제3자를 포함하고, 보험업법 제2조 제11호에 따른 보험중개사는 제외) 또는 보험업법 제83조 제1항 제4호에 해당하는 임원 또는 직원이 대리·중개 업무를 할 때 금융소비자에게 손해를 발생시킨 경우에는 그 손해를 배상할 책임이 있습니다. 다만, 금융상품직접판매업자가 이들의 선임과 그 업무 감독에 대하여 적절한 주의를 하였고 손해를 방지하기 위하여 노력한 경우에는 면책됩니다(법 제45조

---

28) 법은 일반금융소비자만을 대상으로 설명의무를 규정하고 있으므로, 그 위반을 원인으로 한 손해배상책임 규정 또한 일반금융소비자에게만 적용됩니다. 전문금융소비자의 경우는 민법상 불법행위에 따른 손해배상책임이 문제될 수 있을 것입니다[한국금융소비자보호재단, 금융소비자보호법 해설, 부크크(2021), 108쪽].

29) 다만 법 제44조 제2항 단서의 입증책임 전환 규정은 그 문언상 어디까지나 금융상품판매업자등의 고의 및 과실의 입증에 대하여서만 적용됩니다. 금융상품판매업자등의 손해배상책임이 인정되려면 설명의무 위반 사실 역시 입증되어야 하는데, 금융위원회와 금융감독원은 설명의무 위반 사실은 소비자가 입증해야 하는 것으로 해석하고 있습니다(금융위원회·금융감독원 보도참고자료, "금융소비자보호법 시행 후 원활한 금융상품거래를 위해 판매자·소비자가 알아야 할 중요사항을 알려드립니다", 2021. 3. 29., 4쪽).

제1항).

　한편, 자본시장법은 "금융투자업자는 법 제19조 제1항 또는 제3항을 위반한 경우 이로 인하여 발생한 일반투자자의 손해를 배상할 책임이 있다"고 규정하여, 법상 설명의무를 위반한 경우의 손해배상에 관한 별도의 규정을 두고 있습니다(자본시장법 제48조 제1항). 자본시장법은 특히 일반투자자의 손해액 추정에 대한 규정을 두고 있는데, 금융투자상품의 취득으로 인하여 일반투자자가 지급하였거나 지급하여야 할 금전등의 총액에서 그 금융투자상품의 처분, 그 밖의 방법으로 그 일반투자자가 회수하였거나 회수할 수 있는 금전등의 총액을 뺀 금액을 설명의무 위반에 따른 손해액으로 추정하고 있습니다(자본시장법 제48조 제2항).[30] 따라서 자본시장법상 금융투자상품에 해당하는 금융상품과 관련하여 법상의 설명의무 위반이 있는 경우에는 자본시장법에 따른 손해액 추정이 적용될 수 있습니다.

2) 위법계약해지권(법 제47조)

　금융상품판매업자등이 일반금융소비자에 대해 법 제19조 제1항 또는 제3항을 위반하여 금융상품에 관한 계약을 체결하였다면(즉, 금융상품판매업자등이 일반금융소비자에게 계약 체결을 권유하는 경우 및 일반금융소비자가 설명을 요청하는 경우에 금융상품에 관한 중요한 사항을 일반금융소비자가 이해할 수 있도록 설명하지 않거나, 금융상품판매업자등이 설명을 할 때 금융상품에 관한 중요한 사항을 거짓으로 또는 왜곡하여 설명하거나 누락하였다면), 해당 일반금융소비자는 그 계약의 해지를 요구할 수 있습니다.

나. 행정적 책임

1) 과징금(법 제57조)[31]

　금융상품직접판매업자 또는 금융상품자문업자가 중요사항의 설명의무(법 제

---

30) 온라인투자연계금융업법 시행령 제26조에서도 이와 유사한 내용의 손해액 추정 규정을 두고 있습니다.

31) 구체적인 내용은 본서 제16장(감독 및 처분, 형사처벌 등)을 참고하시기 바랍니다.

19조 제1항), 설명서 제공 및 설명 내용 확인 의무(법 제19조 제2항)를 위반한 경우, 그 위반행위와 관련된 계약으로 얻은 수입 또는 이에 준하는 금액의 100분의 50 이내에서 과징금을 부과받을 수 있습니다(법 제57조 제1항 제1호).

그리고 금융상품직접판매업자가 금융상품계약체결등을 대리하거나 중개하게 한 금융상품판매대리·중개업자(법 또는 다른 금융관련법령에 따라 하나의 금융상품직접판매업자만을 대리하는 금융상품판매대리·중개업자로 한정) 또는 금융상품직접판매업자의 소속 임직원이 중요사항의 설명의무, 설명서 제공 및 설명 내용 확인 의무를 위반한 경우에는 그 금융상품직접판매업자에 대하여 그 위반행위와 관련된 계약으로 얻은 수입등의 100분의 50 이내에서 과징금이 부과될 수 있습니다. 다만, 금융상품직접판매업자가 그 위반행위를 방지하기 위하여 해당 업무에 관하여 적절한 주의와 감독을 게을리하지 아니한 경우에는 그 금액을 감경하거나 면제받을 수 있습니다(법 제57조 제2항).

2) 과태료(법 제69조 제1항)[32]

금융상품판매업자등이 중요사항의 설명의무(법 제19조 제1항), 설명서 제공 및 설명 내용 확인 의무(법 제19조 제2항)를 위반한 경우에는 1억 원 이하의 과태료가 부과됩니다(법 제69조 제1항 제2호).

그리고 금융상품판매대리·중개업자가 금융상품계약체결등의 업무를 대리하거나 중개하게 한 금융상품판매대리·중개업자가 중요사항의 설명의무, 설명서 제공 및 설명 내용 확인 의무를 위반한 경우에는 그 업무를 대리하거나 중개하게 한 금융상품판매대리·중개업자에게 1억 원 이하의 과태료가 부과됩니다. 다만, 업무를 대리하거나 중개하게 한 금융상품판매대리·중개업자로서 그 위반행위를 방지하기 위하여 해당 업무에 관하여 적절한 주의와 감독을 게을리하지 아니한 자는 제외됩니다(법 제69조 제1항 제6호 가목).

3) 제재 조치(법 제51조~제53조)[33]

법 제19조를 위반한 금융상품판매업자등 및 임직원은 금융위원회 또는 금

---

32) 구체적인 내용은 본서 제16장(감독 및 처분, 형사처벌 등)을 참고하시기 바랍니다.
33) 구체적인 내용은 본서 제16장(감독 및 처분, 형사처벌 등)을 참고하시기 바랍니다.

융감독원으로부터 제재조치를 받을 수 있습니다.

4. 계약서류 제공의무

제23조(계약서류의 제공의무) ① 금융상품직접판매업자 및 금융상품자문업자는 금융소비자와 금융상품 또는 금융상품자문에 관한 계약을 체결하는 경우 금융상품의 유형별로 대통령령으로 정하는 계약서류를 금융소비자에게 지체 없이 제공하여야 한다. 다만, 계약내용 등이 금융소비자 보호를 해칠 우려가 없는 경우로서 대통령령으로 정하는 경우에는 계약서류를 제공하지 아니할 수 있다.
② 제1항에 따른 계약서류의 제공 사실에 관하여 금융소비자와 다툼이 있는 경우에는 금융상품직접판매업자 및 금융상품자문업자가 이를 증명하여야 한다.
③ 제1항에 따른 계약서류 제공의 방법 및 절차는 대통령령으로 정한다.

가. 의 의

금융상품직접판매업자와 금융상품자문업자는 금융소비자와 금융상품 또는 금융상품자문에 관한 계약을 체결하는 경우 금융상품의 유형별로 계약서류를 금융소비자에게 지체 없이 제공하여야 합니다(법 제23조 제1항). 금융소비자의 금융상품 계약내용에 대한 이해를 도모하고 금융분쟁 발생시 증거자료의 원활한 확보를 위해 계약 체결 시 금융소비자에 대한 계약서류 제공의무를 부여한 것입니다[34].

나. 주요 내용

1) 적용 범위

계약서류 제공의무는 금융상품직접판매업자, 금융상품자문업자가 금융소비자와 금융상품 또는 금융상품자문에 관한 계약을 체결하는 경우에 적용됩니다.

---

34) 금융감독원, "금융소비자보호법 검사업무 안내서", 2022. 3월, 105쪽.

설명의무와는 달리 금융상품판매대리 · 중개업자에게는 적용되지 않고, 계약의 상대방이 일반금융소비자인지 아니면 전문금융소비자인지를 가리지 않는다는 점에 유의하여야 합니다.

2) 제공 대상 계약서류

금융상품직접판매업자 및 금융상품자문업자가 제공하여야 하는 계약서류는 금융상품 계약서,[35] 금융상품의 약관, 금융상품 설명서(금융상품판매업자만 해당), 상법에 따른 보험증권(보장성 상품 중 보험만 해당)입니다(시행령 제22조 제1항).

3) 제공 방법

금융상품직접판매업자 및 금융상품자문업자가 계약서류를 제공하는 때에는 서면교부, 우편 또는 전자우편, 휴대전화 문자메시지 또는 이에 준하는 전자적 의사표시의 방법으로 계약 서류를 제공하여야 합니다. 다만 금융소비자가 위의 방법들 중에서 특정한 방법으로 제공해 줄 것을 요청하는 경우에는 그 방법으로 제공해야 합니다(시행령 제22조 제3항).[36]

비대면거래에서는 전자문서 형태의 계약서류에 대하여 금융소비자가 다운로드 또는 상시조회가 가능하도록 하는 방법으로 제공하는 것도 가능합니다. 다만 이때의 전자문서는 그 내용을 열람할 수 있고 전자문서가 작성 · 변환되거나 송신 · 수신 또는 저장된 때의 형태 또는 그와 같이 재현될 수 있는 형태로 보존되는 것이어야 합니다.[37]

---

35) 계약서는 계약의 성립을 증명하는 문서로서 법령상 그 형식이나 내용에 별도의 제한을 두지 않고 있습니다. 예컨대 소비자의 청약 후에 판매업자가 승낙을 하는 방식의 계약인 경우, 계약서가 판매업자의 소비자의 청약에 대한 승낙사실을 증명할 수 있다면 반드시 소비자의 서명을 필요로 하지는 않습니다(신속처리시스템 회신, 은행210420−46).

36) 다만 여건상 계약체결 시에는 특정 방법으로만 계약서류를 제공하더라도, 고객이 계약서류를 수령할 수 있는 다른 방법을 안내하고 고객이 요청하면 지체없이 대응함으로써 소비자의 선택권을 보장할 수 있다면 관련 제도의 취지를 벗어난다고 보기는 어렵다는 것이 금융감독당국의 해석입니다(신속처리시스템 회신, 은행210713−122). 따라서 비대면 거래 시 계약서류 수령방법에 대한 소비자 선택과 관계없이 우선 이메일로 계약서류를 제공하되, 고객이 계약서류를 수령할 수 있는 다른 방법을 안내하고 고객이 요청하면 그 요청에 지체없이 대응하는 방식으로 계약서류를 제공하는 것도 가능합니다(신속처리시스템 회신, 은행210420−47).

37) 금융위원회 · 금융감독원 보도참고자료, "금융소비자보호법 시행 후 원활한 금융상품거래를

한편 금융상품직접판매업자 및 금융상품자문업자가 계약서류를 제공하는 경우 해당 계약서류가 법령 및 내부통제기준에 따른 절차를 거쳐 제공된다는 사실을 해당 계약서류에 적어야 하고, 계약서류를 전자우편, 휴대전화 문자메시지 또는 이에 준하는 전자적 의사표시의 방법으로 제공하는 경우에는 해당 계약서류가 위조·변조되지 않도록 기술적 조치를 취해야 합니다(시행령 제22조 제4항). 나아가 계약서류를 전자우편 또는 이에 준하는 전자적 의사표시로 교부하는 경우에 금융소비자가 전자금융거래법에 따른 전자적 장치[38]를 통해 계약서류를 확인하는데 필요한 소프트웨어 및 안내자료를 제공해야 합니다(감독규정 제21조 제1항).

4) 계약서류 제공의무의 예외

계약 내용 등이 금융소비자 보호를 해칠 우려가 없는 경우로서 대부업법, 자본시장법(온라인소액투자중개업자만 해당), 온라인투자연계금융업법에 따라 계약서류가 제공된 경우에는 계약서류를 제공하지 않을 수 있습니다(법 제23조 제1항 단서, 시행령 제22조 제2항). 또한 그 밖에 계약 내용이나 금융상품의 특성 등을 고려할 때 계약서류를 제공하지 않아도 금융소비자 보호가 저해될 우려가 없는 경우로서 ① 기본 계약을 체결하고 그 계약내용에 따라 계속적·반복적으로 거래를 하는 경우,[39] ② 기존 계약과 동일한 내용으로 계약을 갱신하는 경우,[40] ③ 법인인 전문금융소비자와 계약을 체결하는 경우(시행령 제22조 제1항 제3호에

위해 판매자·소비자가 알아야 할 중요사항을 알려드립니다", 2021. 3. 29., 5쪽.

[38] 전자적 장치라 함은 전자금융거래정보를 전자적 방법으로 전송하거나 처리하는데 이용되는 장치로서 현금자동지급기, 자동입출금기, 지급용단말기, 컴퓨터, 전화기 그 밖에 전자적 방법으로 정보를 전송하거나 처리하는 장치를 말합니다(전자금융거래법 제2조 제8호).

[39] 금융회사가 대출 한도거래를 할 경우, 최초 약정 이후 한도 내에서 반복적으로 건별 계약이 체결되는데, 금융감독당국은 이에 대해 이미 체결되어 있는 금융상품등에 관한 계약의 내용에 따라 기존 한도대출 범위에서 수시 상환 및 대출을 하는 경우는 법 제23조의 계약서류 제공의무 적용대상이 아니라는 입장입니다(신속처리시스템 회신, 여전210414-7).

[40] 실손의료보험의 갱신이 새로운 계약체결 없이 이루어진다면 계약 갱신 시 계약서류를 제공할 필요는 없습니다(신속처리시스템 회신, 손보210416-17, "실손의료보험 등 갱신시 계약서류 제공의무 적용여부"). 또한 기존 카드와 동일한 카드로 갱신, 재발급이 새로운 계약체결 없이 이루어진다면 계약서류를 제공할 필요는 없으나, 추가발급은 새로운 계약체결에 해당하므로 계약서류를 제공하여야 할 것입니다(신속처리시스템 회신, 여전210520-32).

따른 설명서만 해당)에도 계약서류를 제공하지 않을 수 있습니다(감독규정 제21조 제2항).

보험계약에 부가되는 서비스의 일종으로 해약환급금의 일정범위 내에서 수시로 대출 및 상환이 발생하는 보험계약대출을 기본 계약에 따른 계속적·반복적 거래인 한도대출과 유사한 것으로 보아 계약서류의 제공에 대한 예외가 인정되는지에 대하여, 금융감독당국은 보험계약대출 계약은 보험계약과 별도로 체결되기 때문에 보험계약을 한도대출 계약과 같이 볼 수 없으며 계약체결 건별로 금융소비자에 계약서류를 제공해야 한다고 보았습니다. 다만 계약서류 중 설명서, 약관은 그 내용이 과거 금융소비자가 계약을 체결한 보험계약대출과 동일하고 당시 해당 자료가 금융소비자에 제공된 경우에는 추가로 제공하지 않아도 된다고 판단하였습니다.[41]

5) 입증책임

계약서류의 제공 사실에 관하여 금융소비자와 다툼이 있는 경우에는 금융상품직접판매업자 및 금융상품자문업자가 이를 증명하여야 합니다(법 제23조 제2항).

다. 위반시 책임

법 제23조 제1항을 위반하여 금융소비자에게 계약서류를 제공하지 아니한 경우에는 1억 원 이하의 과태료가 부과됩니다(법 제69조 제1항 제7호). 또한 법 제23조를 위반한 금융상품판매업자등 및 임직원은 금융위원회 또는 금융감독원으로부터 제재조치를 받을 수 있습니다(법 제51조~제53조).

---

41) 신속처리시스템 회신, 생보210514-2.

제8장

6대 판매규제 – 불공정영업행위의 금지

1. 불공정영업행위 금지의 의의 및 주요 내용

제20조(불공정영업행위의 금지) ① 금융상품판매업자등은 우월적 지위를 이용하여 금융소비자의 권익을 침해하는 다음 각 호의 어느 하나에 해당하는 행위(이하 "불공정영업행위"라 한다)를 해서는 아니 된다.

1. 대출성 상품, 그 밖에 대통령령으로 정하는 금융상품에 관한 계약체결과 관련하여 금융소비자의 의사에 반하여 다른 금융상품의 계약체결을 강요하는 행위
2. 대출성 상품, 그 밖에 대통령령으로 정하는 금융상품에 관한 계약체결과 관련하여 부당하게 담보를 요구하거나 보증을 요구하는 행위
3. 금융상품판매업자등 또는 그 임직원이 업무와 관련하여 편익을 요구하거나 제공받는 행위
4. 대출성 상품의 경우 다음 각 목의 어느 하나에 해당하는 행위

    가. 자기 또는 제3자의 이익을 위하여 금융소비자에게 특정 대출 상환방식을 강요하는 행위

    나. 1)부터 3)까지의 경우를 제외하고 수수료, 위약금 또는 그 밖에 어떤 명목이든 중도상환수수료를 부과하는 행위

      1) 대출계약이 성립한 날부터 3년 이내에 상환하는 경우

      2) 다른 법령에 따라 중도상환수수료 부과가 허용되는 경우

      3) 금융소비자 보호 및 건전한 거래질서를 해칠 우려가 없는 행위로서 대통령령으로 정하는 경우

    다. 개인에 대한 대출 등 대통령령으로 정하는 대출상품의 계약과 관련하여 제3자의 연대보증을 요구하는 경우

5. 연계·제휴서비스등이 있는 경우 연계·제휴서비스등을 부당하게 축소하거나 변경하는 행위로서 대통령령으로 정하는 행위. 다만, 연계·제휴서비스등을 불가피하게 축소하거나 변경하더라도 금융소비자에게 그에 상응하는 다른 연계·제휴서비스등을 제공하는 경우와 금융상품판매업자등의 휴업·파산·경영상의 위기 등에 따른 불가피한 경우는 제외한다.
6. 그 밖에 금융상품판매업자등이 우월적 지위를 이용하여 금융소비자의 권익을 침해하는 행위

② 불공정영업행위에 관하여 구체적인 유형 또는 기준은 대통령령으로 정한다.

가. 의 의

법은 금융상품판매업자등이 금융상품을 판매함에 있어, 자신의 우월적 지위를 이용하여 금융소비자의 권익을 침해하는 행위를 불공정영업행위로 금지하고 있습니다.

불공정영업행위는 종래 구 은행법[1] 제52조의2, 구 보험업법[2] 제110조의2 등 개별 금융업법에서 규율하고 있었는데, 법에서 이를 하나로 통합하여 법 제20조에서 규정하게 된 것입니다. 법 제20조에서 금지하는 불공정영업행위의 구체적인 유형은 다음과 같습니다.

■ 표 불공정영업행위의 유형

근거 법령		불공정영업행위의 구체적 유형
법 제20조 제1항 **제1호**		금융소비자의 의사에 반하여 다른 금융상품의 계약체결을 강요하는 행위
법 제20조 제1항 **제2호**		부당하게 담보를 요구하거나 보증을 요구하는 행위
법 제20조 제1항 **제3호**		금융상품판매업자등 또는 그 임직원이 업무와 관련하여 편익을 요구하거나 제공받는 행위
법 제20조 제1항 **제4호**	**가목**	자기 또는 제3자의 이익을 위하여 금융소비자에게 특정 대출 상환 방식을 강요하는 행위
	나목	대출계약이 성립한 날로부터 3년이 경과하였음에도 중도상환수수료를 부과하는 행위
	다목	대출상품의 계약과 관련하여 제3자의 연대보증을 요구하는 행위
법 제20조 제1항 **제5호**		금융상품과 관련된 연계·제휴서비스등이 있는 경우 해당 연계·제휴서비스등을 부당하게 축소하거나 변경하는 행위
법 제20조 제1항 **제6호**		기타 불공정영업행위(이자율·보험료 인하 요구 등 계약 또는 법령에 따른 소비자권리를 행사함에도 불이익을 부과하는 행위 등)

---

1) 구 은행법(2020. 3. 24. 법률 제17112호로 개정되기 전의 것).

2) 구 보험업법(2020. 3. 24. 법률 제17112호로 개정되기 전의 것).

나. 주요 내용

1) 적용 범위

금융상품직접판매업자, 판매대리·중개업자 및 자문업자는 일반금융소비자 또는 전문금융소비자와의 사이에서 금융상품에 관한 계약을 체결함에 있어, 자신의 우월적 지위를 이용하여 금융소비자의 권익을 침해하는 불공정영업행위를 하는 것이 금지됩니다. 법에서 금지하는 구체적인 불공정영업행위는 아래에서 상술하도록 하겠습니다.

2) 타금융상품 계약체결 강요행위(제1호)

금융상품판매업자등은 대출성 상품, 그 밖에 시행령으로 정하는 금융상품에 관한 계약체결과 관련하여 금융소비자의 의사에 반하여 다른 금융상품의 계약체결을 강요하는 행위를 하는 것이 금지됩니다(법 제20조 제1항 제1호). 금지되는 강요행위의 구체적인 유형으로는 (i) 금융소비자에게 제3자의 명의를 사용하여 다른 금융상품의 계약을 체결할 것을 강요하는 행위(시행령 제15조 제4항 제1호 가목), (ii) 금융소비자에게 다른 금융상품직접판매업자를 통해 다른 금융상품에 관한 계약을 체결할 것을 강요하는 행위(시행령 제15조 제4항 제1호 나목), (iii) 금융소비자가 중소기업기본법에 따른 중소기업인 경우, 그 대표자·임원·직원 및 그 가족(배우자 및 직계혈족을 말함)에게 다른 금융상품의 계약체결을 강요하는 행위(시행령 제15조 제4항 제1호 다목, 감독규정 제14조 제3항)가 있습니다.

특히 (iv) 금융소비자와의 사이에서 대출성 상품에 관한 계약(이하 "금전제공계약")[3]을 체결하고, 계약이 최초로 이행된 날 전·후 1개월 내에 보장성 상품, 일부 투자성 상품 또는 예금성 상품에 관한 계약을 체결한 행위(시행령 제15조 제4항 제1호 라목, 감독규정 제14조 제4항)를 하는 경우(소위 '꺾기')에는 금융소비자의 의사에 반하여 다른 금융상품의 계약체결을 강요하는 것으로 간주하여 금지하

---

3) 다만, 금융소비자와의 사이에서 체결한 금전제공계약이 (i) 지급보증, (ii) 보험약관대출(보험업법 제105조 제6호), (iii) 신용카드 및 신용카드회원에 대한 자금의 융통(여신전문금융업법 제13조 제1항 제1호), (iv) 자본시장법상 신용공여(자본시장법 제72조 제1항) 중 하나인 경우는 제외됩니다(감독규정 제14조 제5항 제1호).

고 있습니다.[4)]

소위 '꺾기'라고 하는 구속행위는 법 제정 전부터 구 은행법, 구 보험업법, 구 상호저축은행법 등[5)]에서 규율하고 있었는데, 법에서 아래 표와 같이 금전제 공계약 체결의 이행 전·후 각각 1개월 이내에 금지되는 금융상품판매행위를 정비하였습니다.

■ 표 금지되는 '꺾기' 구속행위[6)]

판매제한 금융상품	취약차주[주1)]/ 피성년후견인, 피한정후견인 (신설)	그 밖의 차주 (투자성 상품의 경우 개인에 한정)
보장성 상품[주2)]	금지	1% 초과 금지[주5)]
일부 투자성 상품[주3)]	금지	1% 초과 금지[주5)] (신설)
예금성 상품[주4)]	1% 초과 금지[주5)]	규제 없음

주1) (i) 중소기업 및 그 기업의 대표자, (ii) 개인신용평점이 하위 10%에 해당하는 사람

주2) 한국주택금융공사법 제2조 제8호의2에 따른 주택담보노후연금보증에 의한 대출과 연계하여 보험업법 제4조 제1항 제3호 각 목에 해당하는 보험에 관한 계약을 체결한 경우 및 중소기업이 아닌 기업과의 퇴직보험계약·종업원의 복리후생 목적 보장성 상품 계약, 단체보험 등 제외(감독규정 제14조 제5항 제2호~제4호).

4) 2022. 7. 7. 금융위원회가 입법예고한 시행령 개정안에서는 제15조 제4항 제1호 본문에 '금융소비자에게 자신이 판매하는 다른 금융상품의 계약을 체결할 것을 강요하는 행위 또는 이에 준하는 각 목의 행위'라고 추가하였습니다. 자신이 판매하는 다른 금융상품에 대한 계약체결 강요행위도 금지되는 행위에 해당함을 명확하여 금융소비자를 보호하기 위함입니다(금융위원회, 시행령 조문별 개정 이유서).

> **시행령(안) 제15조(불공정영업행위의 금지)** ④ 법 제20조제1항에 따른 불공정영업행위의 구체적인 유형 또는 기준은 다음 각 호의 구분에 따른다.
>
> **1. 법 제20조 제1항 제1호: 금융소비자에게 자신이 판매하는 다른 금융상품의 계약을 체결할 것을 강요하는 행위 또는 이에 준하는 다음 각 목의 행위**
>
> **가. ~ 다. (현행과 같음)**

5) 구 은행법(2020. 3. 24. 법률 제17112호로 개정되기 전의 것) 제52조의2, 동법 시행령 제24조의5, 은행업감독규정 제88조, 구 보험업법(2020. 3. 24. 법률 제17112호로 개정되기 전의 것) 제110조의2, 동법 시행령 제56조의2, 보험업감독규정 제5-15조, 구 상호저축은행법(2020. 3. 24. 법률 제17112호로 개정되기 전의 것) 제11조 제2항, 동법 시행령 제8조의2, 상호저축은행업감독규정 제35조의5 등에서 규정하고 있었습니다.

6) 금융감독원, "금융소비자 보호에 관한 법률 설명 자료", 2021. 3월, 31쪽.

주3) 집합투자증권, 금전신탁계약, 투자일임계약, 연계투자에 관한 계약(감독규정 제14조 제4
    항 제1호)
주4) 금융소비자가 입금과 출금을 수시로 할 수 있는 금융상품, 월지급액이 10만 원 이하인 경
    우, 총 지급액이 100만 원 이하인 경우는 제외(감독규정 제14조 제4항 제2호)
주5) 금융소비자가 매월 금융상품직접판매업자에게 지급해야 하는 금액이 금전제공계약에 따
    라 금융소비자가 제공받거나 받을 금액의 1%를 초과하는 행위를 금지

그 밖에 해당 계약을 사회통념상 법 제20조 제1항 제1호에 따른 행위로 보기 어렵거나 그러한 행위에 해당하지 않는다는 사실이 명백한 경우(그 사실을 금융소비자가 서명, 기명날인, 녹취 각각에 준하여 안정성·신뢰성이 확보될 수 있는 전자적 확인방식으로 확인한 경우는 제외)에는 금융소비자의 의사에 반하여 다른 금융상품의 계약체결을 강요하는 행위로 보지 않습니다(시행령 제15조 제4항 제1호 라목, 감독규정 제14조 제5항 제6호). 대출계약체결일 이전 판매된 금융상품(예치된 금액)을 담보로 하여 그 금액 범위 내에서 대출을 하는 경우 사실상 금융상품직접판매업자가 대출을 제한할 유인이 크지 않다는 점을 감안하면, 특별한 사유가 없는 한 예치금 범위 내에서의 금융상품 담보대출은 감독규정 제14조 제5항 제6호에 해당한다고 볼 수 있습니다.[7]

3) 부당하게 담보를 요구하거나 보증을 요구하는 행위(제2호)

금융상품판매업자등은 대출성 상품, 그 밖에 시행령으로 정하는 금융상품에 관한 계약체결과 관련하여 부당하게 담보를 요구하거나 보증을 요구하는 행위를 하는 것이 금지됩니다(법 제20조 제1항 제2호). 금지되는 담보·보증 요구행위의 구체적인 유형으로는, (i) 담보 또는 보증이 필요 없음에도 이를 요구하는 행위(시행령 제15조 제4항 제2호 가목), (ii) 해당 계약의 체결에 통상적으로 요구되는 일반적인 담보 또는 보증 범위보다 많은 담보 또는 보증을 요구하는 행위(시행령 제15조 제4항 제2호 나목)가 있습니다.

---

7) 신속처리시스템 회신, 은행210405-17.

4) 업무와 관련하여 편익을 요구하거나 제공받는 행위(제3호)

금융상품판매업자등 본인 또는 그 임직원은 우월적 지위를 이용하여 업무와 관련하여 편익을 요구하거나 제공받는 행위를 하는 것이 금지됩니다(법 제20조 제1항 제3호).

5) 특정 대출 상환 방식을 강요하는 행위(제4호 가목)

금융상품판매업자등은 대출성 상품과 관련하여, 자기 또는 제3자의 이익을 위하여 금융소비자에게 특정 대출 상환방식을 강요하는 행위를 하는 것이 금지됩니다(법 제20조 제1항 제4호 가목).

개인 채무자의 연체 발생 또는 연체 장기화를 방지하기 위해 만기도래 시 연체 우려가 있는 대출을 장기분할 상환방식의 대출로 전환해주면서 특정 분할 상환방식(원리금분할상환)을 받도록 권유하는 경우, 원리금분할상환 방식의 대출 상품만을 판매하는 경우가 특정 대출 상환 방식을 강요하는 행위에 해당하는지가 문제될 수 있는데, 이와 관련해서 금융감독당국은 원칙적으로 소비자의 재산상황 및 변제계획, 소비자 상환부담의 경감여부 등을 종합 고려하여 판단해야 할 사항이나, 법령, 정부의 행정지도 등으로 불가피하게 상환방식을 한 종류로만 제한해야 하는 경우는 강요행위로 보지 않는다고 하고 있습니다.[8]

6) 부당하게 중도상환수수료를 부과하는 행위(제4호 나목)

금융상품판매업자등은 대출성 상품과 관련하여 대출계약이 성립한 날로부터 3년이 경과한 경우에는, 수수료, 위약금 또는 그 밖에 어떤 명목으로든[9] 중

---

8) 신속처리시스템 회신, 은행210405 - 18.

9) 금융소비자의 계약해지로 은행 등 금융기관에게 실제 손해가 발생(가령, 이자율연계스왑대출의 중도해지시 발생하는 청산비용)하는 경우 해당 손해를 금융소비자에게 비용으로 부과하는 경우에도 본 조항에 따라 금지되는 중도상환수수료 부과인지 문제될 수 있는데, 금융감독당국은 금리 스왑 해지 비용 등 중도상환으로 인해 발생한 실제 비용이라 하더라도 고객에게 해당 비용을 부과하는 것은 수수료, 위약금 또는 "그 밖의 어떤 명목"이든 중도상환수수료를 부과하는 행위에 해당한다고 해석되고, 따라서 중도상환수수료 부과가 가능한 예외사유(대출계약 성립 3년 이내 상환 등)에 해당하지 않는 이상, 스왑 해지 비용 등을 중도상환을 이유로 고객에게 부과하는 행위는 불공정영업행위에 해당할 것이라고 보고 있습니다(금융위원회 질

도상환수수료를 부과하는 것이 금지됩니다(법 제20조 제1항 제4호 나목). 다만, 다른 법령에 따라 중도상환수수료의 부과가 허용되는 경우이거나 금융소비자가 여신전문금융업법에 따른 시설대여, 연불판매 또는 할부금융에 관한 계약을 해지한 경우[10]에는 중도상환수수료를 부과할 수 있습니다(법 제20조 제1항 제4호 나목, 시행령 제15조 제1항).

한편, 기존대출을 대환하는 경우와 같이 대출에 관한 계약을 체결했던 금융소비자와 기존 계약을 해지하고 그 계약과 사실상 동일한 신규 대출계약(기존계약에 따라 금융소비자에 지급된 금전등을 상환받는 계약)을 체결한 후에, 신규 대출계약 기간 중 해당 신규 대출계약을 해지하고자 하는 경우, 기존 계약의 유지기간과 신규 대출계약의 유지기간을 합하여 3년이 넘었다면, 법 제20조 제1항 제4호 나목 1)에 해당한다는 이유로 금융소비자의 계약해지에 대해 중도상환수수료를 부과하는 행위 등 계약의 변경·해지를 이유로 금융소비자에 수수료 등 금전의 지급을 부당하게 요구하는 행위는 금지됩니다(시행령 제15조 제4항 제3호 라목, 감독규정 제14조 제6항 제9호).

금융감독당국은 사실상 동일한 계약인지는 구체적인 사실관계에 따라 계약의 주요 내용이 동일한지에 따라 달리 해석되어야 할 것이라며, 기존 대출 금액을 상환할 것을 조건으로 동일한 금액을 대출하는 계약은 계약의 주요 내용이 변경되지 않았으므로 사실상 동일한 계약에 해당하는 반면, 기존 계약보다 신규 계약의 대출금액이 큰 경우는 사실상 동일한 계약으로 보기 어렵다는 입장입니다.[11] 또한 금융감독당국은 담보, 대출기간, 상환방식 등이 상이한 중도금대출계약과 잔금대출계약은 사실상 동일한 계약으로 보기 어렵다고 해석한 바 있습니다.[12] 한편, 금융감독당국은 본 규정의 적용시점에 대해 '기존 계약'이 법 시행 이후 체결된 계약부터 적용된다는 입장입니다.[13]

의회신, "금융소비자보호법 제20조 제1항 제4호 나목 1)의 중도상환수수료 관련", 2022. 2. 22.).

10) 다만, 이 경우에도 금융소비자가 금융상품판매업자등으로부터 계약에 따른 재화를 인도받지 못하거나, 인도받은 재화에 하자가 있어 정상적 사용이 어렵다는 이유로 계약을 해지한 경우에는 금융상품판매업자등은 금융소비자에 대하여 중도상환수수료를 부과할 수 없습니다(시행령 제15조 제1항 단서).

11) 신속처리시스템 회신, 생보210406-2.

12) 신속처리시스템 회신, 은행210415-37.

7) 제3자의 연대보증을 요구하는 행위(제4호 다목)

금융상품판매업자등은 개인에 대한 대출 등 시행령으로 정하는 대출상품의 계약과 관련하여 제3자에게 연대보증을 요구하는 것이 금지됩니다(법 제20조 제1항 제4호 다목). 다만, 예외적으로 금융소비자가 개인, 법인 또는 조합·단체인지에 따라 제3자의 연대보증이 가능한 경우를 아래의 표 기재와 같이 정하고 있습니다.[14]

■ 표 금융소비자별 제3자의 연대보증 입보가 가능한 경우

금융소비자 구분	제3자의 연대보증이 가능한 경우
개 인	가. 사업자등록증 상 대표자의 지위에서 대출을 받는 경우 해당 사업자등록증에 기재된 다른 대표자(시행령 제15조 제2항 제1호 가목) 나. 건축물분양법에 따른 분양대금을 지급하기 위해 대출을 받는 경우 같은 법에 따른 분양사업자 및 해당 건축물의 시공사(시행령 제15조 제2항 제1호 나목)
법 인	가. 해당 법인의 대표이사 또는 무한책임사원(시행령 제15조 제2항 제2호 가목) 나. 해당 법인에서 가장 많은 지분을 보유한 자(시행령 제15조 제2항 제2호 나목)

---

13) 금융위원회·금융감독원, "금융소비자보호법 FAQ 답변(3차)", 2021. 4. 26., 2쪽.

14) 2022. 7. 7. 금융위원회가 입법예고한 시행령 개정안에서는, 제15조의 '금융소비자에 대한 대출'을 '금융소비자와 체결하는 대출성 상품 계약'으로 문구를 변경하였습니다. 대출 외 대출성 상품에도 부당한 제3자 연대보증이 금지됨을 명확히 함으로써 금융소비자 보호를 강화하기 위함입니다(금융위원회, 시행령 조문별 개정 이유서).

> **시행령(안) 제15조(불공정영업행위의 금지)** ② 법 제20조제1항제4호다목에서 "개인에 대한 대출 등 대통령령으로 정하는 대출상품의 계약과 관련하여 제3자의 연대보증을 요구하는 경우"란 다음 각 호의 경우를 말한다.
> 1. 개인인 금융소비자**와 체결하는 대출성 상품 계약**에 제3자의 연대보증을 요구하는 경우. (단서 생략)
> 2. 법인인 금융소비자**와 체결하는 대출성 상품 계약**에 제3자의 연대보증을 요구하는 경우. (단서 생략)
> 3. 조합·단체인 금융소비자**와 체결하는 대출성 상품 계약**에 제3자의 연대보증을 요구하는 경우. 다만, 해당 조합·단체의 대표자에 대해서는 연대보증을 요구할 수 있다. (단서 생략)

금융소비자 구분	제3자의 연대보증이 가능한 경우
	다. 해당 법인의 의결권 있는 발행 주식 총수의 100분의 30(배우자·4촌 이내의 혈족 및 인척이 보유한 의결권 있는 발행 주식을 합산)을 초과하여 보유한 자(시행령 제15조 제2항 제2호 다목)
	라. 금융소비자와 같은 기업집단(공정거래법 제2조 제2호에 따른 기업집단)에 속한 회사(시행령 제15조 제2항 제2호 라목, 감독규정 제14조 제1항 제1호)
	마. 자본시장법에 따른 프로젝트금융(대출로 한정한다) 또는 이와 유사한 구조의 금융상품에 관한 계약을 체결하는 경우에 그 프로젝트금융의 대상이 되는 사업에 따른 이익을 금융소비자와 공유하는 법인(시행령 제15조 제2항 제2호 라목, 감독규정 제14조 제1항 제2호)
	바. 건축물분양법에 따른 분양대금을 지급하기 위해 대출을 받는 경우 같은 법에 따른 분양사업자 및 해당 건축물의 시공사(시행령 제15조 제2항 제2호 라목, 감독규정 제14조 제1항 제3호)
조합·단체	가. 해당 조합·단체의 대표자(시행령 제15조 제2항 제3호)

　　본 조항에서의 연대보증이라 함은, 그 형식이나 명칭에 관계없이 채무자가 채권자에 대한 금전채무를 이행하지 아니하는 경우에 보증인이 그 채무를 이행하기로 하는 채권자와 보증인 사이의 계약 중 민법 제437조[15] 본문에 따른 최고·검색의 항변권 및 민법 제439조[16]에 따른 분별의 이익이 배제되는 계약을 의미합니다.[17] 연대보증 금지와 관련한 금융감독당국의 해석례는 아래와 같습니다.

[CASE1] 아파트·지식산업센터 등 건축물분양법의 적용을 받지 않는 건축물에 대한 분양자금 대출 취급 시에도 분양사업자 및 시공사의 연대보증이 허용되는지 여부

시행령 제15조 제2항 제1호 나목은 건축물분양법에 따른 분양대금을 지급하기 위한 대출 취급 시 같은 법에 따른 분양사업자 및 시공사만 연대보증이 허용된다고 하고 있는 바, 건축물분양법의 적

---

15) **민법 제437조(보증인의 최고, 검색의 항변)** 채권자가 보증인에게 채무의 이행을 청구한 때에는 보증인은 주채무자의 변제자력이 있는 사실 및 그 집행이 용이할 것을 증명하여 먼저 주채무자에게 청구할 것과 그 재산에 대하여 집행할 것을 항변할 수 있다. 그러나 보증인이 주채무자와 연대하여 채무를 부담한 때에는 그러하지 아니하다.

16) **민법 제439조(공동보증의 분별의 이익)** 수인의 보증인이 각자의 행위로 보증채무를 부담한 경우에도 제408조의 규정을 적용한다.
　　민법 제408조(분할채권관계) 채권자나 채무자가 수인인 경우에 특별한 의사표시가 없으면 각 채권자 또는 각 채무자는 균등한 비율로 권리가 있고 의무를 부담한다.

17) 금융위원회·금융감독원, "금융소비자보호법 FAQ 답변(3차)", 2021. 4. 26., 1쪽.

용을 받지 않는 건축물에 대한 분양자금 대출과 관련하여 금융감독당국은 건축물분양법의 개념을 차용한 취지는 연대보증을 입보할 수 있는 '대출종류'(분양대금을 지급하기 위한 것)와 '연대보증인'(분양사업자)의 범위를 보다 명확히 하기 위한 취지이므로, 아파트·지식산업센터 등 건축물분양법의 적용을 받지 않는 건축물에도 동 조항이 적용된다고 보고 있습니다.[18]

[CASE2] 소규모 부동산PF 대출이 연대보증 입보가 가능한 자본시장법에 따른 프로젝트금융에 포함되는지 여부

자본시장법 시행령 제68조 제2항[19]은 프로젝트금융을 각종 투자·개발 그 밖에 '상당한 기간과 자금이 소요되는 프로젝트'라고 규정하고 있으므로, 다세대·다가구주택 등 소규모 신축사업에 대한 대출과 관련하여 동 조항이 적용되어 금융소비자와 이익을 공유하는 법인(시공사)의 연대보증이 가능한지 여부가 문제될 수 있습니다. 이에 대해 금융감독당국은 과거 금융감독당국이 건물신축 및 분양사업에 참여한 시공사를 "차주와 공동으로 사업을 수행하면서 이익을 공유하는 경우"로 보아 연대보증이 가능하다는 입장을 유지해 온 점, 감독규정 제14조 제1항 제2호의 규정에서 자본시장법상 "프로젝트금융"을 인용한 이유는 현장에서 실무적으로 사용하는 "프로젝트금융" 용어를 규정하기 위한 것인 점 등을 고려할 때, "프로젝트금융"을 현장의 신뢰와 달리 대규모 투자사업으로 한정하여 해석하기는 어렵다고 보고, 소규모 부동산개발사업을 감독규정 제14조 제1항 제2호의 프로젝트금융에 해당하지 않는다고 보기 어렵다고 하였습니다.[20]

[CASE3] 프랜차이즈 가맹점(개인사업자)에 대한 대출 시, 프랜차이즈 본점의 연대보증 입보가 가능한지 여부

은행권은 프랜차이즈 가맹점(개인사업자)에 대한 대출 시, 프랜차이즈 본사의 연대보증을 통해 해당 가맹점에 자금을 지원하는 형태의 협약대출을 운용하고 있는데, 이와 같은 프랜차이즈 본점의 연대보증이 법상 금지되는 연대보증인지와 관련하여, 금융감독당국은 법상 하위법령에서 열거된 예외적인 사유에 한하여만 연대보증을 허용하고 있어 현행 법령상 프랜차이즈 본사의 연대보증이 허용된다고 판단하기에는 어렵다고 보고 있습니다. 다만, 법상 연대보증이 아닌 일반 보증은 허용되므로 필요시 일반 보증을 활용할 수 있을 것이라고 하고 있습니다.[21]

---

18) 신속처리시스템 회신, 은행210402-12.

19) **자본시장법 시행령 제68조 (불건전 영업행위의 금지)** ② 법 제71조제3호에서 "대통령령으로 정하는 기업금융업무"란 다음 각 호의 어느 하나에 해당하는 업무를 말한다.

　　4의2. 설비투자, 사회간접자본 시설투자, 자원개발, 그 밖에 **상당한 기간과 자금이 소요되는 프로젝트**를 수주(受注)한 기업을 위하여 사업화 단계부터 특수목적기구(특정 프로젝트를 사업으로 운영하고 그 수익을 주주 등에게 배분하는 목적으로 설립된 회사, 그 밖의 기구를 말한다)에 대하여 신용공여, 출자, 그 밖의 자금지원(이하 이 항에서 **"프로젝트금융"**이라 한다)을 하는 자금조달구조를 수립하는 등 해당 사업을 지원하는 프로젝트금융에 관한 자문업무

20) 신속처리시스템 회신, 은행210413-26.

21) 신속처리시스템 회신, 은행210412-23.

한편, 본 조항에서 불공정영업행위로 금지하는 것은 연대보증을 '요구'하는 행위이므로, 법 시행일 이후에 체결된 연대보증 및 대출약정의 경우에 본 조항의 적용을 받습니다. 그러므로, (i) 법 시행일 이전에 연대보증 및 대출계약 체결을 완료하였고 시행일 이후에 계약내용에 따라 단순히 대출이 실행된 경우,[23] (ii) 법 시행일 이전 이미 체결된 연대보증부 한도 대출 약정에 따라 법 시행일 이후 한도 내에서 순차적으로 대출이 이루어진 경우[24] 등은 본 조항의 적용을 받지 않습니다.

8) 연계·제휴서비스등을 부당하게 축소하거나 변경하는 행위(제5호)

금융상품판매업자등은 연계·제휴서비스등이 있는 경우 연계·제휴서비스등을 부당하게 축소하거나 변경하는 행위로서 시행령으로 정하는 행위를 하는 것이 금지됩니다(법 제20조 제1항 제5호 본문). 다만, 연계·제휴서비스등을 불가피하게 축소하거나 변경하더라도 금융소비자에게 그에 상응하는 다른 연계·제휴서비스등을 제공하는 경우와 금융상품판매업자등의 휴업·파산·경영상의 위기 등에 따른 불가피한 경우는 제외합니다(법 제20조 제1항 제5호 단서).

연계·제휴서비스의 의미에 대해 금융감독당국은 특정 금융상품과 **연계** 또는 **제휴**되어 계약체결시 **소비자**의 **의사결정**에 **영향**을 미칠 수 있는 부가적인 서비스 등을 의미하며, 연계·제휴서비스에 해당하는지 여부에 대해서는 해당 금융상품 가입시 설명(광고)내용, 제공되는 서비스가 필수적인지 여부, 금융상품의 주된 내용을 구성하는지 여부 등에 따라 달리 판단되어야 한다고 보고 있습니다.[25]

---

22) 신속처리시스템 회신, 금투210423-9.
23) 신속처리시스템 회신, 은행210402-11.
24) 신속처리시스템 회신, 여전210413-6.
25) 신속처리시스템 회신, 저축210914-33.

본 조항에 따라 금지되는 연계·제휴서비스등의 부당 축소·변경 행위의 구체적 유형으로는 (i) 연계·제휴서비스등을 축소·변경한다는 사실을 금융위원회가 정하여 고시하는 방법[26]에 따라 미리 알리지 않는 경우(시행령 제15조 제3항 제1호) 및 (ii) 연계·제휴서비스등을 정당한 이유 없이 금융소비자에게 불리하게 축소하거나 변경하는 경우(다만 연계·제휴서비스등이 3년 이상 제공된 후 그 연계·제휴서비스등으로 인해 해당 금융상품의 수익성이 현저히 낮아진 경우는 제외) 등이 있습니다(시행령 제15조 제3항 제2호).

본 조항과 관련하여 금융감독당국의 해석례는 아래와 같습니다.

[CASE1] '신용카드 결제실적에 따른 우대금리 제공'이 법 제20조 제1항 제5호의 연계·제휴서비스등에 해당하는지 여부

가계대출에 대한 우대금리 적용기준으로 자사 개설계좌를 결제계좌로 한 신용카드 이용실적을 적용한 경우(이하 "신용카드 결제실적 우대") 동 신용카드 결제실적 우대가 법 제20조 제1항 제5호상의 '연계·제휴서비스등'에 해당하는지 여부와 관련하여, 금융감독당국은 해당 조항에서 연계·제휴서비스를 규율하는 취지는, 금융상품판매업자 또는 금융상품자문업자가 계약을 체결한 금융상품·서비스에 부가하여 제공하기로 한 서비스로 인한 소비자 피해를 방지하는 데 있는데, 금리우대는 '대출'에 부가하여 제공되는 서비스가 아니라 해당 금융상품의 주된 계약내용(금리, 대출한도 등)에 해당하므로 신용카드 결제실적 우대는 법상 연계·제휴서비스로 보기 어렵다고 판단하였습니다.[27]

[CASE2] 은행의 수신 입출식 상품 서비스의 일종으로, 입금된 자금이 증권사 CMA계좌로 자동 입금되는 스윙(Swing)서비스가 법 제20조 제1항 제5호의 연계·제휴서비스등에 해당하는지 여부

금융감독당국은 본건 예금상품의 경우 입금된 금액이 자동입금서비스(스윙서비스)를 통해 증권사 CMA계좌로 자동 입금되는 특징을 가지고 있고, 스윙서비스 혜택을 누리기 위해 예금상품에 가입한 경우 해당 혜택을 부당하게 축소하면 소비자 피해가 발생될 우려가 있어 연계·제휴서비스에 해당된다고 판단하였습니다.[28] 아울러 스윙서비스로 인한 혜택 등이 실질적으로 해당 수시 입출식 상품의 금리를 결정하는 등 중요한 요소를 구성하는 경우에는 연계·제휴서비스가 아니라 해당 금융상품의 주된 계약내용에 해당할 수 있음을 유의해야한다고 하고 있습니다.

---

26) ① 서면 교부 ② 우편 또는 전자우편 ③ 전화 또는 팩스 ④ 휴대전화 문자메시지 또는 이에 준하는 전자적 의사표시 중 2개 이상의 수단으로 축소·변경하기 6개월 전부터 해당 금융소비자에게 매월 고지하여야 함을 말합니다(감독규정 제14조 제2항 본문). 다만, 휴업·파산, 경영상의 위기 또는 연계·제휴서비스등을 제공하는 자의 일방적인 연계·제휴서비스등 제공 중단 등 6개월 전부터 고지하기 어려운 불가피한 사유가 있는 경우에는 해당 상황이 발생하는 즉시 고지하여야 합니다(감독규정 제14조 제2항 단서).

27) 신속처리시스템 회신, 은행210503-71.

28) 신속처리시스템 회신, 은행210511-96.

금융감독당국은 배너광고 클릭을 통해 해당 저축은행의 애플리케이션으로 유입되어 대출을 신청한 고객 대상으로 신용관리 쿠폰을 지급하거나, 간편결제 플랫폼에서 해당 저축은행의 결제 계좌 신청 및 결제 계좌 연동 시 간편결제 플랫폼에서 사용되는 포인트를 제공하는 경우, 이는 금융소비자가 금융상품 계약신청시 일시적으로 제공되는 금전적 성격의 대가에 해당하므로 연계·제휴서비스에 해당되지 않는다는 입장입니다. 또한 특정 광고매체에서 유입되는 고객에게 신용대출 이용 시 금리 할인 혜택 제공 및 보통예금 계좌 이용 시 추가 금리 혜택을 제공하는 것은 금융상품직접 판매업자가 직접 제공하는 서비스이며, 금융소비자의 금융상품 신청경로에 따라 금융상품의 구조를 변경하는 것으로 연계·제휴 서비스로 보기는 어렵다는 입장입니다.[29)]

[CASE4] 제휴업체의 휴업·도산·경영위기가 법 제20조 제1항 제5호 단서의 "불가피한 사유"에 해당하는지 여부

과거 여신전문금융업법 및 하위 규정에는 부가서비스의 불가피한 변경이 가능한 사유로서 '카드사 및 제휴업체의 휴업·도산·경영위기'가 포함되어 있었으나,[30)] 현행 금융소비자보호법 및 하위규정은 제휴업체의 휴업·도산·경영위기에 대하여는 명시적으로 정하고 있지 않은 바, 제휴업체의 휴업·도산·경영위기에 따라 제휴·부가서비스를 축소·변경하는 경우에도 법에 위반되는지 문제될 수 있습니다. 이에 대해, 금융감독당국은 제휴업체가 휴업·도산·경영위기로 인해 일방적으로 연계·제휴서비스등을 축소·변경함에 따라 불가피하게 연계·제휴서비스등을 변경·축소한 경우로서 다른 제휴업체를 통해 동종의 유사한 연계·제휴서비스등의 제공이 전혀 불가능한 경우라면 법 제20조 제1항 제5호 단서에 따른 "불가피한 경우"에 포섭될 수 있다고 판단하였습니다.[31)]

9) 기타 불공정영업행위(제6호)

이 밖에 금지되는 불공정영업행위의 유형은 다음과 같습니다.

---

29) 신속처리시스템 회신, 저축210416-04.
30) **여신전문금융업감독규정 제25조(신용카드업자의 금지행위 세부유형)**
   ② 다음 각 호의 어느 하나에 해당하지 않는 부가서비스 변경(단, 소비자의 권익을 증진하거나 부담을 완화하는 경우는 제외한다)은 시행령 <별표 1의3> 제1호 마목에 따른 금지행위에 해당한다.
   1. 신용카드 이용시 제공되는 추가적인 혜택(이하 "부가서비스")과 관련된 제휴업체 또는 신용카드업자의 휴업·도산·경영위기, 천재지변, 금융환경의 급변, 또는 그 밖에 이에 준하는 사유에 따른 불가피한 변경.
31) 신속처리시스템 회신, 여전210525-36.

기타 불공정영업행위의 구체적 유형	근거 법령
금융소비자의 계약의 변경·해지 요구 또는 계약의 변경·해지에 대해 정당한 사유 없이 금전을 요구하거나 그 밖의 불이익을 부과하는 행위	시행령 제15조 제4항 **제3호 가목**
계약 또는 법령에 따른 금융소비자의 이자율·보험료 인하 요구에 대해 정당한 사유 없이 이를 거절하거나 그 처리를 지연하는 행위	시행령 제15조 제4항 **제3호 나목**
법 제17조 제2항에 따라 확인한 금융소비자의 정보를 이자율이나 대출한도 등에 정당한 사유 없이 반영하지 않는 행위	시행령 제15조 제4항 **제3호 다목**
금융상품직접판매업자가 계약이 최초로 이행된 날 전·후 각각 1개월 내에, (i) 중소기업협동조합법 제115조 제1항에 따른 공제상품, (ii) 중소기업인력법 제35조의6 제1항에 따른 공제상품, (iii) 상품권(권면금액(券面金額)에 상당하는 물품 또는 용역을 제공받을 수 있는 유가증권)32) 중 어느 하나의 상품에 관한 계약을 체결하는 행위33)	감독규정 제14조 제6항 **제1호**
금융상품판매업자가 보장성 상품(보험업법 시행령 별표 5 제1호에 따른 신용생명보험 제외)에 관한 계약 체결을 위해 금융소비자에 금융상품에 관한 계약 체결과 관련하여 이자율 우대 등 특혜를 제공하는 행위	감독규정 제14조 제6항 **제2호**
금융상품판매업자 또는 그 임원·직원이 업무와 관련하여 직접적·간접적으로 금융소비자 또는 이해관계자로부터 금전, 물품 또는 편익 등을 부당하게 요구하거나 제공받는 행위	감독규정 제14조 제6항 **제3호**
금융소비자가 계약 해지를 요구하는 경우에 계약 해지를 막기 위해 재산상 이익의 제공, 다른 금융상품으로의 대체 권유, 또는 해지 시 불이익에 대한 과장된 설명을 하는 행위	감독규정 제14조 제6항 **제5호**
금융소비자가 법 제46조 제1항에 따라 청약을 철회하였다는 이유로 금융상품에 관한 계약에 불이익을 부과하는 행위(단, 같은 금융상품직접판매업자에 같은 유형의 금융상품에 관한 계약에 대하여 1개월 내 2번 이상 청약의 철회의사를 표시한 경우는 제외)	감독규정 제14조 제6항 **제6호**

---

32) 여신전문금융업법에 따른 선불카드, 전자금융거래법에 따른 선불전자지급수단은 감독규정 제14조 제6항 제1호 다목에 따른 "상품권"에 해당합니다(신속처리시스템 회신, 은행210503-79).

33) 다만, (i) 또는 (ii)의 경우 금융소비자가 중소기업인 경우로서 금융소비자의 금융상품직접판매업자에 대한 월지급액이 금전제공계약에 따라 금융소비자가 제공받거나 받을 금액의 1%를 초과하는 경우로 한정됩니다(감독규정 제14조 제6항 제1호 단서).

기타 불공정영업행위의 구체적 유형	근거 법령
금융소비자가 금융상품에 관한 계약에 따라 예치한 금액을 돌려받으려 하는 경우에 그 금액을 정당한 사유 없이 지급하지 않는 행위	감독규정 제14조 제6항 **제7호**
금융소비자 또는 제3자로부터 담보 또는 보증을 취득하는 계약과 관련하여, (i) 해당 계약서에 그 담보 또는 보증의 대상이 되는 채무를 특정하지 않는 행위 또는 (ii) 해당 계약서상의 담보 또는 보증이 장래 다른 채무에도 적용된다는 내용으로 계약을 하는 행위	감독규정 제14조 제6항 **제8호**
대출에 관한 계약을 체결했던 금융소비자와 해당 기존 계약을 해지하고 그 계약과 사실상 동일한 신규 계약을 체결한 후에 기존 계약의 유지기간과 신규 계약의 유지기간을 합하여 3년이 넘었음에도 법 제20조 제1항 제4호 나목 1)에 해당한다는 이유로 금융소비자의 계약해지에 대해 중도상환수수료를 부과하는 행위 등 계약의 변경·해지를 이유로 금융소비자에 수수료 등 금전의 지급을 부당하게 요구하는 행위	감독규정 제14조 제6항 **제9호**[34]
근저당이 설정된 금전제공계약의 금융소비자가 채무를 모두 변제한 경우에 해당 담보를 제공한 자에게 근저당 설정을 유지할 것인지를 확인하지 않는 행위	감독규정 제14조 제6항 **제10호**
수표법에 따른 지급제시기간 내 같은 법에 따라 발행된 자기앞수표에 도난, 분실 등 사고가 발생했다는 신고가 접수되었음에도 불구하고 그 날부터 5영업일 이내에 신고를 한 자가 아닌 자기앞수표를 제시한 자에게 해당 금액을 지급하는 행위(다만, 해당 기간 내 신고한 자가 민법 제521조에 따른 공시최고의 절차를 신청하였다는 사실을 입증할 수 있는 서류를 제출하지 않은 경우는 제외)	감독규정 제14조 제6항 **제11호**

2. 위반 시 책임

가. 민사적 책임

1) 손해배상책임(법 제44조, 제45조)

금융상품판매업자등이 고의 또는 과실로 법 제20조를 위반하여 불공정영업행위를 함으로써 금융소비자에게 손해를 발생시킨 경우 이를 배상할 책임이 있습니다. 또한 금융상품직접판매업자는 금융상품판매대리·중개업자등에 대한 관리

---

34) 본 조항과 관련하여서는 본장 위 "1.나.6) 부당하게 중도상환수수료를 부과하는 행위" 참조.

책임이 있으므로, 금융상품판매대리·중개업자등이 대리·중개 업무를 할 때 금융소비자에게 손해를 발생시킨 경우에는 그 손해를 배상할 책임이 있습니다. 다만, 금융상품직접판매업자의 경우 금융상품판매대리·중개업자등의 선임과 그 업무 감독에 대하여 적절한 주의를 하였고 손해를 방지하기 위하여 노력한 경우에는 면책됩니다.

2) 위법계약해지권(법 제47조)[35]

금융상품판매업자등이 금융소비자와의 사이에서 금융상품에 관한 계약을 체결함에 있어, 법 제20조에서 금지되는 불공정영업행위를 하였다면, 해당 금융소비자는 이와 같은 위반사항을 안 날로부터 1년 이내의 기간 내에서 그 계약의 해지를 요구할 수 있습니다. 다만, 이 경우 해당 기간은 계약체결일로부터 5년 이내의 범위에 있어야 합니다.

나. 행정적 책임

1) 과징금(법 제57조 제1항)[36]

금융상품직접판매업자 또는 금융상품자문업자가 법 제20조 제1항 각 호의 불공정영업행위를 한 경우, 해당 금융상품직접판매업자 또는 금융상품자문업자가 그 위반행위와 관련된 계약으로 얻은 수입 또는 이에 준하는 금액의 100분의 50 이내에서 과징금이 부과될 수 있습니다.

그리고 금융상품직접판매업자가 금융상품계약체결등을 대리하거나 중개하게 한 금융상품판매대리·중개업자(법 또는 다른 금융 관련 법령에 따라 하나의 금융상품직접판매업자만을 대리하는 금융상품판매대리·중개업자로 한정) 또는 금융상품직접판매업자의 소속 임직원이 불공정영업행위를 한 경우에는 그 금융상품직접판매업자에 대하여 그 위반행위와 관련된 계약으로 얻은 수입등의 100분의 50 이내에서 과징금이 부과될 수 있습니다. 다만, 금융상품직접판매업자가 그 위반행

---

35) 구체적인 내용은 본서 제13장(금융소비자의 사후적 권익구제1 - 손해배상)을 참고하시기 바랍니다.
36) 구체적인 내용은 본서 제16장(감독 및 처분, 형사처벌 등)을 참고하시기 바랍니다.

위를 방지하기 위하여 해당 업무에 관하여 적절한 주의와 감독을 게을리하지 아니한 경우에는 그 금액을 감경하거나 면제할 수 있습니다(법 제57조 제2항).

2) 과태료(법 제69조 제1항)[37]

금융상품판매업자등이 법 제20조 제1항 각 호의 불공정영업행위를 한 경우 1억 원 이하의 과태료가 부과됩니다.

그리고 금융상품판매대리·중개업자가 금융상품계약체결등의 업무를 대리하거나 중개하게 한 금융상품판매대리·중개업자가 불공정영업행위를 한 경우에는 그 업무를 대리하거나 중개하게 한 금융상품판매대리·중개업자에게도 1억 원 이하의 과태료가 부과됩니다. 다만, 업무를 대리하거나 중개하게 한 금융상품판매대리·중개업자로서 그 위반행위를 방지하기 위하여 해당 업무에 관하여 적절한 주의와 감독을 게을리하지 아니한 자는 제외됩니다(법 제69조 제1항 제6호 나목).

3) 제재 조치(법 제51조~제53조)[38]

법 제20조를 위반한 금융상품판매업자등 또는 그 임직원은 금융위원회 또는 금융감독원으로부터 제재조치를 받을 수 있습니다.

---

37) 구체적인 내용은 본서 제16장(감독 및 처분, 형사처벌 등)을 참고하시기 바랍니다.
38) 구체적인 내용은 본서 제16장(감독 및 처분, 형사처벌 등)을 참고하시기 바랍니다.

제9장

6대 판매규제 - 부당권유행위의 금지

1. 부당권유행위 금지의 의의 및 주요 내용

제21조(부당권유행위 금지) 금융상품판매업자등은 계약 체결을 권유(금융상품자문업자가 자문에 응하는 것을 포함한다. 이하 이 조에서 같다)하는 경우에 다음 각 호의 어느 하나에 해당하는 행위를 해서는 아니 된다. 다만, 금융소비자 보호 및 건전한 거래질서를 해칠 우려가 없는 행위로서 대통령령으로 정하는 행위는 제외한다.

1. 불확실한 사항에 대하여 단정적 판단을 제공하거나 확실하다고 오인하게 할 소지가 있는 내용을 알리는 행위
2. 금융상품의 내용을 사실과 다르게 알리는 행위
3. 금융상품의 가치에 중대한 영향을 미치는 사항을 미리 알고 있으면서 금융소비자에게 알리지 아니하는 행위
4. 금융상품 내용의 일부에 대하여 비교대상 및 기준을 밝히지 아니하거나 객관적인 근거 없이 다른 금융상품과 비교하여 해당 금융상품이 우수하거나 유리하다고 알리는 행위
5. 보장성 상품의 경우 다음 각 목의 어느 하나에 해당하는 행위
   가. 금융소비자(이해관계인으로서 대통령령으로 정하는 자를 포함한다. 이하 이 호에서 같다)가 보장성 상품 계약의 중요한 사항을 금융상품직접판매업자에게 알리는 것을 방해하거나 알리지 아니할 것을 권유하는 행위
   나. 금융소비자가 보장성 상품 계약의 중요한 사항에 대하여 부실하게 금융상품직접판매업자에게 알릴 것을 권유하는 행위
6. 투자성 상품의 경우 다음 각 목의 어느 하나에 해당하는 행위
   가. 금융소비자로부터 계약의 체결권유를 해줄 것을 요청받지 아니하고 방문·전화 등 실시간 대화의 방법을 이용하는 행위
   나. 계약의 체결권유를 받은 금융소비자가 이를 거부하는 취지의 의사를 표시하였는데도 계약의 체결권유를 계속하는 행위
7. 그 밖에 금융소비자 보호 또는 건전한 거래질서를 해칠 우려가 있는 행위로서 대통령령으로 정하는 행위

가. 의 의

법은 금융상품판매업자등이 금융상품 계약 체결을 권유함에 있어 금융소비자가 오인할 우려가 있는 허위 사실 등을 알리는 행위를 금지하고 있습니다. 금융상품판매업자등의 올바른 계약체결 권유를 유도하고, 부당권유에 따른 금융소비자 피해를 방지하고자 함입니다.

부당권유행위는 법 제정 이전에 구 자본시장법[1] 제49조, 구 보험업법[2] 제97조 등 개별 금융업법에서 규율하고 있었는데, 법에서 이를 하나로 통합하여 법 제21조에서 규정하게 된 것입니다.

나. 주요 내용

1) 적용 범위

금융상품직접판매업자, 판매대리·중개업자 및 자문업자는 일반금융소비자 또는 전문금융소비자에 대하여, 금융상품 계약 체결 권유 및 금융상품 자문 응답을 함에 있어, 부당권유행위를 하는 것이 금지됩니다.

2) 금지되는 부당권유행위의 유형

법에서 금지되는 부당권유행위 구체적 유형은 다음 표의 기재와 같습니다.

---

[1] 구 자본시장법(2020. 3. 24. 법률 제17112호로 개정되기 전의 것, 이하 본장에서 같음)
[2] 구 보험업법(2020. 3. 24. 법률 제17112호로 개정되기 전의 것)

근거 법령	부당권유행위 구체적 유형
법 제21조 **제1호**[3]	불확실한 사항에 대하여 ① 단정적 판단을 제공거나, ② 확실하다고 오인하게 할 소지 있는 내용을 고지하는 행위[4]
법 제21조 **제2호**	금융상품의 내용을 사실과 다르게 고지하는 행위
법 제21조 **제3호**	금융상품의 가치에 중대한 영향을 미치는 사항을 미리 알고 있으면서 금융소비자에게 고지하지 않는 행위
법 제21조 **제4호**	금융상품 내용의 일부에 대해 비교대상 및 기준을 밝히지 않거나 객관적인 근거 없이 다른 금융상품과 비교하여 해당 금융상품이 우수·유리하다고 알리는 행위[5]

3) 법 제21조는 부당권유행위 금지의무의 부담 주체를 모든 금융상품판매업자로 정하고 있는데, 이는 구 자본시장법 제49조 제2호에서 금융투자업자에 대하여만 부과하던 부당권유행위 금지의무를 확장한 것입니다. 비록 구 자본시장법 제49조 제2호에 관한 판시 사항이지만, '불확실한 사항에 대하여 단정적 판단을 제공하거나 확실하다고 오인하게 할 소지가 있는 내용을 알리는 행위'의 판단기준과 관련하여 판례는 투자자의 합리적인 투자판단 또는 해당 금융투자상품의 가치에 영향을 미칠 수 있는 사항 중 객관적으로 진위가 분명히 판명될 수 없는 사항에 대하여 진위를 명확히 판단해 주거나 투자자에게 그 진위가 명확하다고 잘못 생각하게 할 가능성이 있는 내용을 알리는 행위를 말한다고 보고, 나아가 어떠한 행위가 단정적 판단 제공 등의 행위에 해당하는지는 통상의 주의력을 가진 평균적 투자자를 기준으로 금융투자업자가 사용한 표현은 물론 투자에 관련된 제반 상황을 종합적으로 고려하여 객관적·규범적으로 판단하여야 한다는 입장입니다(대법원 2018. 9. 28. 선고 2015다69853 판결).

4) 본 조항을 위반함에 합리적인 근거가 있었는지 또는 제공한 단정적 판단 등이 결과적으로 맞았는지 여부 등이 본 조항 위반죄 성립에 영향을 미칠 수 있는지와 관련하여, 구 자본시장법 제49조 제2호에 관한 판시 사항이긴 하지만, 판례는 "자본시장법 제49조 제2호의 문언 해석상 금융투자업자가 일단 불확실한 사항에 대하여 단정적 판단 제공 등의 행위를 한 이상 이로써 바로 위 조항 위반죄가 성립하고, 금융투자업자의 불확실한 사항에 대한 단정적 판단 제공 등에 어떠한 합리적인 근거가 있는지, 제공한 단정적 판단 등이 결과적으로 맞았는지, 상대방이 단정적 판단 제공 등을 신뢰하여 실제 투자를 하였는지, 투자로 인하여 실제로 손해가 발생하였는지 등은 위 조항 위반죄의 성립에 영향을 미치지 아니한다"고 보고 있습니다(대법원 2017. 12. 5. 선고 2014도14924 판결).

5) 금융감독당국은 금융상품판매대리·중개업자가 온라인플랫폼에서 여러 대출상품을 권유할 때 여러 대출상품 간의 조건 비교(금리·한도·중도상환수수료 무료 여부 등) 및 과거 대출상품 중개 이력 데이터 등을 기반으로 대출상품 선호도를 분석하여 선호도가 높을 것으로 예측되는 순서로 나열하여 고객에게 보여주는 경우, 동 분석기법이 온라인 대출모집법인의 등록요건 중 알고리즘 요건을 충족하고 있고 객관적인 데이터에 기반하는 경우에는 특별한 사정이 없는 한 법 제21조 제4호의 부당권유행위에 해당하지 않는다고 판단하였습니다(신

근거 법령		부당권유행위 구체적 유형
법 제21조 **제5호**	**가목**	금융소비자·피보험자가 보장성 상품 계약의 중요한 사항을 금융상품직접판매업자에게 알리는 것을 방해하거나 알리지 아니할 것을 권유하는 행위
	나목	금융소비자·피보험자가 보장성 상품 계약의 중요한 사항에 대하여 부실하게 금융상품직접판매업자에게 알릴 것을 권유하는 행위
법 제21조 **제6호**	**가목**	투자성 상품과 관련하여, 금융소비자로부터 계약 체결 권유의 요청이 없었음에도 방문·전화 등 실시간 대화의 방법을 이용하는 행위6)
	나목	투자성 상품과 관련하여, 금융소비자가 계약체결을 거부하였음에도 계약의 체결을 계속 권유하는 행위

속처리시스템 회신, 은행211102-141).

6) 2022. 7. 7. 금융위원회가 입법예고한 시행령 개정안에서는 "소비자의 구체적·적극적인 요청이 없는 불초청권유의 경우, 방문 전 소비자의 동의를 확보한 경우에만 예외적으로 허용하되, 이 경우에도 일반금융소비자에 대해서는 고위험 상품(고난도상품, 사모펀드, 장내 및 장외 파생상품)의 권유를 금지하도록 정하고 있습니다. 개정 방문판매법 시행('22. 12. 8.)에 따라 투자성 상품에 대한 과도한 불초청 방문판매 등이 증가하는 것을 방지하여 금융소비자의 평온한 사생활을 보장하고, 원하지 않는 계약 체결을 방지하는 등 소비자 피해 예방을 위함입니다(금융위원회, 시행령 조문별 개정 이유서).

> **시행령(안) 제16조(부당권유행위 금지)** ① 법 제21조 각 호 외의 부분 단서에서 "대통령령으로 정하는 행위"란 다음 각 호의 행위를 말한다.
>
> 1. **투자성 상품에 대한 법 제21조제6호 가목에 따른 행위로서 계약체결을 권유하기 전에 미리 다음 각 호의 사항을 안내하고 금융소비자가 계약체결의 권유를 받을 의사를 표시한 경우(「자본시장과 금융투자업에 관한 법률」에 따른 장외파생상품 및 제2조제1항제3호에 따른 연계투자, 일반금융소비자에게 계약체결을 권유하는 경우로서 「자본시장과 금융투자업에 관한 법률」에 따른 장내파생상품, 일반 사모 집합투자기구의 집합투자증권, 「자본시장과 금융투자업에 관한 법률 시행령」에 따른 고난도금융투자상품, 고난도투자일임계약, 고난도금전신탁계약은 제외한다.)**
>   가. 금융소비자의 연락정보 등 개인정보의 취득경로
>   나. 방문·전화 등 실시간 대화의 방법으로 권유하기 위한 것이라는 사실
>   다. 방문·전화 등을 하려는 방문판매자 등의 성명, 소속
>   라. 방문·전화 등으로 판매하려는 금융상품의 종류·내용
>   마. 방문·전화 등으로 권유하려는 시간·장소

근거 법령		부당권유행위 구체적 유형
법 제21조 **제7호** (기타 부당권유행위)	시행령 제16조 제3항 **제1호**	내부통제기준에 따른 직무수행 교육을 받지 않은 자로 하여금 계약체결 권유와 관련된 업무를 하게 하는 행위
	시행령 제16조 제3항 **제2호**	적합성 원칙(법 제17조 제2항)에 따라 파악한 일반금융소비자의 정보를 조작하여 권유하는 행위
	시행령 제16조 제3항 **제3호**	투자성 상품에 관한 계약의 체결을 권유하면서 일반금융소비자가 요청하지 않은 다른 대출성 상품을 안내하거나 관련 정보를 제공하는 행위
	시행령 제16조 제3항 **제4호**	금융상품에 대한 금융소비자의 합리적 판단을 저해하는 아래와 같은 행위 1. 투자성 상품의 가치에 중대한 영향을 미치는 사항을 알면서 그 사실을 금융소비자에 알리지 않고 그 금융상품의 매수 또는 매도를 권유하는 행위 (감독규정 제15조 제4항 제1호) 2. 자기 또는 제3자가 소유한 투자성 상품의 가치를 높이기 위해 금융소비자에게 해당 투자성 상품의 취득을 권유하는 행위(감독규정 제15조 제4항 제2호) 3. 금융소비자가 자본시장법 제174조(미공개중요정보 이용행위 금지), 제176조(시세조종행위 등의 금지) 또는 제178조(부정거래행위 등의 금지)에 위반되는 매매, 그 밖의 거래를 하고자 한다는 사실을 알고 그 매매, 그 밖의 거래를 권유하는 행위 (감독규정 제15조 제4항 제3호) 4. 금융소비자의 사전 동의 없이 신용카드를 사용하도록 유도하거나 다른 대출성 상품을 권유하는 행위(감독규정 제15조 제4항 제4호) 5. 법 제17조(적합성원칙)를 적용받지 않고 권유하기 위해 일반금융소비자로부터 계약 체결의 권유를 원하지 않는다는 의사를 서면 등으로 받는 행위(감독규정 제15조 제4항 제5호)

법에서 부당권유행위로 금지하는 행위유형은 대부분 구 자본시장법 제49
조7) 및 구 보험업법 제97조8)에서 금지하던 행위입니다.

부당권유행위 중 하나인 "내부통제기준에 따른 직무수행 교육을 받지 않은
자로 하여금 계약체결 권유와 관련된 업무를 하게 하는 행위(시행령 제16조 제3항
제1호)"는 '상품숙지의무'를 규정한 것입니다. 금융감독당국은 상품숙지의무 이
행 여부에 대한 판단은 금융회사가 개별 금융상품에 필요한 직무교육 사항을
내규로 정하여 이행했는지를 기준으로 판단하며, 개별 금융상품에 필요한 직무
교육 사항은 금융회사가 상품의 내용, 소비자보호 정책 등을 고려하여 자율적
으로 정할 사항이라는 입장입니다.9) 또한 상품숙지의무는 금융상품직접판매업

---

7) **구 자본시장법 제49조 (부당권유의 금지)** 금융투자업자는 투자권유를 함에 있어서 다음 각 호
의 어느 하나에 해당하는 행위를 하여서는 아니 된다.
　1. 거짓의 내용을 알리는 행위
　2. 불확실한 사항에 대하여 단정적 판단을 제공하거나 확실하다고 오인하게 할 소지가 있
　　는 내용을 알리는 행위
　3. 투자자로부터 투자권유의 요청을 받지 아니하고 방문·전화 등 실시간 대화의 방법을
　　이용하는 행위. 다만, 투자자 보호 및 건전한 거래질서를 해할 우려가 없는 행위로서 대통
　　령령으로 정하는 행위를 제외한다.
　4. 투자권유를 받은 투자자가 이를 거부하는 취지의 의사를 표시하였음에도 불구하고 투자권
　　유를 계속하는 행위. 다만, 투자자 보호 및 건전한 거래질서를 해할 우려가 없는 행위로서
　　대통령령으로 정하는 행위를 제외한다.
　5. 그 밖에 투자자 보호 또는 건전한 거래질서를 해할 우려가 있는 행위로서 대통령령으로
　　정하는 행위

8) **구 보험업법 제97조 (보험계약의 체결 또는 모집에 관한 금지행위)** ① 보험계약의 체결 또는 모
집에 종사하는 자는 그 체결 또는 모집에 관하여 다음 각 호의 어느 하나에 해당하는 행위
를 하여서는 아니 된다.
　1. 보험계약자나 피보험자에게 보험상품의 내용을 사실과 다르게 알리거나 그 내용의 중요한
　　사항을 알리지 아니하는 행위
　2. 보험계약자나 피보험자에게 보험상품의 내용의 일부에 대하여 비교의 대상 및 기준을 분
　　명하게 밝히지 아니하거나 객관적인 근거 없이 다른 보험상품과 비교하여 그 보험상품이
　　우수하거나 유리하다고 알리는 행위
　3. 보험계약자나 피보험자가 중요한 사항을 보험회사에 알리는 것을 방해하거나 알리지 아니
　　할 것을 권유하는 행위
　4. 보험계약자나 피보험자가 중요한 사항에 대하여 부실한 사항을 보험회사에 알릴 것을 권
　　유하는 행위
　5.~11. (생략)
9) 금융위원회·금융감독원 보도참고자료, "금융소비자보호법 관련 10문 10답", 2021. 3. 25.,
　4쪽.

자 뿐만 아니라 판매대리·중개업자에도 적용되며, 상품숙지의무의 이행을 위한 내부통제기준은 각각 마련해야 하며(법 제16조 제2항), 금융상품직접판매업자는 내부통제기준 또는 위탁계약 등을 통해 판매대리·중개업자의 상품숙지의무 이행에 관한 사항을 관리하여야 합니다.[10]

2. 위반 시 책임

가. 민사적 책임

1) 손해배상책임(법 제44조, 제45조)

금융상품판매업자등이 고의 또는 과실로 법 제21조를 위반하여 부당권유행위를 함으로써 금융소비자에게 손해를 발생시킨 경우 이를 배상할 책임이 있습니다. 또한 금융상품직접판매업자는 금융상품판매대리·중개업자등에 대한 관리책임이 있으므로, 금융상품판매대리·중개업자등이 대리·중개 업무를 할 때 금융소비자에게 손해를 발생시킨 경우에는 그 손해를 배상할 책임이 있습니다. 다만, 금융상품직접판매업자의 경우 금융상품판매대리·중개업자등의 선임과 그 업무 감독에 대하여 적절한 주의를 하였고 손해를 방지하기 위하여 노력한 경우에는 면책됩니다.

2) 위법계약해지권(법 제47조)[11]

금융상품판매업자등이 금융소비자와의 사이에서 금융상품에 관한 계약을 체결함에 있어, 법 제21조에서 금지되는 부당권유행위를 하였다면, 해당 금융소비자는 이와 같은 위반사항을 안 날로부터 1년 이내의 기간 내에서 그 계약의 해지를 요구할 수 있습니다. 다만, 이 경우 해당 기간은 계약체결일로부터 5년 이내의 범위에 있어야 합니다.

---

10) 신속처리시스템 회신, 생보210507 – 19.
11) 구체적인 내용은 본서 제13장(금융소비자의 사후적 권익구제1 – 손해배상)을 참고하시기 바랍니다.

나. 행정적 책임

1) 과징금(법 제57조 제1항)[12]

금융상품직접판매업자 또는 금융상품자문업자가 법 제21조 각 호의 부당권유행위를 한 경우, 해당 금융상품직접판매업자 또는 금융상품자문업자가 그 위반행위와 관련된 계약으로 얻은 수입 또는 이에 준하는 금액의 100분의 50 이내에서 과징금이 부과될 수 있습니다.

그리고 금융상품직접판매업자가 금융상품계약체결등을 대리하거나 중개하게 한 금융상품판매대리·중개업자(법 또는 다른 금융 관련 법령에 따라 하나의 금융상품직접판매업자만을 대리하는 금융상품판매대리·중개업자로 한정) 또는 금융상품직접판매업자의 소속 임직원이 부당권유행위를 한 경우에는 금융상품직접판매업자에 대하여 그 위반행위와 관련된 계약으로 얻은 수입등의 100분의 50 이내에서 과징금이 부과될 수 있습니다. 다만, 금융상품직접판매업자가 그 위반행위를 방지하기 위하여 해당 업무에 관하여 적절한 주의와 감독을 게을리하지 아니한 경우에는 그 금액을 감경하거나 면제할 수 있습니다(법 제57조 제2항).

2) 과태료(법 제69조 제1항)[13]

금융상품판매업자등이 법 제21조 각 호의 부당권유행위를 한 경우 1억 원 이하의 과태료가 부과됩니다.

그리고 금융상품판매대리·중개업자가 금융상품계약체결등의 업무를 대리하거나 중개하게 한 금융상품판매대리·중개업자가 부당권유행위를 한 경우에는 그 업무를 대리하거나 중개하게 한 금융상품판매대리·중개업자에게도 1억 원 이하의 과태료가 부과됩니다. 다만, 업무를 대리하거나 중개하게 한 금융상품판매대리·중개업자로서 그 위반행위를 방지하기 위하여 해당 업무에 관하여 적절한 주의와 감독을 게을리하지 아니한 자는 제외됩니다(법 제69조 제1항 제6호 다목).

---

12) 구체적인 내용은 본서 제16장(감독 및 처분, 형사처벌 등)을 참고하시기 바랍니다.
13) 구체적인 내용은 본서 제16장(감독 및 처분, 형사처벌 등)을 참고하시기 바랍니다.

3) 제재 조치(법 제51조~제53조)[14]

법 제21조를 위반한 금융상품판매업자등 또는 그 임직원은 금융위원회 또는 금융감독원으로부터 제재조치를 받을 수 있습니다.

---

14) 구체적인 내용은 본서 제16장(감독 및 처분, 형사처벌 등)을 참고하시기 바랍니다.

제10장

6대 판매규제 - 광고규제

1. 광고규제의 의의 및 주요 내용

제22조(금융상품등에 관한 광고 관련 준수사항) ① 금융상품판매업자등이 아닌 자 및 투자성 상품에 관한 금융상품판매대리·중개업자 등 대통령령으로 정하는 금융상품판매업자등은 금융상품판매업자등의 업무에 관한 광고 또는 금융상품에 관한 광고(이하 "금융상품등에 관한 광고"라 한다)를 해서는 아니 된다. 다만, 다음 각 호의 어느 하나에 해당하는 기관(이하 "협회등"이라 한다), 그 밖에 금융상품판매업자등이 아닌 자로서 금융상품판매업자등을 자회사 또는 손자회사로 하는 금융지주회사 등 대통령령으로 정하는 자는 금융상품등에 관한 광고를 할 수 있다.

1. 「자본시장과 금융투자업에 관한 법률」 제283조에 따라 설립된 한국금융투자협회
2. 「보험업법」 제175조에 따라 설립된 보험협회 중 생명보험회사로 구성된 협회
3. 「보험업법」 제175조에 따라 설립된 보험협회 중 손해보험회사로 구성된 협회
4. 「상호저축은행법」 제25조에 따라 설립된 상호저축은행중앙회
5. 「여신전문금융업법」 제62조에 따라 설립된 여신전문금융업협회
6. 그 밖에 제1호부터 제5호까지의 기관에 준하는 기관으로서 대통령령으로 정하는 기관

② 금융상품판매업자등(제1항 단서에 해당하는 자를 포함한다. 이하 이 조에서 같다)이 금융상품등에 관한 광고를 하는 경우에는 금융소비자가 금융상품의 내용을 오해하지 아니하도록 명확하고 공정하게 전달하여야 한다.

③ 금융상품판매업자등이 하는 금융상품등에 관한 광고에는 다음 각 호의 내용이 포함되어야 한다. 다만, 제17조 제5항 본문에 따른 투자성 상품에 관한 광고에 대해서는 그러하지 아니하다.

1. 금융상품에 관한 계약을 체결하기 전에 금융상품 설명서 및 약관을 읽어 볼 것을 권유하는 내용
2. 금융상품판매업자등의 명칭, 금융상품의 내용
3. 다음 각 목의 구분에 따른 내용

    가. 보장성 상품의 경우: 기존에 체결했던 계약을 해지하고 다른 계약을 체결하는 경우에

는 계약체결의 거부 또는 보험료 등 금융소비자의 지급비용(이하 이 조에서 "보험료 등"이라 한다)이 인상되거나 보장내용이 변경될 수 있다는 사항

나. 투자성 상품의 경우

   1) 투자에 따른 위험

   2) 과거 운용실적을 포함하여 광고를 하는 경우에는 그 운용실적이 미래의 수익률을 보장하는 것이 아니라는 사항

다. 예금성 상품의 경우: 만기지급금 등을 예시하여 광고하는 경우에는 해당 예시된 지급금 등이 미래의 수익을 보장하는 것이 아니라는 사항(만기 시 지급금이 변동하는 예금성 상품으로서 대통령령으로 정하는 금융상품의 경우에 한정한다)

라. 대출성 상품의 경우: 대출조건

4. 그 밖에 금융소비자 보호를 위하여 대통령령으로 정하는 내용

④ 금융상품판매업자등이 금융상품등에 관한 광고를 하는 경우 다음 각 호의 구분에 따른 행위를 해서는 아니 된다.

1. 보장성 상품

가. 보장한도, 보장 제한 조건, 면책사항 또는 감액지급 사항 등을 빠뜨리거나 충분히 고지하지 아니하여 제한 없이 보장을 받을 수 있는 것으로 오인하게 하는 행위

  나. 보험금이 큰 특정 내용만을 강조하거나 고액 보장 사례 등을 소개하여 보장내용이 큰 것으로 오인하게 하는 행위

다. 보험료를 일(日) 단위로 표시하거나 보험료의 산출기준을 불충분하게 설명하는 등 보험료등이 저렴한 것으로 오인하게 하는 행위

라. 만기 시 자동갱신되는 보장성 상품의 경우 갱신 시 보험료등이 인상될 수 있음을 금융소비자가 인지할 수 있도록 충분히 고지하지 아니하는 행위

마. 금리 및 투자실적에 따라 만기환급금이 변동될 수 있는 보장성 상품의 경우 만기환급금이 보장성 상품의 만기일에 확정적으로 지급되는 것으로 오인하게 하는 행위 등 금융소비자 보호를 위하여 대통령령으로 정하는 행위

2. 투자성 상품

가. 손실보전(損失補塡) 또는 이익보장이 되는 것으로 오인하게 하는 행위. 다만, 금융소비자를 오인하게 할 우려가 없는 경우로서 대통령령으로 정하는 경우는 제외한다.

나. 대통령령으로 정하는 투자성 상품에 대하여 해당 투자성 상품의 특성을 고려하여 대통령령으로 정하는 사항 외의 사항을 광고에 사용하는 행위

다. 수익률이나 운용실적을 표시하는 경우 수익률이나 운용실적이 좋은 기간의 수익률이나 운용실적만을 표시하는 행위 등 금융소비자 보호를 위하여 대통령령으로 정하는 행위

3. 예금성 상품

가. 이자율의 범위·산정방법, 이자의 지급·부과 시기 및 부수적 혜택·비용을 명확히 표시하지 아니하여 금융소비자가 오인하게 하는 행위

나. 수익률이나 운용실적을 표시하는 경우 수익률이나 운용실적이 좋은 기간의 것만을 표시하는 행위 등 금융소비자 보호를 위하여 대통령령으로 정하는 행위

4. 대출성 상품

가. 대출이자율의 범위·산정방법, 대출이자의 지급·부과 시기 및 부수적 혜택·비용을 명확히 표시하지 아니하여 금융소비자가 오인하게 하는 행위

나. 대출이자를 일 단위로 표시하여 대출이자가 저렴한 것으로 오인하게 하는 행위 등 금융소비자 보호를 위하여 대통령령으로 정하는 행위

⑤ 금융상품등에 관한 광고를 할 때 「표시·광고의 공정화에 관한 법률」 제4조 제1항에 따른 표시·광고사항이 있는 경우에는 같은 법에서 정하는 바에 따른다.

⑥ 협회등은 금융상품판매업자등의 금융상품등에 관한 광고와 관련하여 대통령령으로 정하는 바에 따라 제1항부터 제4항까지의 광고 관련 기준을 준수하는지를 확인하고 그 결과에 대한 의견을 해당 금융상품판매업자등에게 통보할 수 있다.

⑦ 제2항부터 제4항까지의 규정과 관련된 구체적인 내용 및 광고의 방법과 절차는 대통령령으로 정한다.

가. 의 의

법 제22조는 금융상품 또는 금융상품판매업자 등의 업무에 관한 광고 시 광고가 가능한 주체, 필수 포함사항 및 금지행위 등을 규정하고 있습니다. 금융상품등의 광고 주체를 제한하고 광고 시 준수사항을 규정하여 허위·과장광고로부터 금융소비자를 보호하기 위한 것입니다.

법이 제정되기 전에 은행법, 보험업법, 자본시장법 등 개별 금융업법에 마련되어 있던 광고규제 관련 조항이 법 제22조로 통합되었습니다. 법 제정으로 인한 광고규제 변화는 다음과 같습니다.

■ 표 법 제정에 따른 광고규제 변화[1]

구 분		제정 전	제정 후
❶ 광고규제 적용대상			
규제 적용대상		개별 금융업법(신용협동조합법 제외) 적용대상	법 적용대상 (규제 적용을 받지 않던 신협, 대출모집인 등도 적용)
규제대상 광고	금융상품 광고	적 용	
	업무 광고	자본시장법만 적용	법 적용대상 모두 적용
❷ 광고 주체 및 절차			
광고 주체	직접판매업자	인허가·등록을 받은 자에 대해서는 제한없음	
	판매대리중개업자	인허가·등록을 받은 자에 대해서는 제한없음 (투자성 상품은 금지)	직접판매업자가 허용한 경우에 한해 가능 (투자성 상품은 금지)
	자문업자	인허가·등록을 받은 자에 대해서는 제한없음	
광고 절차	사업자 내부심의	개별 금융업법 적용대상 (신용협동조합법 제외)	법 적용대상 (규제 적용을 받지 않던 신협, 대출모집인 등도 적용)
	협회의 광고 사전심의	개별 금융업권 협회 수행 (은행연합회, 신협중앙회는 미설치)	은행연합회, 신협중앙회도 설치 예정
❸ 광고 내용 및 방법			
광고에 포함시켜야 할 사항		개별 금융업법에 규정	기존 개별 금융업법과 거의 동일
제외할 수 있는 사항		특별한 제한없이 협회에서 자율 운영 가능(보험업권은 가능범위를 규정에 열거)	협회에서 자율 운영할 수 있게 하되, 한계*를 규정 * 소비자의 합리적 의사결정이 저해되거나 건전한 시장질서가 훼손될 우려가 없을 것

---

1) 금융위원회·금융감독원, "금융광고규제 가이드라인", 2021. 6. 8., 1쪽.

구 분	제정 전	제정 후
광고의 방법 (글자 크기, 음성 등)	개별 금융업법 감독규정에서 상세 규정	포괄 규정
금지행위	개별 금융업법에 규정	기존 개별 금융업법과 거의 동일

나. 주요 내용

1) 적용 범위

금융상품판매업자등의 업무에 관한 광고 또는 금융상품에 관한 광고(이하 본서에서 "금융상품등에 관한 광고") 관련 준수사항은 금융상품직접판매업자, 일부 판매대리·중개업자, 자문업자, 협회 등이 일반금융소비자 및 전문금융소비자에게 금융상품 광고와 업무 광고를 하는 경우에 적용됩니다. 금융상품 광고는 금융상품의 내용, 거래조건, 그 밖의 거래에 관한 사항을 소비자에게 널리 알리거나 제시하는 광고를 의미하고, 업무 광고는 자문서비스에 관한 광고 및 금융거래 유인 관련 업무에 관한 광고(예: 금융상품 일반 가입 관련 이벤트 광고, 보험 관련 재무설계 서비스 광고 등)를 의미합니다.[2]

---

2) 법은 광고에 대한 정의규정을 따로 두고 있지 않습니다. 다만 법은 금융상품등에 광고를 할 때 표시광고법에 따른 표시·광고사항이 있는 경우에는 해당 법에서 정하는 바에 따르도록 하고 있고(법 제22조 제5항), 이를 고려하여 실무상 광고의 개념은 표시광고법상 광고의 정의 조항에 준하여 해석하는 것이 일반적입니다. 표시광고법상 광고의 정의는 아래와 같습니다.

> **표시광고법 제2조(정의)**
> 1. "표시"란 사업자 또는 사업자단체(이하 "사업자등"이라 한다)가 상품 또는 용역(이하 "상품등"이라 한다)에 관한 다음 각 목의 어느 하나에 해당하는 사항을 소비자에게 알리기 위하여 상품의 용기·포장(첨부물과 내용물을 포함한다), 사업장 등의 게시물 또는 상품권·회원권·분양권 등 상품등에 관한 권리를 나타내는 증서에 쓰거나 붙인 문자·도형과 상품의 특성을 나타내는 용기·포장을 말한다.
>   가. 자기 또는 다른 사업자등에 관한 사항
>   나. 자기 또는 다른 사업자등의 상품등의 내용, 거래 조건, 그 밖에 그 거래에 관한 사항
> 2. "광고"란 사업자등이 상품등에 관한 제1호 각 목의 어느 하나에 해당하는 사항을 「신문 등의 진흥에 관한 법률」 제2조 제1호 및 제2호에 따른 신문·인터넷신문, 「잡지 등 정기간행물의 진흥에 관한 법률」 제2조 제1호에 따른 정기간행물, 「방송법」 제2조 제1호에 따른 방송, 「전기통신기본법」 제2조 제1호에 따른 전기통신, 그 밖에 대통령령으로 정하는 방법으로 소비자에게 널리 알리거나 제시하는 것을 말한다.

통상적으로 광고는 불특정 다수의 소비자에게 사업자 또는 상품내용 등을 널리 알리거나 제시하는 행위로 해석되는데, 특정 소비자군을 대상으로 하는 경우에도 소비자가 그 광고를 상품 권유로 인지할 수 있는 정도인지에 따라 광고에 해당할 수도 있고 권유행위에 해당할 수도 있습니다.[3] 금융감독당국은 사실상 불특정 다수로 볼 수 있을 정도로 연령이나 특정 소득계층을 기준으로 포괄적으로 분류된 소비자군(예: 특정 연령, 소득을 기준으로 분류된 소비자군)에 대해 동일한 정보를 알리는 행위는 "광고"에 해당하나, 다양한 정보의 조합을 통해 소비자군을 세분화하여 사실상 특정 소비자에 맞춤형으로 상품정보를 제공한다고 볼 수 있는 경우에는 "권유"에 해당된다고 판단하고 있습니다.[4]

2) 광고의 주체

법 제22조 제1항은 금융상품판매업자등이 아닌 자가 광고를 하는 것을 엄격히 제한하고 있습니다. 금융상품광고 및 업무광고를 할 수 있는 자는 아래 표에 기재된 바와 같이 법령에 명시적으로 열거되어 있습니다.

■ 표 광고의 주체(법 제22조 제1항 각 호, 시행령 제17조)

광고의 주체	비 고
금융상품직접판매업자	– 업무광고 및 금융상품 광고
보장성·예금성·대출성 상품의 금융상품판매대리·중개업자	– 업무광고: 금융상품직접판매업자의 확인을 요하지 않음(시행령 제17조 제1항 제1호) – 금융상품 광고: 금융상품직접판매업자의 확인을 요함(시행령 제17조 제1항 제2호)[5]
금융상품자문업자	– 업무광고 및 금융상품 광고

---

3) 금융위원회·금융감독원, "금융광고규제 가이드라인", 2021. 6. 8., 2쪽.
4) 금융위원회·금융감독원, "금융소비자보호법 FAQ 답변(3차)", 2021. 4. 26., 4쪽.
5) 금융상품직접판매업자는 금융상품판매대리·중개업자의 금융상품에 관한 광고를 허용하기 전에 그 광고가 법령에 위배되는지를 확인하여야 합니다(감독규정 제16조).

광고의 주체	비 고
협회 등	- 자본시장법 제283조에 따라 설립된 한국금융투자협회(법 제22조 제1항 제1호) - 보험업법 제175조에 따라 설립된 보험협회 중 생명보험회사로 구성된 협회(법 제22조 제1항 제2호) - 보험업법 제175조에 따라 설립된 보험협회 중 손해보험회사로 구성된 협회(법 제22조 제1항 제3호) - 상호저축은행법 제25조에 따라 설립된 상호저축은행중앙회(법 제22조 제1항 제4호) - 여신전문금융업법 제62조에 따라 설립된 여신전문금융업협회(법 제22조 제1항 제5호) - 대부업법 제18조의2에 따라 설립된 대부업 및 대부중개업협회(법 제22조 제1항 제6호, 시행령 제17조 제3항 제1호) - 민법 제32조에 따라 설립된 전국은행연합회(법 제22조 제1항 제6호, 시행령 제17조 제3항 제2호) - 신용협동조합법에 따른 신용협동조합중앙회(법 제22조 제1항 제6호, 시행령 제17조 제3항 제3호) - 온라인투자연계금융업법 제37조에 따라 설립된 온라인투자연계금융협회(법 제22조 제1항 제6호, 시행령 제17조 제3항 제4호, 감독규정 제16조 제2항)
금융상품판매업자등이 아닌 자로서 금융상품판매업자 등을 자회사·손자회사로 하는 금융지주회사등	- 금융상품판매업자등을 자회사 또는 손자회사로 하는 금융지주회사(법 제22조 제1항 단서, 시행령 제17조 제2항 제1호) - 자본시장법에 따른 증권의 발행인 또는 매출인(해당 증권에 관한 광고를 하는 경우로 한정)(법 제22조 제1항 단서, 시행령 제17조 제2항 제2호) - 주택도시기금법에 따른 주택도시보증공사(법 제22조 제1항 단서, 시행령 제17조 제2항 제3호) - 한국주택금융공사법에 따른 한국주택금융공사(법 제22조 제1항 단서, 시행령 제17조 제2항 제4호) - 집합투자업자(법 제22조 제1항 단서, 시행령 제17조 제2항 제5호) - 그 밖에 금융상품판매업자등을 자회사 또는 손자회사로 하는 금융지주회사, 증권 발행인 또는 매출인, 주택도시보증공사, 한국주택금융공사, 집합투자업자에 준하는 자로서 금융위원회가 고시하는 자(법 제22조 제1항 단서, 시행령 제17조 제2항 제6호)

법상 금융상품판매업자등이 아닌 자가 광고를 하는 것은 금지되므로, 온라인 포털, 핀테크 업체가 광고매체로서 금융상품판매업자등의 광고를 단순히 전달(광고 대행)하는 것을 넘어 판매과정에 적극 개입하고자 하는 경우에는 금융상품판매업자로 등록을 해야 합니다. 참고로 금융감독당국은 광고를 하는 업체가 광고 대상 금융상품의 판매실적에 따라 대가를 받는 경우 해당 업체가 광고주체에 해당하는지와 관련하여, 광고대가 지급방식 외에도 해당 업체가 광고내용에 관여하는 정도, 광고행위 주체에 대한 소비자 오인가능성 등을 개별적·구체적으로 검토하여 광고주체인지 또는 광고매체인지를 판단하여야 한다는 입장입니다.[6]

3) 필수 포함사항

금융상품판매업자등이 금융상품등에 관한 광고를 하는 경우에는 금융소비자가 금융상품의 내용을 오해하지 아니하도록 명확하고 공정하게 전달하여야 합니다(법 제22조 제2항). 또한 금융상품등에 관한 광고에는 다음의 내용이 포함되어야 합니다(법 제22조 제3항).[7]

---

6) 금융감독당국은 광고주체 해당 여부에 대한 판단 시 "사이버몰 운영자가 입점업체의 광고행위에 대해 입점업체와 공동으로 또는 입점업체와 독립하여 행정적 책임을 지는지 여부는 사이버몰 운영자와 입점업체 간 거래약정 내용, 사이버몰 이용약관 내용, 문제된 광고에 관하여 사이버몰 운영자와 입점업체가 수행한 역할과 관여정도, 광고행위 주체에 대한 소비자 오인가능성, 광고 내용 등을 종합하여 구체적·개별적으로 판단해야 한다"는 대법원 판결을 고려하고 있습니다(대법원 2005. 12. 22. 선고 2003두8296 판결).

7) 다만, 광고의 목적, 광고매체의 특성, 광고시간의 제약 등을 감안하여 일부 내용을 제외할 수 있습니다(시행령 제18조 제4항). 다만, 다음 각 기준을 준수하여야 합니다. 보장성 상품의 경우, ① 금융상품의 편익, 금융상품에 적합한 금융소비자의 특성 또는 가입요건, 금융상품의 특성, 판매채널의 특징 및 상담 연락처 전부 또는 일부를 개괄적으로 알려야 하며, ② 영상 또는 음성을 활용하는 광고인 경우 광고 시간이 2분 이내여야 합니다. 그 밖의 금융상품에 관한 광고인 경우, 일부 내용이 제외됨으로 인해 금융소비자의 합리적 의사결정이 저해되거나 건전한 시장질서가 훼손될 우려가 없어야 합니다(감독규정 제17조 제3항).
광고에 표기되지 않아 소비자 피해가 자주 발생하는 사항, 광고에 표기하지 않을 경우 소비자가 거래 의사결정에 중요한 사항의 중대한 결함 등을 명확히 알지 못하게 되거나 소비자의 재산에 위해를 끼칠 가능성이 있는 사항은 특별한 사유가 없는 한 반드시 기재할 필요가 있습니다(금융위원회·금융감독원, "금융광고규제 가이드라인", 2021. 6. 8., 13쪽).

■ 표 공통적 필수 포함사항

근거규정	필수 포함사항
법[8]	– 계약 체결 전 설명서 및 약관을 읽어볼 것을 권유하는 내용 – 금융상품판매업자등의 명칭

시행령[9]	– 금융상품의 내용
	  • 금융상품의 명칭
	  • 이자율[10]
	  • 수수료
	– 법 제19조 제1항에 따른 설명을 받을 수 있는 권리
	– 법령 및 내부통제기준에 따른 광고 관련 절차의 준수에 관한 사항[11]
	– 예금자보호법 등 다른 법률에 따른 금융소비자의 보호 내용(대출성 상품은 제외)
	– 금융상품판매대리·중개업자의 법 제26조 제1항 제1호부터 제3호까지의 규정에 따른 고지의무에 관한 사항[12]
	– 금융상품자문업자의 법 제27조 제3항 제1호부터 제4호까지의 규정에 따른 고지의무에 관한 사항[13]

---

8) 법 제22조 제3항 제1호~제2호.

9) 시행령 제18조 제1항 제1호 가목~다목 및 제3항.

10) 대부업법 제9조 제1항에 따른 대부이자율 및 연체이자율을 포함합니다.

11) 금융상품판매대리·중개업자는 금융상품에 대한 광고를 할 경우 해당 금융상품의 직접판매 업자로부터 확인을 받아야 하므로(시행령 제17조 제1항 제2호), 광고에 직접판매업자의 확인을 받았다는 표시를 하여야 합니다(금융위원회·금융감독원, "금융광고규제 가이드라인", 2021. 6. 8., 7쪽). 또한 금융상품판매업자등은 광고에 대해 법령에 따라 내부심의나 협회심의를 받은 경우에는 해당 절차를 거쳤다는 사실을 광고에 표기하여야 합니다. 구체적인 표기 방식에 대해 법령에서 별도로 정하고 있는 바가 없으므로, 규제취지를 벗어나지 않는 범위 내에서 소비자가 이해하기 쉽게 해당 사실을 표기하면 됩니다(금융위원회·금융감독원, "금융광고규제 가이드라인", 2021. 6. 8., 11쪽).

12) 금융상품판매대리·중개업자가 대리·중개하는 금융상품직접판매업자의 명칭 및 업무 내용, 하나의 금융상품직접판매업자만을 대리하거나 중개하는 금융상품판매대리·중개업자인지 여부, 금융상품직접판매업자로부터 금융상품 계약체결권을 부여받지 아니한 금융상품판매대리·중개업자의 경우 자신이 금융상품계약을 체결할 권한이 없다는 사실.

13) 법 제12조 제2항 제6호 각 목의 요건을 갖춘 자(독립금융상품자문업자)인지 여부, 금융상품 판매업자로부터 자문과 관련한 재산상 이익을 제공받는 경우 그 재산상 이익의 종류 및 규모(다만, 경미한 재산상 이익으로서 시행령으로 정하는 경우는 제외), 금융상품판매업을 겸영하는 경우 자신과 금융상품계약체결등 업무의 위탁관계에 있는 금융상품판매업자의 명칭 및 위탁 내용, 자문업무를 제공하는 금융상품의 범위.

근거규정	필수 포함사항
감독규정[14]	– 광고의 유효기간이 있는 경우 해당 유효기간 – 통계수치나 도표 등을 인용하는 경우 해당 자료의 출처 – 연계·제휴서비스 등 부수되는 서비스를 받기 위해 충족해야 할 요건(연계·제휴서비스 등 부수되는 서비스를 광고하는 경우에만 해당한다) – 금융상품판매대리·중개업자의 경우 – 법 제26조 제1항 제1호부터 제3호까지의 사항 – 법 제2조 제3호에 따른 금융관계법률에 따라 등록되어 있다는 사실 – 금융상품자문업자의 경우 – 법 제27조 제3항 제1호부터 제4호까지의 사항

■ 표 금융상품별 필수 포함사항

상품구분	근거규정	필수 포함사항
보장성 상품	법[15]	– 기존에 체결했던 계약을 해지하고 다른 계약을 체결하는 경우에는 계약체결의 거부 또는 보험료 등 금융소비자의 지급비용이 인상되거나 보장내용이 변경될 수 있다는 사항

	감독규정[16]	– 보험금 지급제한 사유
		– 이자율의 범위 및 산출기준[17] 등
		– 보험료 중 일부를 금융투자상품을 취득·처분하는데 사용하거나 그 밖의 방법으로 운용한 결과에 따라 보험금 또는 해약환급금에 손실이 발생할 수 있다는 사실(시행령 제11조 제1항 제1호 각 목의 금융상품만 해당한다)
		– 보험료·보험금에 관한 다음의 사항(보험료·보험금 각각의 예시를 광고에 포함하는 경우만 해당한다)
		  • 주된 위험보장사항·부수적인 위험보장사항 및 각각의 보험료·보험금 예시
		  • 특정 시점(계약체결 후 1년, 3년 및 5년을 말한다)에 해약을 하거나 만기에 이른 경우의 환급금 예시 및 산출근거
		  • 해약환급금이 이미 납부한 보험료보다 적거나 없을 수 있다는 사실

---

14) 감독규정 제17조 제2항 및 별표5.

15) 법 제22조 제3항 제3호 가목.

16) 감독규정 제17조 제1항 제1호, 제2항 및 별표5.

17) 피보험자가 생존 시 금융상품직접판매업자가 지급하는 보험금의 합계액이 일반금융소비자가 이미 납입한 보험료를 초과하는 보장성 상품으로서 일반금융소비자가 적용받을 수 있는 이자율이 고정되는 계약에 한정합니다.

상품구분	근거규정	필수 포함사항
투자성 상품	법18)	– 과거 운용실적을 포함하여 광고를 하는 경우에는 그 운용실적이 미래의 수익률을 보장하는 것이 아니라는 사항
	시행령19)	– 투자에 따른 위험 • 원금 손실 발생 가능성 • 원금 손실에 대한 소비자의 책임
	감독규정20)	– 연계투자계약의 내용(온라인투자연계금융업법 제19조 제4항에 따른 연계투자 상품의 내용) – 이자·수익의 지급시기 및 지급제한 사유 – 연계투자를 제외한 투자성 상품의 경우21) • 수수료 부과기준 및 절차 • 손실이 발생할 수 있는 상황(최대 손실이 발생할 수 있는 상황을 포함한다) 및 그에 따른 손실 추정액. 이 경우, 객관적·합리적인 근거를 포함해야 한다. • 다른 기관·단체로부터 수상, 선정, 인증, 특허 등(이하 이 호에서 "수상등"이라 한다)을 받은 내용을 표기하는 경우 그 기관·단체의 명칭, 수상등의 시기 및 내용 • 과거의 재무상태 또는 영업실적을 표기하는 경우 투자광고 시점(또는 기간) 및 미래에는 이와 다를 수 있다는 내용 • 최소비용을 표기하는 경우 그 최대비용과 최대수익을 표기하는 경우 그 최소수익 • 세제(稅制) 변경 등 새로운 제도가 시행되기 전에 그 제도와 관련된 금융상품을 광고하는 경우에는 그 제도의 시행 시점 및 금융소비자가 알아야 할 제도 관련 중요사항 – 연계투자의 경우 • 온라인투자연계금융업법 제19조 제4항에 따른 연계투자에 따른 위험
예금성 상품	법22)	– 만기지급금 등을 예시하여 광고하는 경우에는 해당 예시된 지급금 등이 미래의 수익을 보장하는 것이 아니라는 사항23)
	감독규정24)	– 이자율·수익률 각각의 범위 및 산출기준 – 이자·수익의 지급시기 및 지급제한 사유

---

18) 법 제22조 제3항 제3호 나목 2).

19) 시행령 제18조 제1항 제2호.

20) 감독규정 제17조 제1항 제2호, 제2항 및 별표5.

21) 투자성 상품 관련 업무광고의 경우, '수수료 부과기준 및 절차'만 해당합니다.

22) 법 제22조 제3항 제3호 다목.

23) 만기 시 지급금이 변동하는 예금성 상품으로서 기초자산의 가치에 따라 수익이 변동하는 예금성 상품에 한정합니다.

24) 감독규정 제17조 제1항 제3호.

상품구분	근거규정	필수 포함사항
대출성 상품	시행령[25]	– 대출조건 • 갖춰야 할 신용 수준에 관한 사항[26] • 원리금 상환방법
	감독규정[27]	– 신용카드의 경우 • 연회비 • 연체율 – 시설대여·연불판매·할부금융의 경우 • 연체율 • 수수료 • 금융소비자가 계약기간 중 금전·재화를 상환하는 경우 적용받는 조건 – 그 밖의 대출성 상품의 경우 • 이자율(연체이자율 포함)의 범위 및 산출기준[28] • 이자 부과시기 • 금융소비자가 계약기간 중 금전·재화를 상환하는 경우 적용받는 조건 – 아래의 사항 및 관련 경고문구 • 상환능력에 비해 대출금, 신용카드 사용액이 과도할 경우 개인신용평점이 하락할 수 있다는 사실 • 개인신용평점 하락으로 금융거래와 관련된 불이익이 발생할 수 있다는 사실 • 일정 기간 납부해야할 원리금이 연체될 경우에 계약만료 기한이 도래하기 전에 모든 원리금을 변제해야할 의무가 발생할 수 있다는 사실

법 제6조는 "금융소비자 보호에 관하여 다른 법률에서 특별히 정한 경우를 제외하고는 이 법에서 정하는 바에 따른다"고 명시하고 있고, 법 제22조 제5항은 "금융상품등에 관한 광고를 할 때 표시광고법 제4조 제1항에 따른 표시·광

---

25) 시행령 제18조 제1항 제3호.

26) 대출조건인 '갖춰야 할 신용 수준에 관한 사항'은 개인신용평점 등 소비자가 대출성 상품 거래가능 여부를 판단하는데 필요한 기준을 제시해야 한다는 것으로, '내부 심사에 따라 대출 가능여부가 달라진다'는 표기는 대출성 상품 거래가능 여부를 판단하는 기준으로 부적합하므로 광고에 포함되어야 하는 '대출조건'의 구체적 내용에 해당하지 않는다는 것이 금융감독당국의 해석입니다(금융위원회·금융감독원, "금융광고규제 가이드라인", 2021. 6. 8., 16쪽).

27) 감독규정 제17조 제1항 제4호, 제2항 및 별표5.

28) '이자율의 범위 및 산출기준'은 소비자가 대출상품의 핵심 거래조건인 이자율에 대해 오인하지 않도록 하기 위해 대출상품 광고시 필수 포함사항으로 규정된 것으로, '변동금리', '금리변동 가능'과 같은 표현으로 기재하면 안된다는 것이 금융감독당국의 해석입니다(금융위원회·금융감독원, "금융광고규제 가이드라인", 2021. 6. 8., 16쪽).

고사항이 있는 경우에는 같은 법에서 정하는 바에 따른다"고 명시하고 있습니다. 따라서 금융상품등에 관한 광고를 할 때에는 표시광고법, 방송법, 대부업법 등 다른 법령에 위배되는 사항이 있는지도 꼼꼼히 확인할 필요가 있습니다. 특히 유튜브, 블로그 등 온라인 매체를 통한 광고 시 공정거래위원회에서 개정한 「추천・보증 등에 관한 표시・광고 심사지침」을 준수하여야 합니다.[29]

법에서 광고 내용에 포함시키도록 열거하고 있는 사항은 광고의 목적, 광고 매체의 특성 등을 감안하여 규제취지를 형해화하지 않는 범위 내에서 탄력적으로 운영할 수 있습니다. 예컨대 온라인 배너・팝업광고는 광고면적이 협소한 점을 감안하여 광고 내용을 연결되는 웹페이지에 나누어 게시하는 것도 가능합니다. 그러나 필수 포함사항 중 법 제22조 제3항 제1호부터 제3호까지의 사항[30]은 광고에서 제외할 수 없다는 점을 유의할 필요가 있습니다.[31]

4) 광고의 방법 및 절차

(광고 방법) 금융상품판매업자등이 금융상품등에 관한 광고를 하는 경우, 금융소비자가 광고의 내용을 쉽게 이해할 수 있도록 하여야 합니다. 광고 글자의 색깔・크기 또는 음성의 속도・크기 등은 해당 금융상품으로 인해 금융소비자가 받을 수 있는 혜택과 불이익을 균형 있게 전달할 수 있어야 합니다(시행령 제19조 제1항, 감독규정 제18조).

(광고 절차) 금융상품판매업자등은 광고 시 내부 심의를 반드시 거쳐야 하며, 경우에 따라 협회 등의 사전협의도 거쳐야 합니다. 내부심의는 준법감시인이 하는 것을 원칙으로 하되, 준법감시인이 없는 경우 감사가 수행합니다(시행령 제19조 제2항). 준법감시인, 상임감사가 모두 없는 경우 금융소비자 총괄기관 책임자 또는 대표이사가 광고심의를 수행할 수 있습니다.[32]

---

29) 금융위원회・금융감독원, "금융광고규제 가이드라인", 2021. 6. 8., 12쪽.

30) 필수 포함사항 중 법 제22조 제3항 제1호부터 제3호까지의 사항 관련 구체적인 내용은 본 장 [표] 필수 포함사항(법 제22조 제3항 각 호, 시행령 제18조, 감독규정 제17조)을 참고하시기 바랍니다.

31) 금융위원회・금융감독원, "금융광고규제 가이드라인", 2021. 6. 8., 12쪽.

32) 금융위원회・금융감독원, "금융광고규제 가이드라인", 2021. 6. 8., 11쪽.

(협회의 광고 확인) 법 제22조 제1항 각 호의 금융업권 협회는 소속 회원사인 금융상품판매업자등(금융상품판매업자와 위탁계약을 체결한 금융상품판매대리·중개업자 포함)을 대상으로 보통의 주의력을 가진 일반적인 금융소비자의 관점에서 법 제 22조 제1항부터 제4항까지의 광고 관련 기준이 지켜졌는지를 확인하고, 그 결과에 대한 의견을 해당 금융상품판매업자에게 통보할 수 있으며, 금융상품판매업자의 법 위반사실이 있는 때에는 그 사실을 금융위원회에 알릴 수 있습니다(법 제22조 제6항, 시행령 제21조, 감독규정 제20조 제2항). 협회는 광고심의 대상을 선정할 때 금융상품의 특성 및 민원빈도, 광고매체의 파급효과 등을 종합적으로 고려하여야 하며, 광고심의를 하는 경우 일정한 절차를 준수하여야 합니다. 구체적으로, ① 광고가 이루어지기 전에 확인하여야 하고(단, 광고가 생방송으로 이루어지는 경우에는 달리 정할 수 있음), ② 광고심의가 종료된 후에 그 결과를 지체 없이 해당 금융상품판매업자(금융상품판매대리·중개업자가 하나의 금융상품직접판매업자가 취급하는 금융상품에 관한 계약의 체결만 대리·중개하는 것을 영업으로 하는 경우에는 해당 금융상품직접판매업자를 말함)에 통보하여야 하며, ③ 광고심의 결과에 대한 이의신청 절차를 마련하여야 합니다. 또한 협회는 그 밖에 광고심의에 관한 기준 및 절차를 자율적으로 정할 수 있습니다(시행령 제21조 제4항, 감독규정 제20조 제2항~제4항).

5) 금지행위

금융상품판매업자등이 금융상품등에 관한 광고를 하는 경우 금융상품 유형별로 다음 각 행위를 해서는 아니 됩니다(법 제22조 제4항, 시행령 제20조, 감독규정 제19조).

■ 표 보장성 상품에 관한 광고를 하는 경우 금지행위

근거법령	금지행위
법 제22조 제4항 제1호	- 보장한도, 보장 제한 조건, 면책사항 또는 감액지급 사항 등을 빠뜨리거나 충분히 고지하지 아니하여 제한 없이 보장을 받을 수 있는 것으로 오인하게 하는 행위 - 보험금이 큰 특정 내용만을 강조하거나 고액 보장 사례 등을 소개하여 보장 내용이 큰 것으로 오인하게 하는 행위

근거법령	금지행위
	– 보험료를 일 단위로 표시하거나 보험료의 산출기준을 불충분하게 설명하는 등 보험료 등이 저렴한 것으로 오인하게 하는 행위 – 만기 시 자동갱신되는 보장성 상품의 경우 갱신 시 보험료 등이 인상될 수 있음을 금융소비자가 인지할 수 있도록 충분히 고지하지 아니하는 행위
시행령 제20조 제1항	– 이자율 및 투자실적에 따라 만기환급금이 변동될 수 있는 보장성 상품의 경우 만기환급금이 보장성 상품의 만기일에 확정적으로 지급되는 것으로 오인하게 하는 행위 – 보험료를 일 단위로 표시하는 등 금융소비자의 경제적 부담이 작아 보이도록 하거나 계약체결에 따른 이익을 크게 인지하도록 하여 금융상품을 오인하게끔 표현하는 행위 – 비교대상 및 기준을 분명하게 밝히지 않거나 객관적인 근거 없이 다른 금융상품 등과 비교하는 행위 – 불확실한 사항에 대해 단정적 판단을 제공하거나 확실하다고 오인하게 할 소지가 있는 내용을 알리는 행위 – 계약 체결 여부나 금융소비자의 권리·의무에 중대한 영향을 미치는 사항을 사실과 다르게 알리거나 분명하지 않게 표현하는 행위
감독규정 제19조 제1항	– 금융소비자에 따라 달라질 수 있는 거래조건을 누구에게나 적용될 수 있는 것처럼 오인하게 만드는 행위 – 보험금 지급사유나 지급시점이 다름에도 불구하고 각각의 보험금이 한꺼번에 지급되는 것처럼 오인하게 만드는 행위 – 금융상품에 관한 광고에 연계하여 보험업법 시행령 제46조에서 정한 금액[33]을 초과하는 금품을 금융소비자에 제공하는 행위 – 감독규정 제17조 제3항 제1호[34]의 기준을 충족하는 광고와 관련하여, 광고 시 ① 보장성 상품의 가격, 보장내용 및 만기에 지급받는 환급금의 특징, ② 위 ①의 이행조건을 안내하는 방법(음성 또는 자막 등을 말한다)이 동일하지 않게 하는 행위 – 감독규정 제17조 제3항 제1호의 기준을 충족하는 광고와 관련하여, 광고 시 금융상품의 주요 특징을 유사한 단어로 3회 이상 연속 또는 반복하여 음성으로 안내하는 행위 – 광고에서 금융상품과 관련하여 해당 광고매체 또는 금융상품판매대리·중개업자의 상호를 부각시키는 등 금융소비자가 금융상품직접판매업자를 올바르게 인지하는 것을 방해하는 행위

---

33) 보험계약 체결 시부터 최초 1년간 납입되는 보험료의 100분의 10과 3만 원 중 적은 금액.
34) 감독규정 제17조 제3항 제1호에 의하면, 보장성 상품에 관한 광고는 아래 각 목의 기준을 충족하여야 합니다.
   가. 다음의 사항 전부 또는 일부만을 개괄적으로 알릴 것
     1) 금융상품의 편익
     2) 금융상품에 적합한 금융소비자의 특성 또는 가입요건

■ 표 투자성 상품에 관한 광고를 하는 경우 금지행위

근거법령	금지행위
법 제22조 제4항 제2호	- 손실보전 또는 이익보장이 되는 것으로 오인하게 하는 행위[35] - 집합투자증권에 대하여 법령에서 정한 사항(① 집합투자증권을 발행한 자의 명칭, 소재지 및 연락처, ② 집합투자증권을 발행한 자의 조직 및 집합투자재산 운용 인력, ③ 집합투자재산 운용 실적, ④ 집합투자증권의 환매, ⑤ 설명의무 대상 사항,[36] ⑥ 집합투자재산은 신탁업자의 고유재산과 분리하여 안전하게 보관·관리된다는 사실, ⑦ 준법감시인 및 감사인이 집합투자재산이 적법하게 운용되는지를 감시한다는 사실, ⑧ 집합투자기구의 투자목적에 적합한 금융소비자에 관한 사항, ⑨ 집합투자기구의 수익구조, ⑩ 집합투자기구평가회사 등의 평가결과, ⑪ 일반적인 경제상황에 대한 정보, ⑫ 투자금의 한도 및 적립방법, ⑬ 비교하는 방식의 광고를 하는 경우 그 비교의 대상이 되는 다른 집합투자업자 및 집합투자기구의 유형, 운용기간, 운용실적 및 그 밖에 비교의 기준일자 등에 관한 사항, ⑭ 광고의 특성상 필요한 표제·부제) 외의 사항을 광고에 사용하는 행위
시행령 제20조 제4항	- 금융소비자의 경제적 부담이 작아 보이도록 하거나 계약체결에 따른 이익을 크게 인지하도록 하여 금융상품을 오인하게끔 표현하는 행위 - 비교대상 및 기준을 분명하게 밝히지 않거나 객관적인 근거 없이 다른 금융상품 등과 비교하는 행위 - 불확실한 사항에 대해 단정적 판단을 제공하거나 확실하다고 오인하게 할 소지가 있는 내용을 알리는 행위 - 계약 체결 여부나 금융소비자의 권리·의무에 중대한 영향을 미치는 사항을 사실과 다르게 알리거나 분명하지 않게 표현하는 행위 - 수익률이나 운용실적을 표시하는 경우 수익률이나 운용실적이 좋은 기간의 수익률이나 운용실적만을 표시하는 행위
감독규정 제19조 제3항	- 금융소비자에 따라 달라질 수 있는 거래조건을 누구에게나 적용될 수 있는 것처럼 오인하게 만드는 행위 - 자본시장법 제31조 제3항에 따른 경영실태 및 위험에 대한 평가의 결과(관련 세부내용을 포함한다)를 다른 금융상품직접판매업자와 비교하여 광고하는 행위

---

3) 금융상품의 특성

4) 판매채널의 특징 및 상담 연락처

나. 영상 또는 음성을 활용하는 광고인 경우에는 광고 시간이 2분 이내일 것

35) 다만, 금융소비자를 오인하게 할 우려가 없는 경우로서 자본시장법 시행령 제104조 제1항 단서에 따라 손실을 보전하거나 이익을 보장하는 경우는 제외합니다.

36) 법 제19조 제1항 각 호의 사항을 말합니다.

■ 표 예금성 상품에 관한 광고를 하는 경우 금지행위

근거법령	금지행위
법 제22조 제4항 제3호	- 이자율의 범위·산정방법, 이자의 지급·부과 시기 및 부수적 혜택·비용을 명확히 표시하지 아니하여 금융소비자가 오인하게 하는 행위
시행령 제20조 제4항	- 금융소비자의 경제적 부담이 작아 보이도록 하거나 계약체결에 따른 이익을 크게 인지하도록 하여 금융상품을 오인하게끔 표현하는 행위 - 비교대상 및 기준을 분명하게 밝히지 않거나 객관적인 근거 없이 다른 금융상품 등과 비교하는 행위 - 불확실한 사항에 대해 단정적 판단을 제공하거나 확실하다고 오인하게 할 소지가 있는 내용을 알리는 행위 - 계약 체결 여부나 금융소비자의 권리·의무에 중대한 영향을 미치는 사항을 사실과 다르게 알리거나 분명하지 않게 표현하는 행위 - 수익률이나 운용실적을 표시하는 경우 수익률이나 운용실적이 좋은 기간의 것만을 표시하는 행위
감독규정 제19조 제3항	- 금융소비자에 따라 달라질 수 있는 거래조건을 누구에게나 적용될 수 있는 것처럼 오인하게 만드는 행위

■ 표 대출성 상품에 관한 광고를 하는 경우 금지행위

근거법령	금지행위
법 제22조 제4항 제4호	- 대출이자율의 범위·산정방법, 대출이자의 지급·부과 시기 및 부수적 혜택·비용을 명확히 표시하지 아니하여 금융소비자가 오인하게 하는 행위
시행령 제20조 제4항	- 대출이자를 일 단위로 표시하는 등 금융소비자의 경제적 부담이 작아 보이도록 하거나 계약체결에 따른 이익을 크게 인지하도록 하여 금융상품을 오인하게끔 표현하는 행위 - 비교대상 및 기준을 분명하게 밝히지 않거나 객관적인 근거 없이 다른 금융상품 등과 비교하는 행위 - 불확실한 사항에 대해 단정적 판단을 제공하거나 확실하다고 오인하게 할 소지가 있는 내용을 알리는 행위 - 계약 체결 여부나 금융소비자의 권리·의무에 중대한 영향을 미치는 사항을 사실과 다르게 알리거나 분명하지 않게 표현하는 행위
감독규정 제19조 제3항	- 금융소비자에 따라 달라질 수 있는 거래조건을 누구에게나 적용될 수 있는 것처럼 오인하게 만드는 행위

2. 광고규제 위반 시 책임

가. 손해배상책임(법 제44조, 제45조)

금융상품판매업자등이 고의 또는 과실로 법 제22조의 광고규제를 위반하여 금융소비자에게 손해를 발생시킨 경우 이를 배상할 책임이 있습니다. 또한 금융상품직접판매업자는 금융상품판매대리·중개업자등에 대한 관리책임을 부담하므로, 금융상품판매대리·중개업자등이 대리·중개 업무를 할 때 금융소비자에게 손해를 발생시킨 경우에는 그 손해를 배상할 책임이 있습니다(이 경우 금융상품직접판매업자는 금융상품판매대리·중개업자등에 대해 구상권을 행사할 수 있습니다). 다만, 금융상품직접판매업자가 금융상품판매대리·중개업자등의 선임과 그 업무 감독에 대하여 적절한 주의를 하였고 손해를 방지하기 위하여 노력한 경우에는 면책됩니다.

나. 행정적 책임

1) 과징금(법 제57조 제1항, 제2항)[37]

금융상품직접판매업자 또는 금융상품자문업자가 법 제22조 제3항 또는 제4항을 위반하여 금융상품등에 관한 광고를 한 경우, 위반행위와 관련된 계약으로 얻은 수입 또는 이에 준하는 금액의 50% 이내에서 과징금을 부과받을 수 있습니다(법 제57조 제1항).

그리고 금융상품직접판매업자가 금융상품계약체결등을 대리하거나 중개하게 한 금융상품판매대리·중개업자(법 또는 다른 금융 관련 법령에 따라 하나의 금융상품직접판매업자만을 대리하는 금융상품판매대리·중개업자로 한정) 또는 금융상품직접판매업자의 소속 임직원이 법 제22조 제3항 또는 제4항을 위반하여 금융상품등에 관한 광고를 한 경우, 그 금융상품직접판매업자는 그 위반행위와 관련된 계약으로 얻은 수입등의 50% 이내에서 과징금을 부과받을 수 있습니다. 다만,

---

37) 구체적인 내용은 본서 제16장(감독 및 처분, 형사처벌 등)을 참고하시기 바랍니다.

금융상품직접판매업자가 그 위반행위를 방지하기 위하여 해당 업무에 관하여 적절한 주의와 감독을 게을리하지 아니한 경우에는 그 금액을 감경하거나 면제 받을 수 있습니다(법 제57조 제2항).

2) 과태료(법 제69조 제1항)[38]

금융상품판매업자등이 법 제22조 제1항·제3항 또는 제4항을 위반하여 금융상품등에 관한 광고를 한 경우, 1억 원 이하의 과태료가 부과됩니다(법 제69조 제1항 제5호).

그리고 금융상품판매대리·중개업자가 금융상품계약체결등의 업무를 대리하거나 중개하게 한 금융상품판매대리·중개업자가 법 제22조 제3항 또는 제4항을 위반하여 금융상품등에 관한 광고를 한 경우에는 그 업무를 대리하거나 중개하게 한 금융상품판매대리·중개업자에게 1억 원 이하의 과태료가 부과됩니다(법 제69조 제1항 제6호 라목). 다만, 업무를 대리하거나 중개하게 한 금융상품판매대리·중개업자로서 그 위반행위를 방지하기 위하여 해당 업무에 관하여 적절한 주의와 감독을 게을리하지 아니한 자는 제외됩니다(법 제69조 제1항 제6호 단서).

3) 제재 조치(법 제51조~제53조)[39]

법 제22조를 위반한 금융상품판매업자등 및 그 임직원은 금융위원회 또는 금융감독원으로부터 제재 조치를 받을 수 있습니다.

---

38) 구체적인 내용은 본서 제16장(감독 및 처분, 형사처벌 등)을 참고하시기 바랍니다.
39) 구체적인 내용은 본서 제16장(감독 및 처분, 형사처벌 등)을 참고하시기 바랍니다.

3. 관련 쟁점 - "광고" 해당 여부 및 광고규제 위반 여부

가. 광고 해당 여부

금융감독당국은 2021. 6. 8. "금융광고규제 가이드라인"을 마련하여, 광고 여부가 문제된 사안에 대해 아래와 같이 답변하였습니다.

■ 표 광고 해당 여부 관련 주요 질의·답변[40]

관련 질의	금융감독당국의 답변
협회의 금융상품 정보 비교공시 서비스가 법상 광고에 해당하는지?	- 법에 따라 공익 목적으로 제공된다는 점에서 광고로 보기 어려움
금융정보 제공 방송도 법상 광고에 해당하는지?	- 특정 금융상품판매업자의 금융상품에 관한 정보를 직·간접적으로 제공하는 방송은 "금융상품 광고"로 볼 수 있음. 다만, 판매의도 없이 소비자가 금융상품판매업자나 금융상품을 쉽게 유추할 수 없도록 조치하여 금융정보를 제공하는 경우에는 광고로 보기 어려움 - 특정 금융상품판매업자·금융상품자문업자의 서비스를 소개하여 금융거래를 유인하는 방송(예: 대출모집인 또는 보험설계사가 금융정보를 제공하면서 '필요시 상담을 제공하겠다'는 의미의 메시지와 함께 연락처를 제공)은 "업무광고"에 해당 - 특정 서비스를 명시적으로 소개하지 않아도 특정 업체의 판매를 촉진시키도록 설계된 방송(예: 특정 모집법인 소속 보험설계사가 전문가로 출연하고, 시청자가 상담 연락 시 해당 모집법인으로 연결)은 "업무광고"에 해당
금융상품판매업자가 자사 금융상품 가입 시 경품을 제공한다는 내용의 이벤트 광고하는 경우에 해당 광고를 금융상품 광고로 보는지?	- 특정 금융상품이 아닌 금융상품 일반에 대한 이벤트 광고는 법상 "업무광고"에 해당
금융상품판매업자가 자사 신용카드의 현금서비스, 리볼빙 서비스를 광고하는 경우, 이는 금융상품 광고인지?	- 신용카드 현금서비스, 리볼빙 서비스는 금융상품이 아니라 신용카드에 일반적으로 제공되는 서비스에 해당하므로 관련 광고는 "업무광고"에 해당
아파트 입주 전 입주자를 대상으로 은행이	- 대출상담사의 대출상담 및 대출서류 작성 지원은 법

---

40) 금융위원회·금융감독원, "금융광고규제 가이드라인", 2021. 6. 8., 3-4쪽.

관련 질의	금융감독당국의 답변
배포하는 집단대출 안내문*은 법상 광고에 해당하는지? (*주요 내용: 대출상품 취급 은행 및 관련 대출모집인 명칭, 대출상담을 진행하는 은행 직원 또는 대출모집인의 연락처, 대출신청시 구비서류, 대출 자필서명을 받는 장소)	상 금융상품판매대리·중개업에 해당하므로 관련 정보를 알리는 행위는 "업무 광고"에 해당

나. 광고규제 위반 여부

금융감독당국은 아래와 같은 사례에 대해 광고규제 위반으로 판단한 바 있습니다.

■ 표 광고규제 위반 사례[41]

위반 사례	금융감독당국의 지적 사항
아파트담보대출 이벤트 광고를 하면서 이자율을 "최저 1%대 금리에 최대한도는 5억 원까지", "최저 연 1.64%"라고 표시한 사례	– 법령에서 광고에 포함하도록 규정한 "이자율의 범위 및 산출기준"을 제시할 필요가 있음
체크카드 소지자에 대한 대출 관련 광고를 하면서 "체크카드가 있으면 500정도는 대출 신청", "첫 고객이면 기존 한도에 천만 원 더!"라고 표시한 사례	– 누구에게나 적용될 수 있는 조건으로 오인될 수 있는 표현 사용은 법상 금지되어 있음
온라인 플랫폼을 운영하는 핀테크 업체와 은행이 제휴하여 적금 가입 이벤트 광고를 하면서 "A플랫폼 '최대 연 5% 금리' 주는 아이적금 이벤트", "최대금리 연 3.3%", "아이가 있다면 +연 0.7%", "A플랫폼 신규회원 +연 1.0%"라고 표시한 사례	– 핀테크 업체와 은행이 제휴 광고를 하면서 핀테크 업체의 온라인 플랫폼 신규 가입 시 제공되는 선불충전금을 은행이 제공하는 이자로 오해할 수 있는 표현을 사용함
종신보험에 관한 광고를 하면서 "가장 합리적인 목돈마련 솔루션", "저축+연금+보장+재테크 상품 하나로 재무설계 끝!!"이라고 표시한 사례	– 종신보험에 관한 광고이므로, '목돈 마련' 등 저축성보험으로 오인할 수 있는 표현은 사용하지 않아야 함

---

41) 금융위원회·금융감독원, "금융광고규제 가이드라인", 2021. 6. 8., 15쪽.

제11장
영업규제 – 금융상품판매대리 · 중개업자 등

1. 미등록자를 통한 금융상품판매 대리 · 중개 금지(법 제24조)

제24조(미등록자를 통한 금융상품판매 대리 · 중개 금지) 금융상품판매업자는 금융상품판매대리 · 중개업자가 아닌 자에게 금융상품계약체결등을 대리하거나 중개하게 해서는 아니 된다.

가. 의 의

금융상품판매업자가 법 또는 금융관계법률에 따라 인 · 허가, 등록을 하지 않은 자에게 금융상품계약체결등을 대리하거나 중개하게 하는 행위는 금지됩니다. 이는 적법한 판매채널에 한해서만 금융상품계약체결등을 대리 · 중개하게 함으로써 판매행위를 보다 철저하게 관리할 수 있도록 하기 위한 것입니다.

나. 미등록자의 영업행위 금지(법 제11조, 제12조)와의 관계

법 제11조에서 미등록자의 영업행위를 금지하고 있는데, 법 제24조에서는 금융상품판매업자의 미등록자를 통한 대리 · 중개를 금지하고 있습니다. 미등록 판매채널로 인해 금융소비자의 이익이 침해되는 것을 방지하고 금융상품판매업의 신용과 건전한 거래질서를 유지하기 위해 미등록자의 영업행위 금지 조항과 별도로 미등록자를 통한 대리 · 중개의 금지 조항을 둔 것입니다.

다. 금융상품판매대리·중개업자의 재위탁 금지(법 제25조 제1항 제2호) 와의 관계

본조는 금융상품판매업자인 금융상품직접판매업자나 금융상품판매대리·중개업자가 '금융상품판매대리·중개업자 아닌 자'에게 금융상품계약체결등을 위탁하는 것을 금지하고 있는데 비해, 후술할 법 제25조 제1항 제2호는 금융상품판매대리·중개업자가 '다른 금융상품판매대리·중개업자'에게 재위탁하는 것을 금지하고 있다는 점에서 구별됩니다.

라. 위반 시 책임

1) 손해배상책임(법 제44조)

금융상품판매업자가 고의 또는 과실로 법 제24조를 위반하여 금융상품판매대리·중개업자가 아닌 자에게 금융상품계약체결등을 대리하거나 중개하게 함으로써 금융소비자에게 손해를 발생시킨 경우에는 그 손해를 배상할 책임이 있습니다.

2) 형사책임(법 제67조, 제68조)[1]

금융상품판매업자가 법 제24조를 위반하여 금융상품판매대리·중개업자가 아닌 자에게 금융상품계약체결등을 대리하거나 중개하게 한 경우에는 5년 이하의 징역형 또는 2억 원 이하의 벌금형으로 처벌됩니다(법 제67조 제3호). 법인(단체를 포함)의 대표자나 법인 또는 개인의 대리인, 사용인, 그 밖의 종업원이 그 법인 또는 개인의 업무에 관하여 위반행위를 하면 그 행위자를 벌하는 외에 그 법인 또는 개인에게도 2억 원 이하의 벌금이 부과됩니다(법 제68조 본문). 다만, 법인 또는 개인이 그 위반행위를 방지하기 위하여 해당 업무에 관하여 적절한 주의와 감독을 게을리하지 아니한 경우에는 형사처벌을 면할 수 있습니다(법 제68조 단서).

---

1) 구체적인 내용은 본서 제16장(감독 및 처분, 형사처벌 등)을 참고하시기 바랍니다.

2. 금융상품판매대리·중개업자의 금지행위(법 제25조)

> **제25조(금융상품판매대리·중개업자의 금지행위)** ① 금융상품판매대리·중개업자는 다음 각 호의 어느 하나에 해당하는 행위를 해서는 아니 된다.
>
> 1. 금융소비자로부터 투자금, 보험료 등 계약의 이행으로서 급부를 받는 행위. 다만, 금융상품직접판매업자로부터 급부 수령에 관한 권한을 부여받은 경우로서 대통령령으로 정하는 행위는 제외한다.
> 2. 금융상품판매대리·중개업자가 대리·중개하는 업무를 제3자에게 하게 하거나 그러한 행위에 관하여 수수료·보수나 그 밖의 대가를 지급하는 행위. 다만, 금융상품직접판매업자의 이익과 상충되지 아니하고 금융소비자 보호를 해치지 아니하는 경우로서 대통령령으로 정하는 행위는 제외한다.
> 3. 그 밖에 금융소비자 보호 또는 건전한 거래질서를 해칠 우려가 있는 행위로서 대통령령으로 정하는 행위
>
> ② 금융상품판매대리·중개업자는 금융상품판매 대리·중개 업무를 수행할 때 금융상품직접판매업자로부터 정해진 수수료 외의 금품, 그 밖의 재산상 이익을 요구하거나 받아서는 아니 된다.
>
> ③ 제2항의 수수료의 범위, 재산상 이익의 내용에 관한 구체적인 사항은 대통령령으로 정한다.

가. 의 의

법은 금융소비자의 이익과 상충되거나 불공정한 행위를 금지하여 금융소비자의 이익을 보호하고 건전한 거래질서를 유지하기 위하여 금융상품판매대리·중개업자에게 여러 가지 금지의무를 부과하고 있습니다. 구 자본시장법[2] 제52조 제2항, 구 보험업법[3] 제99조 제2항에서 규정하고 있던 투자권유대행인, 보험모집종사자의 금지행위가 법의 제정으로 삭제되었고, 법상 금융상품판매대리·중개업자의 금지행위 조항에 반영되었습니다.

---

[2] 2020. 3. 24. 법률 제17112호로 개정되기 전의 것으로, 이하 본장에서 동일합니다.
[3] 2020. 3. 24. 법률 제17112호로 개정되기 전의 것으로, 이하 본장에서 동일합니다.

나. 급부수령 금지(법 제25조 제1항 제1호)

금융상품판매대리·중개업자는 금융소비자로부터 투자금, 보험료 등 계약의 이행으로서 급부를 받는 행위를 할 수 없습니다(법 제25조 제1항 제1호 본문).[4] 이를 금지하는 이유는 계약의 당사자(금융상품직접판매업자)가 아닌 금융상품판매대리·중개업자가 계약의 이행으로서 급부를 받게 되면 계약체결의 상대방으로 오인되어 금융소비자에게 피해가 발생할 우려가 있기 때문입니다.

다만, 금융상품판매대리·중개업자가 금융상품직접판매업자로부터 급부 수령에 관한 권한을 부여받은 경우로서 보장성 상품에 관한 계약과 관련하여 보험료 또는 공제료를 수령하는 행위는 예외적으로 허용됩니다(법 제25조 제1항 제1호 단서 및 시행령 제23조 제1항).

다. 재위탁 금지(법 제25조 제1항 제2호)

금융상품판매대리·중개업자는 자신이 대리·중개하는 업무를 제3자로 하여금 하게 하거나 그러한 행위에 관하여 수수료·보수나 그 밖의 대가를 지급하는 행위를 할 수 없습니다(법 제25조 제1항 제2호 본문).[5] 이를 허용할 경우 금융상품판매업자등에게 금융상품판매대리·중개업자에 대한 관리책임을 부과하고 있는 법 제16조의 취지가 훼손되고, 대리·중개업무에 대한 책임 소재를 불분명하게 하여 결과적으로 금융소비자의 피해로 이어질 우려가 있기 때문입니다.

다만, 법은 금융상품직접판매업자의 이익과 상충되지 않고 금융소비자 보호를 해치지 않는 경우로서 시행령으로 정하는 행위는 제외하고 있습니다. 우선, ① 보험설계사가 같은 보험회사·보험대리점 또는 보험중개사에 소속된 다른 보험설계사와 위탁계약을 체결하는 경우, 보험대리점이 소속 보험설계사 또는 같은 보험회사의 다른 보험대리점과 위탁계약을 체결하는 경우[6] 또는 보험중

---

4) 구 자본시장법은 투자권유대행인이 '투자자로부터 금전·증권, 그 밖의 재산을 수취'하는 것을 금지하고 있었습니다(구 자본시장법 제52조 제2항 제2호).

5) 구 자본시장법은 투자권유대행인이 '금융투자업자로부터 위탁받은 투자권유대행업무를 제삼자에게 재위탁'하는 것을 금지하고 있었습니다(구 자본시장법 제52조 제2항 제3호).

6) 다만, 같은 보험회사의 다른 보험대리점과 위탁계약을 체결하는 경우에는 금융상품직접판매

개사가 소속 보험설계사 또는 다른 보험중개사와 위탁계약을 체결하는 경우, 위탁자인 금융상품판매대리·중개업자는 수탁자로 하여금 보장성 상품에 관한 계약의 체결을 대리·중개하는 업무를 하게 하거나 그러한 행위에 관하여 수수료·보수나 그 밖의 대가를 지급할 수 있습니다(법 제25조 제1항 제2호 단서, 시행령 제23조 제2항 제1호 각 목).[7] 또한 ② 법인인 금융상품판매대리·중개업자가 개인인 금융상품판매대리·중개업자에게 예금성 상품 또는 대출성 상품에 관한 계약의 체결을 대리·중개하는 업무를 하게 하거나 그러한 행위에 관하여 수수료·보수나 그 밖의 대가를 지급하는 행위도 예외적으로 허용됩니다(시행령 제23조 제2항 제2호).

라. 그 밖에 금융소비자 보호 또는 건전한 거래질서를 해칠 우려가 있는 행위 금지(법 제25조 제1항 제3호)

금융상품판매대리·중개업자는 금융소비자 보호 또는 건전한 거래질서를 해칠 우려가 있는 행위로서 시행령으로 정하는 아래의 행위를 할 수 없습니다.

① **금융상품직접판매업자를 대신하여 계약을 체결하는 행위(시행령 제23조 제3항 제1호 본문)**[8]: 다만, 상법 제646조의2[9]에 따라 보험대리점이 해당 금융상품

업자로부터 그 계약의 내용에 대해 사전동의를 받아야 합니다(시행령 제23조 제2항 제1호 나목 단서).

7) 구 보험업법 제99조 제2항에서 보험모집종사자의 금지행위로 규정하고 있었는데, 법이 제정되면서 구 보험업법에서 삭제되었고 시행령 제23조 제2항 제1호 각 목에 반영되었습니다.

8) 구 자본시장법은 투자권유대행인이 '위탁한 금융투자업자를 대리하여 계약을 체결하는 행위'를 금지하고 있었습니다(구 자본시장법 제52조 제2항 제1호).

9) **상법 제646조의2(보험대리상 등의 권한)** ① 보험대리상은 다음 각 호의 권한이 있다.
   1. 보험계약자로부터 보험료를 수령할 수 있는 권한
   2. 보험자가 작성한 보험증권을 보험계약자에게 교부할 수 있는 권한
   3. 보험계약자로부터 청약, 고지, 통지, 해지, 취소 등 보험계약에 관한 의사표시를 수령할 수 있는 권한
   4. 보험계약자에게 보험계약의 체결, 변경, 해지 등 보험계약에 관한 의사표시를 할 수 있는 권한
② 제1항에도 불구하고 보험자는 보험대리상의 제1항 각 호의 권한 중 일부를 제한할 수 있다. 다만, 보험자는 그러한 권한 제한을 이유로 선의의 보험계약자에게 대항하지 못한다.
③ 보험대리상이 아니면서 특정한 보험자를 위하여 계속적으로 보험계약의 체결을 중개하는

직접판매업자로부터 계약에 관한 의사표시를 할 수 있는 권한을 받은 경우에는 금융상품직접판매업자를 대신하여 계약을 체결하는 행위가 허용됩니다(시행령 제23조 제3항 제1호 단서).

② 금융소비자를 대신하여 계약을 체결하는 행위(시행령 제23조 제3항 제2호)[10]

③ 금융소비자로 하여금 금융상품직접판매업자 또는 금융상품자문업자로 오인할 수 있는 상호를 광고나 영업에 사용하는 행위(시행령 제23조 제3항 제3호)

④ 금융상품직접판매업자에게 자신에게만 대리·중개업무를 위탁하거나 다른 금융상품판매대리·중개업자에게 위탁하지 않도록 강요하는 행위(시행령 제23조 제3항 제4호)

⑤ 다른 금융상품판매대리·중개업자의 명의를 사용하거나 다른 금융상품판매대리·중개업자가 자신의 명의를 사용하도록 하는 행위(시행령 제23조 제3항 제5호)

⑥ 그 밖에 위 ①∼⑤에 준하는 것으로서 금융위원회 고시로 정하는 아래의 행위(시행령 제23조 제3항 제6호)

(ㄱ) 둘 이상의 금융상품직접판매업자를 위한 대리·중개행위의 금지(감독규정 제22조 제1호): 금융상품판매대리·중개업자는 같은 상품유형의 금융상품에 대하여 둘 이상의 금융상품직접판매업자를 위해 금융상품에 관한 계약의 체결을 대리·중개하는 행위(동일인이 다수의 금융상품판매대리·중개업자에 각각 사실상 영향력을 행사하는 경우에 해당 법인들은 모두 하나의 금융상품판매대리·중개업자로 간주)를 할 수 없습니다(이른바 '1사 전속의무').

다만, 예외적으로 (ⅰ) 보장성 상품을 취급하는 금융상품판매대리·중개업자가 둘 이상의 금융상품직접판매업자를 위해 보장성 상품에 관한 계약의 체결을 대리·중개하는 행위(제1호 단서 가목), (ⅱ) 대출성 상품을 취급하는 금융상품직접판매업자가 다른 금융상품직접판매업

자는 제1항 제1호(보험자가 작성한 영수증을 보험계약자에게 교부하는 경우만 해당한다) 및 제2호의 권한이 있다.

④ 피보험자나 보험수익자가 보험료를 지급하거나 보험계약에 관한 의사표시를 할 의무가 있는 경우에는 제1항부터 제3항까지의 규정을 그 피보험자나 보험수익자에게도 적용한다.

10) 구 자본시장법 시행령(2021. 3. 23. 대통령령 제31553호로 개정되기 전의 것으로, 이하 본 장에서 동일합니다)은 투자권유대행인이 투자자를 대리하여 계약을 체결하는 행위를 금지하고 있었습니다(구 자본시장법 시행령 제59조 제1항 제1호).

자의 대출성 상품에 관한 계약의 체결을 대리·중개하는 행위(나목), (ⅲ) 신용카드, 시설대여, 연불판매 또는 할부계약에 관한 계약의 체결을 대리·중개하는 자가 다른 하나의 금융상품직접판매업자를 위해 대출 계약의 체결을 대리·중개하는 행위(다목), (ⅳ) 시설대여, 연불판매 또는 할부계약에 관한 계약의 체결을 대리·중개하는 자가 다른 하나의 금융상품직접판매업자를 위해 신용카드에 관한 계약의 체결을 대리·중개하는 행위(라목), (ⅴ) 대부중개업자, 대출성 상품에 관한 금융상품판매대리·중개업을 전자금융거래 방식으로만 영위하는 법인, 신용협동조합이 취급하는 대출성 상품에 관한 계약의 체결만 대리·중개하는 금융상품판매대리·중개업자가 둘 이상의 금융상품직접판매업자를 위해 대출성 상품에 관한 계약의 체결을 대리·중개하는 행위(마목)는 허용됩니다. 또한 (ⅵ) 시설대여·연불판매·할부금융 또는 이와 유사한 금융상품에 관한 계약의 체결을 대리·중개하는 행위(바목), (ⅶ) 방문판매법에 따른 전화권유판매로만 대출성 상품에 관한 계약의 체결을 대리·중개하는 행위(사목)에 대해서도 1사 전속의무가 적용되지 않습니다.

(ㄴ) 대출성 상품에 관한 계약체결을 대리·중개하는 자의 일정행위 금지(감독규정 제22조 제2호): 대출성 상품에 관한 계약의 체결을 대리하거나 중개하는 자는 (ⅰ) 대부업법에 따른 대부업·대부중개업(제2호 가목),[11] (ⅱ) 방문판매법에 따른 다단계판매업(나목), (ⅲ) 사행산업통합감독위원회법에 따른 사행산업(다목), (ⅵ) 식품위생법 시행령에 따른 단란주점영업 및 유흥주점영업(라목)을 영위할 수 없습니다.

(ㄷ) 투자성 상품에 관한 계약체결을 대리·중개하는 자의 일정행위 금지(감독규정 제22조 제3호)[12]: 금융상품판매대리·중개업자는 투자성 상품

---

11) 다만, 대부업자 및 대부중개업자는 대출성 상품에 관한 계약의 체결을 대리하거나 중개하는 행위가 허용됩니다(감독규정 제22조 제2호). 또한 대출성 상품에 관한 금융상품판매대리·중개업을 전자금융거래 방식으로만 영위하는 법인이 「대부업등 감독규정」에 따른 서민금융 우수 대부업자의 대출성 상품을 판매대리·중개하는 것도 허용됩니다(감독규정 제22조 제2호 가목 단서).

12) 구 자본시장법 시행령 제59조 제1항에서 투자권유대행인의 금지행위로 규정하고 있었는데,

에 관한 계약의 체결을 대리하거나 중개하는 행위로서 (i) 자본시장법에 따른 투자일임재산이나 같은 법에 따른 신탁재산을 각각의 금융소비자별 또는 재산별로 운용하지 않고 모아서 운용하는 것처럼 투자일임계약이나 신탁계약의 계약체결등(계약의 체결 또는 계약 체결의 권유를 하거나 청약을 받는 것을 말함)을 대리·중개하거나 광고하는 행위(제3호 가목), (ii) 금융소비자로부터 금융투자상품을 매매할 수 있는 권한을 위임받는 행위(나목), (iii) 투자성 상품에 관한 계약의 체결과 관련하여 제3자가 금융소비자에 금전을 대여하도록 대리·중개하는 행위(다목), (iv) 보험업법에 따른 보험설계사가 위탁계약을 체결하지 않은 같은 법에 따른 보험회사의 투자성 상품에 관한 계약의 체결을 대리·중개하는 행위(라목)를 할 수 없습니다.

(ㄹ) 금융소비자 정보의 이용행위 금지(감독규정 제22조 제4호): 금융상품판매대리·중개업자는 업무수행 과정에서 알게 된 금융소비자의 정보를 자기 또는 제3자의 이익을 위해 이용하는 행위를 할 수 없습니다.

(ㅁ) 위탁계약을 체결한 금융상품직접판매업자가 발행한 주식의 매수 또는 매도를 권유하는 행위 금지(감독규정 제22조 제5호): 금융상품판매대리·중개업자는 위탁 계약을 체결한 금융상품직접판매업자가 발행한 주식의 매수 또는 매도를 권유하는 행위를 할 수 없습니다.

(ㅂ) 방송채널사용사업 승인을 받은 금융상품판매대리·중개업자의 일정행위 금지(감독규정 제22조 제6호): 방송법 제9조 제5항 단서에 따라 상품소개와 판매에 관한 전문편성을 행하는 방송채널사용사업을 승인받은 금융상품판매대리·중개업자(보장성 상품을 취급하는 자에 한정)는 보장성 상품에 관한 금융상품판매대리·중개업을 영위할 수 없는 개인으로 하여금 방송을 통해 그 금융상품을 설명하게 하는 행위를 할 수 없습니다.

(ㅅ) 보장성 상품을 취급하는 금융상품판매대리·중개업자의 비대면 설명

법이 제정되면서 구 자본시장법 시행령에서 삭제되었고 감독규정 제22조 제3호에 반영되었습니다.

행위 금지(감독규정 제22조 제7호): 보장성 상품을 취급하는 금융상품판매대리·중개업자(보험업법 시행령 제43조 제2항에 따른 전화를 이용하여 모집하는 자 및 같은 조 제4항에 따른 사이버몰을 이용하여 모집하는 자는 제외)는 일반금융소비자와 만나지 않고 설명의무(법 제19조)를 이행할 수 없습니다. 다만, 예외적으로 (ⅰ) 금융상품판매대리·중개업자가 보험업감독규정 제4-36조 제6항[13])에 따른 표준상품설명대본에 따라 설명을 하고, (ⅱ) 해당 금융상품을 취급하는 금융상품직접판매업자가 위 (ⅰ)에 따른 설명내용이 녹취된 전자파일을 통해 해당 설명내용이 보험업감독규정 제4-36조 제6항에 따른 표준상품설명대본과 일치하는지를 확인하고 그 전자파일을 보관하는 경우에는 비대면 설명행위가 허용됩니다(감독규정 제22조 제7호 단서 각 목).

마. 수수료 외 재산상 이익의 요구·수령 금지(법 제25조 제2항, 제3항)

금융상품판매대리·중개업자는 금융상품판매 대리·중개 업무를 수행할 때 금융상품직접판매업자로부터 정해진 수수료 외의 금품, 그 밖의 재산상 이익을 요구하거나 받아서는 아니됩니다(법 제25조 제2항). 여기서 말하는 "재산상 이익"은 ① 금전등의 지급 또는 대여, ② 금융상품판매대리·중개업 수행 시 발생하는 비용 또는 손해의 보전, ③ 금융상품직접판매업자가 취급하는 금융상품에 대한 계약 체결 시 우대 혜택 등을 말합니다(법 제25조 제3항 및 시행령 제23조 제4항 각 호). 금융상품판매를 보조하는 조직이 영향력을 행사하여 과도한 수수료를

---

13) **보험업 감독규정 제4-36조(통신판매시 준수사항)** ⑥ 보험회사는 전화를 이용한 보험모집시 준수해야 할 상품별 표준상품설명대본을 작성하고 모집종사자가 표준상품설명대본에 따라 통신판매가 이루어지도록 하여야 한다. 다만, 보험계약자의 동의를 얻은 경우에는 다음 각 호의 사항에 대하여 전자문서, 문자메시지 등 전자적 방법으로 알리고 보험계약 체결 이전에 다음 각 호의 사항에 대하여 안내를 받았다는 사실을 확인하는 방법으로 표준상품설명대본을 통한 설명을 대신할 수 있다.
  1. 제4-35조의2 제1항 제10호의 보험설계사 등의 모집에 관한 경력 및 그 조회에 관한 사항
  2. 영 제42조의2 제1항 제10호의 분쟁조정절차에 관한 사항
  3. 기존보험계약이 소멸된 날부터 6개월 이내에 새로운 보험계약을 청약하게 하거나 새로운 보험계약을 청약하게 한 날부터 6개월 이내에 기존보험계약을 소멸하게 하는 경우 영 제44조 제1항 각 호에 따라 기존보험계약과 새로운 보험계약 비교하여 안내하는 사항

받거나 부당한 이익을 받음으로써 건전한 거래질서를 저해하지 못하도록 규제하기 위한 것입니다.

바. 위반 시 책임

1) 손해배상책임(법 제44조, 제45조)

금융상품판매대리·중개업자가 고의 또는 과실로 법 제25조를 위반하여 금융소비자에게 손해를 발생시킨 경우에는 그 손해를 배상할 책임이 있습니다. 또한 금융상품직접판매업자는 금융상품판매대리·중개업자등에 대한 관리책임을 부담하므로, 금융상품판매대리·중개업자등이 대리·중개 업무를 할 때 금융소비자에게 손해를 발생시킨 경우에는 그 손해를 배상할 책임이 있습니다(이 경우 금융상품직접판매업자는 금융상품판매대리·중개업자등에 대해 구상권을 행사할 수 있습니다). 다만, 금융상품직접판매업자가 금융상품판매대리·중개업자등의 선임과 그 업무 감독에 대하여 적절한 주의를 하였고 손해를 방지하기 위하여 노력한 경우에는 면책됩니다.

2) 행정적 책임[14]

금융상품판매대리·중개업자가 법 제25조 제1항 각 호에서 금지하는 행위를 하거나 법 제25조 제2항을 위반하여 수수료 외의 금품, 그 밖의 재산상 이익을 요구하거나 받는 경우 각 3천만 원 이하의 과태료가 부과됩니다(법 제69조 제2항 제5호, 제6호). 또한 금융상품판매대리·중개업자가 제25조 제1항 제2호에 해당하는 행위(금융상품판매대리·중개업무를 제3자에게 하게 하거나 그러한 행위에 관하여 수수료·보수나 그 밖에 대가를 지급하는 행위)를 한 경우, 해당 금융상품판매대리·중개업자로 하여금 업무를 대리하거나 중개하게 한 금융상품직접판매업자에게는 1억 원 이하의 과태료가 부과될 수 있습니다. 다만, 금융상품직접판매업자가 그 위반행위를 방지하기 위하여 해당 업무에 관하여 적절한 주의와 감독을 게을리하지 아니한 경우에는 면책됩니다(법 제69조 제1항 제8호).

한편 법 제25조를 위반한 해당 금융상품판매대리·중개업자 및 그 임직원은

---

14) 구체적인 내용은 본서 제16장(감독 및 처분, 형사처벌 등)을 참고하시기 바랍니다.

금융위원회 또는 금융감독원으로부터 제재 조치를 받을 수 있습니다(법 제51조~제53조).

3. 금융상품판매대리·중개업자의 고지의무 등(법 제26조)

> **제26조(금융상품판매대리·중개업자의 고지의무 등)** ① 금융상품판매대리·중개업자는 금융상품 판매 대리·중개 업무를 수행할 때 금융소비자에게 다음 각 호의 사항 모두를 미리 알려야 한다.
> 1. 금융상품판매대리·중개업자가 대리·중개하는 금융상품직접판매업자의 명칭 및 업무 내용
> 2. 하나의 금융상품직접판매업자만을 대리하거나 중개하는 금융상품판매대리·중개업자인지 여부
> 3. 금융상품직접판매업자로부터 금융상품 계약체결권을 부여받지 아니한 금융상품판매대리·중개업자의 경우 자신이 금융상품계약을 체결할 권한이 없다는 사실
> 4. 제44조와 제45조에 따른 손해배상책임에 관한 사항
> 5. 그 밖에 금융소비자 보호 또는 건전한 거래질서를 위하여 대통령령으로 정하는 사항
> ② 금융상품판매대리·중개업자는 금융상품판매 대리·중개 업무를 수행할 때 자신이 금융상품판매대리·중개업자라는 사실을 나타내는 표지를 게시하거나 증표를 금융소비자에게 보여주어야 한다.
> ③ 제2항에 따른 표지 게시 및 증표 제시에 관한 구체적인 사항은 대통령령으로 정한다.

가. 의 의

법에서 금융상품판매대리·중개업자의 고지의무 등을 규정하는 취지는 계약 체결 전에 계약의 상대방에 대한 정보가 금융소비자에게 제공될 수 있도록 함으로써 분쟁을 사전에 예방함으로써 금융소비자를 보호하고 건전한 거래질서를 유지하기 위한 것입니다.[15]

나. 고지의무(법 제26조 제1항)

금융상품판매대리·중개업자가 금융상품판매 대리·중개 업무를 수행하면서

---

15) 구 자본시장법 제52조 제3항에서 투자권유대행인의 고지사항으로 규정되었던 내용 등이 법의 제정으로 삭제되고, 법상 금융상품판매대리·중개업자의 고지의무에 반영되었습니다.

금융소비자에게 미리 고지하여야 할 사항은 아래와 같습니다.

1) 위탁자 및 위탁 내용(제1호)

금융상품판매대리·중개업자는 자신이 대리·중개하는 금융상품직접판매업자의 명칭 및 업무 내용을 금융소비자에게 미리 알려야 합니다.

2) 전속 여부(제2호)

금융상품판매대리·중개업자는 자신이 하나의 금융상품직접판매업자에 전속(專屬)하여 해당 금융상품직접판매업자만을 대리하거나 중개하는지 여부를 금융소비자에게 미리 알려야 합니다.

3) 계약체결 권한 유무(제3호)

금융상품판매대리·중개업자는 금융상품직접판매업자로부터 금융상품 계약체결권을 부여받지 아니한 경우에는 자신에게 금융상품계약을 체결할 권한이 없다는 사실을 금융소비자에게 미리 알려야 합니다.

4) 손해배상책임(제4호)

금융상품판매대리·중개업자는 금융상품판매업자등의 손해배상책임(법 제44조)과 금융상품직접판매업자의 손해배상책임(법 제45조)에 관한 사항을 금융소비자에게 미리 알려야 합니다.

5) 그 밖에 금융소비자 보호 또는 건전한 거래질서를 위해 시행령으로 정하는 사항(제5호)

① 금융상품판매대리·중개업자는 자신이 금융소비자로부터 투자금, 보험료 등 계약의 이행으로서 급부를 받을 수 있는지 여부(법 제25조 제1항 제1호 본문)를 금융소비자에게 미리 알려야 합니다(시행령 제24조 제1항 제1호).

② 금융상품판매대리·중개업자는 재위탁이 예외적으로 허용되는 경우(법 제25조 제1항 제2호 단서 및 시행령 제23조 제2항 제1호 각 목)로서 보험설계사가 같은 보험회사·보험대리점 또는 보험중개사에 소속된 다른 보험설

계사와 위탁계약을 체결한 경우, 보험대리점이 소속 보험설계사 또는 같은 보험회사의 다른 보험대리점과 위탁계약을 체결한 경우,[16] 보험중개사가 소속 보험설계사 또는 다른 보험중개사와 위탁계약을 체결한 경우에는 각각 그 업무를 위탁한 금융상품판매대리·중개업자의 명의와 위탁받은 업무 내용을 금융소비자에게 미리 알려야 합니다(시행령 제24조 제1항 제2호).

③ 금융상품판매대리·중개업자는 금융소비자가 제공한 신용정보 또는 개인정보 등은 금융상품직접판매업자가 보유·관리한다는 사실(보험업법에 따른 보험중개사의 경우는 제외)을 금융소비자에게 미리 알려야 합니다(시행령 제24조 제1항 제3호).

④ 그 밖에 위 ①~③의 사항에 준하는 것으로서, 법 제25조 제2항의 내용, 즉 금융상품판매대리·중개업자는 금융상품판매 대리·중개 업무를 수행할 때 금융상품직접판매업자로부터 정해진 수수료 외의 금품, 그 밖의 재산상 이익을 요구하거나 받아서는 아니 된다는 점을 알려야 합니다(감독규정 제23조 제1항)

또한 '투자성 상품'의 경우에는 금융소비자의 금융상품 매매를 대신할 수 없다는 사실을 알려야 합니다(감독규정 제23조 제1항 제1호). '보장성 상품' 중 '보험'의 경우에는 보험업법에 따른 보험설계사의 이력(위탁계약을 체결했던 법인 및 그 법인과의 계약기간을 포함), 해당 보험설계사가 보험업법에 따른 영업정지, 등록취소 또는 과태료 처분, 보험사기방지법 제2조 제1호에 따른 보험사기행위로 3개월 이상의 업무정지를 받았다면 그 이력, 보험업감독규정 제9-4조의2 제7호에 따른 불완전판매비율 및 계약 유지율[17])에 관한 사항을 전자적 장치로 확인할 수 있다는 사실 및 그 확인방법에 관해서도 알려야 합니다.

---

16) 특히 보험대리점이 같은 보험회사의 다른 보험대리점과 위탁계약을 체결하는 경우에는 금융상품직접판매업자로부터 그 계약의 내용에 대해 사전동의를 받아야 합니다(시행령 제23조 제2항 제1호 나목 단서).

17) 금융감독원장이 정하는 산식에 따른 불완전판매비율 및 계약 유지율(원계약 기준)을 말합니다.

다. 표지 게시 및 증표 제시 의무(법 제26조 제2항, 제3항)

금융상품판매대리 · 중개업자는 금융상품판매 대리 · 중개업무를 수행할 때 자신이 금융상품판매대리 · 중개업자라는 사실을 나타내는 표지를 게시하거나 증표를 금융소비자에게 보여 주어야 할 의무도 부담합니다(법 제26조 제2항). 이에 따른 표지 게시 및 증표 제시와 관련해서는 ① 권한 있는 기관이 발급한 표지나 증표가 사용되어야 하고, ② 특히 표지는 사업장 및 인터넷 홈페이지(홈페이지가 있는 경우만 해당합니다)에 항상 게시되어야 합니다(법 제26조 제3항 및 시행령 제24조 제2항).[18]

라. 위반 시 책임

1) 손해배상책임(법 제44조, 제45조)

금융상품판매대리 · 중개업자가 고의 또는 과실로 제26조를 위반하고 그로 인하여 금융소비자에게 손해를 발생시킨 경우에는 그 손해를 배상할 책임이 있습니다. 또한 금융상품직접판매자는 금융상품판매대리 · 중개업자등에 대한 관리책임이 있으므로, 금융상품판매대리 · 중개업자등이 대리 · 중개 업무를 할 때 금융소비자에게 손해를 발생시킨 경우에는 그 손해를 배상할 책임이 있습니다. 다만, 금융상품직접판매업자의 경우 금융상품판매대리 · 중개업자등의 선임과 그 업무 감독에 대하여 적절한 주의를 하였고 손해를 방지하기 위하여 노력한 경우에는 면책됩니다.

---

18) 2022. 7. 7. 금융위원회가 입법예고한 시행령 개정안에서는 제24조 제2항을 수정하여 관계법 상 등록의무가 없는 금융상품판매대리 · 중개업자의 경우 금융상품직접판매업자가 증표를 발급할 수 있도록 규정하였습니다. 관계법상 등록의무가 없는 금융상품판매대리 · 중개업자의 경우도 고지의무 이행이 가능하게 하기 위함입니다(금융위원회, 시행령 조문별 개정 이유서).

> **시행령(안) 제24조(금융상품판매대리 · 중개업자의 고지의무 등)**
> ② 법 제26조제2항에 따른 표지 게시 및 증표 제시는 다음 각 호의 기준에 따른다.
>   1. 권한 있는 기관(**법 또는 금융관계법률에서 인허가 또는 등록을 하도록 규정한 경우에는 인허가 또는 등록업무를 수행하는 자를 말하며, 법 또는 금융관계 법률에서 인허가 또는 등록을 하지 아니하여도 그 업무를 영위할 수 있도록 규정한 경우에는 금융상품직접판매업자를 말한다.**)이 발급한 표지나 증표를 사용할 것

2) 행정적 책임[19]

금융상품판매대리·중개업자가 법 제26조 제1항을 위반하여 같은 항 각 호의 어느 하나에 해당하는 사항을 미리 금융소비자에게 알리지 아니한 경우 또는 동조 제2항을 위반하여 표지를 게시하지 아니하거나 증표를 보여 주지 아니한 경우 각 3천만 원 이하의 과태료가 부과됩니다(법 제69조 제2항 제7호).

또한 법 제26조를 위반한 해당 금융상품판매대리·중개업자 및 그 임직원은 금융위원회 또는 금융감독원으로부터 제재 조치를 받을 수 있습니다(법 제51조~제53조).

4. 금융상품자문업자의 영업행위준칙 등(법 제27조)

제27조(금융상품자문업자의 영업행위준칙 등) ① 금융상품자문업자는 금융소비자에 대하여 선량한 관리자의 주의로 자문에 응하여야 한다.

② 금융상품자문업자는 금융소비자의 이익을 보호하기 위하여 자문업무를 충실하게 수행하여야 한다.

③ 금융상품자문업자는 자문업무를 수행하는 과정에서 다음 각 호의 사항을 금융소비자에게 알려야 하며, 자신이 금융상품자문업자라는 사실을 나타내는 표지를 게시하거나 증표를 금융소비자에게 내보여야 한다.

1. 제12조 제2항 제6호 각 목의 요건을 갖춘 자(이하 이 조에서 "독립금융상품자문업자"라 한다)인지 여부

2. 금융상품판매업자로부터 자문과 관련한 재산상 이익을 제공받는 경우 그 재산상 이익의 종류 및 규모. 다만, 경미한 재산상 이익으로서 대통령령으로 정하는 경우는 제외한다.

3. 금융상품판매업을 겸영하는 경우 자신과 금융상품계약체결등 업무의 위탁관계에 있는 금융상품판매업자의 명칭 및 위탁 내용

4. 자문업무를 제공하는 금융상품의 범위

5. 자문업무의 제공 절차

6. 그 밖에 금융소비자 권익 보호 또는 건전한 거래질서를 위하여 대통령령으로 정하는 사항

④ 독립금융상품자문업자가 아닌 자는 "독립"이라는 문자 또는 이와 같은 의미를 가지고 있는 외국어 문자로서 대통령령으로 정하는 문자(이하 "독립문자"라 한다)를 명칭이나 광고에 사

---

19) 구체적인 내용은 본서 제16장(감독 및 처분, 형사처벌 등)을 참고하시기 바랍니다.

용할 수 없다.
⑤ 독립금융상품자문업자는 다음 각 호의 어느 하나에 해당하는 행위를 해서는 아니 된다.
1. 금융소비자의 자문에 대한 응답과 관련하여 금융상품판매업자(임직원을 포함한다)로부터 재산상 이익을 받는 행위. 다만, 금융상품판매업자의 자문에 응하여 그 대가를 받는 경우 등 대통령령으로 정하는 경우는 제외한다.
2. 그 밖에 금융소비자와의 이해상충이 발생할 수 있는 행위로서 대통령령으로 정하는 행위

가. 선관주의의무 및 충실의무(법 제27조 제1항, 제2항)

금융상품자문업자는 금융소비자에 대하여 선량한 관리자의 주의로 자문에 응하여야 하고(선관주의의무), 금융소비자의 이익을 보호하기 위하여 자문업무를 충실하게 수행하여야 합니다(충실의무).

나. 고지의무, 표지 게시 및 증표 제시 의무(법 제27조 제3항)

금융상품자문업자는 자문업무를 수행하는 과정에서 ① 자신이 독립금융상품자문업자인지 여부, ② 금융상품판매업자로부터 자문과 관련한 재산상 이익을 제공받는 경우 그 재산상 이익의 종류 및 규모,[20] ③ 금융상품판매업을 겸영하는 경우 자신과 금융상품계약체결등 업무의 위탁관계에 있는 금융상품판매업자의 명칭 및 위탁 내용, ④ 자문업무를 제공하는 금융상품의 범위, ⑤ 자문업무의 제공 절차, 그 밖에 금융소비자 권익 보호 또는 건전한 거래질서를 위하여 시행령으로 정하는 사항(시행령 제25조 제2항)으로서 ⑥ 자문업무에 따른 보수 및 그 결정 기준, ⑦ 위 보수 외에 추가로 금전 등을 요구하지 않는다는 사실, ⑧ 금융소비자의 금융상품 취득·처분에 따른 손실에 대해 책임을 지지 않는다는 사실을 금융소비자에게 알려야 합니다.

---

20) 다만, 20만 원 이내의 범위에서 금융위원회가 정하여 고시하는 재산상 이익을 제공받은 경우는 고지사항에서 제외됩니다(시행령 제25조 제1항). 다만 현재까지 감독규정에서 20만 원 이내의 범위에서 허용되는 재산상 이익에 대해서 정하고 있지 않습니다.

또한 금융상품자문업자는 자문업무를 수행하는 과정에서 자신이 금융상품자문업자라는 사실을 나타내는 표지를 게시하거나 증표를 금융소비자에게 내보여야 합니다.

다. 독립금융상품자문업자 아닌 자의 독립문자 사용금지의무(법 제27조 제4항)

독립금융상품자문업자가 아닌 금융상품자문업자는 독립금융상품자문업자와 혼동되지 않도록 "독립"이라는 문자 또는 이와 같은 의미를 가지고 있는 영어 · 프랑스어 · 스페인어 · 일본어 · 중국어 기타 금융위원회가 정하여 고시하는 외국어[21]로 쓰여진 문자를 명칭이나 광고에 사용할 수 없습니다(시행령 제25조 제3항).

라. 독립금융상품자문업자의 이해상충행위 금지의무(법 제27조 제5항)

독립금융상품자문업자는 ① 금융소비자의 자문에 대한 응답과 관련하여 금융상품판매업자(임직원을 포함)로부터 재산상 이익을 받거나(법 제27조 제5항 제1호),[22] 그 밖에 금융소비자와의 이해상충이 발생할 수 있는 행위로서 ② 특정 금융상품직접판매업자의 금융상품으로 한정하여 자문에 응하는 행위, ③ 금융소비자의 개인정보 및 신용정보 등을 자신 또는 제3자의 이익을 위해 사용하는 행위, ④ 특정 금융상품판매업자 또는 특정 금융상품을 광고하는 행위, ⑤ 자문업무에 관한 계약을 체결한 이후에 그 금융소비자의 동의 없이 자문업무를 제3자에게 위탁하는 행위, 그리고 위 ②~⑤의 행위에 준하는 것으로서 투자성 상품에 관한 금융상품자문업을 영위하는 경우로서 ⑥ 독립금융상품자문업자의 임원 · 직원이 자본시장법 제63조 제1항[23] 각 호의 방법을 준수하지 않고 자기

---

21) 감독규정에서 이를 구체화하는 조항을 두고 있지 않습니다.

22) 다만, 금융상품판매업자의 자문에 응하여 그 대가를 받는 것은 허용됩니다(법 제27조 제5항 제1호 단서 및 시행령 제25조 제4항).

23) **자본시장법 제63조(임직원의 금융투자상품 매매)** ① 금융투자업자의 임직원(겸영금융투자업자 중 대통령령으로 정하는 금융투자업자의 경우에는 금융투자업의 직무를 수행하는 임직원에 한

의 계산으로 자본시장법 시행령 제64조 제2항[24] 각 호의 어느 하나에 해당하는 금융상품을 매매하는 행위, ⑦ 독립금융상품자문업자가 분기별로 임원·직원의 투자성 상품을 매매한 내역을 확인하는 경우에 자본시장법 제63조 제2항[25]에

한다. 이하 이 조에서 같다)은 자기의 계산으로 대통령령으로 정하는 금융투자상품을 매매하는 경우에는 다음 각 호의 방법에 따라야 한다.
  1. 자기의 명의로 매매할 것
  2. 투자중개업자 중 하나의 회사(투자중개업자의 임직원의 경우에는 그가 소속된 투자중개업자에 한하되, 그 투자중개업자가 그 임직원이 매매하려는 금융투자상품을 취급하지 아니하는 경우에는 다른 투자중개업자를 이용할 수 있다)를 선택하여 하나의 계좌를 통하여 매매할 것. 다만, 금융투자상품의 종류, 계좌의 성격 등을 고려하여 대통령령으로 정하는 경우에는 둘 이상의 회사 또는 둘 이상의 계좌를 통하여 매매할 수 있다.
  3. 매매명세를 분기별(투자권유자문인력, 제286조 제1항 제3호 나목의 조사분석인력 및 투자운용인력의 경우에는 월별로 한다. 이하 이 조에서 같다)로 소속 금융투자업자에게 통지할 것
  4. 그 밖에 불공정행위의 방지 또는 투자자와의 이해상충의 방지를 위하여 대통령령으로 정하는 방법 및 절차를 준수할 것

24) **자본시장법 시행령 제64조(임직원의 금융투자상품 매매)** ② 법 제63조 제1항에 따라 다음 각 호의 어느 하나에 해당하는 금융투자상품을 매매하는 경우에는 법 제63조 제1항 각 호의 방법에 따라야 한다. 다만, 다음 각 호의 금융투자상품이 법 제9조 제4항에 따른 투자일임계약에 따라 매매되는 경우에는 법 제63조 제1항 제3호를 적용하지 아니한다.
  1. 증권시장에 상장된 지분증권(제178조 제1항 제1호에 따른 장외거래 방법에 의하여 매매가 이루어지는 주권을 포함한다). 다만, 다음 각 목의 어느 하나에 해당하는 것은 제외한다.
    가. 법 제9조 제18항 제2호에 따른 투자회사(이하 "투자회사"라 한다)의 주권과 투자유한회사·투자합자회사·투자유한책임회사·투자합자조합·투자익명조합의 지분증권
    나. 「근로복지기본법」 제33조에 따라 설립된 우리사주조합 명의로 취득하는 우리사주조합이 설립된 회사의 주식
  2. 증권시장에 상장된 증권예탁증권(제1호에 따른 지분증권과 관련된 증권예탁증권만 해당한다. 이하 이 항에서 같다)
  3. 주권 관련 사채권(제68조 제4항에 따른 주권 관련 사채권을 말한다. 이하 같다)으로서 제1호에 따른 지분증권이나 제2호에 따른 증권예탁증권과 관련된 것
  4. 제1호에 따른 지분증권, 제2호에 따른 증권예탁증권이나 이들을 기초로 하는 지수의 변동과 연계된 파생결합증권. 다만, 불공정행위 또는 투자자와의 이해상충 가능성이 크지 아니한 경우로서 금융위원회가 정하여 고시하는 파생결합증권은 제외한다.
  5. 장내파생상품
  6. 제1호에 따른 지분증권, 제2호에 따른 증권예탁증권이나 이들을 기초로 하는 지수의 변동과 연계된 장외파생상품
25) **자본시장법 제63조(임직원의 금융투자상품 매매)** ② 금융투자업자는 그 임직원의 자기계산에 의한 금융투자상품 매매와 관련하여 불공정행위의 방지 또는 투자자와의 이해상충의 방지를

따른 기준 및 절차를 준수하지 않는 행위, ⑧ 자본시장법 제98조 제1항 제5호에 해당하는 행위, 즉 금융투자상품등의 가격에 중대한 영향을 미칠 수 있는 투자판단에 관한 자문 또는 매매 의사를 결정한 후 이를 실행하기 전에 그 금융투자상품등을 자기의 계산으로 매매하거나 제3자에게 매매를 권유하는 행위, ⑨ 자본시장법 제98조의2 제1항에 해당하는 행위, 즉 투자자문과 관련한 투자결과와 연동된 성과보수를 받는 행위를 해서는 아니 됩니다(법 제27조 제5항 제2호, 시행령 제25조 제5항 각 호, 감독규정 제24조 각 호).

마. 위반 시 책임

1) 손해배상책임(법 제44조, 제45조)

금융상품자문업자가 고의 또는 과실로 법 제27조의 영업행위준칙등을 위반하여 금융소비자에게 손해를 발생시킨 경우에는 이를 배상할 책임이 있습니다(법 제44조). 여기서 고의 또는 과실의 인정 여부는 금융상품자문업자가 금융소비자에 대하여 선량한 관리자의 주의로 자문에 응하였는지(선관주의의무), 금융소비자의 이익을 보호하기 위하여 자문업무를 충실하게 수행하였는지(충실의무)에 따라 판단될 것입니다.

2) 행정적 책임[26]

금융상품자문업자가 법 제27조 제3항을 위반하여 같은 항 각 호의 어느 하나에 해당하는 사항을 금융소비자에게 알리지 아니하거나, 표지를 게시하지 아니하거나 증표를 내보이지 아니한 경우, 법 제27조 제4항을 위반하여 독립문자를 명칭에 사용하거나 광고에 사용한 경우, 각 1억 원 이하의 과태료가 부과됩니다(법 제69조 제1항 제9호, 제10호).

또한 법 제27조를 위반한 해당 금융상품자문업자 및 그 임직원은 금융위원회 또는 금융감독원으로부터 제재 조치를 받을 수 있습니다(법 제51조~제53조).

위하여 그 금융투자업자의 임직원이 따라야 할 적절한 기준 및 절차를 정하여야 한다.
26) 구체적인 내용은 본서 제16장(감독 및 처분, 형사처벌 등)을 참고하시기 바랍니다.

5. 자료의 기록 · 유지 · 관리의무 등(법 제28조)

제28조(자료의 기록 및 유지 · 관리 등) ① 금융상품판매업자등은 금융상품판매업등의 업무와 관련한 자료로서 대통령령으로 정하는 자료를 기록하여야 하며, 자료의 종류별로 대통령령으로 정하는 기간 동안 유지 · 관리하여야 한다.

② 금융상품판매업자등은 제1항에 따라 기록 및 유지 · 관리하여야 하는 자료가 멸실 또는 위조되거나 변조되지 아니하도록 적절한 대책을 수립 · 시행하여야 한다.

③ 금융소비자는 제36조에 따른 분쟁조정 또는 소송의 수행 등 권리구제를 위한 목적으로 제1항에 따라 금융상품판매업자등이 기록 및 유지 · 관리하는 자료의 열람(사본의 제공 또는 청취를 포함한다. 이하 이 조에서 같다)을 요구할 수 있다.

④ 금융상품판매업자등은 제3항에 따른 열람을 요구받았을 때에는 해당 자료의 유형에 따라 요구받은 날부터 10일 이내의 범위에서 대통령령으로 정하는 기간 내에 금융소비자가 해당 자료를 열람할 수 있도록 하여야 한다. 이 경우 해당 기간 내에 열람할 수 없는 정당한 사유가 있을 때에는 금융소비자에게 그 사유를 알리고 열람을 연기할 수 있으며, 그 사유가 소멸하면 지체 없이 열람하게 하여야 한다.

⑤ 금융상품판매업자등은 다음 각 호의 어느 하나에 해당하는 경우에는 금융소비자에게 그 사유를 알리고 열람을 제한하거나 거절할 수 있다.

1. 법령에 따라 열람을 제한하거나 거절할 수 있는 경우

2. 다른 사람의 생명 · 신체를 해칠 우려가 있거나 다른 사람의 재산과 그 밖의 이익을 부당하게 침해할 우려가 있는 경우

3. 그 밖에 열람으로 인하여 해당 금융회사의 영업비밀(「부정경쟁방지 및 영업비밀보호에 관한 법률」 제2조 제2호에 따른 영업비밀을 말한다)이 현저히 침해되는 등 열람하기 부적절한 경우로서 대통령령으로 정하는 경우

⑥ 금융상품판매업자등은 금융소비자가 열람을 요구하는 경우 대통령령으로 정하는 바에 따라 수수료와 우송료(사본의 우송을 청구하는 경우만 해당한다)를 청구할 수 있다.

⑦ 제3항부터 제5항까지의 규정에 따른 열람의 요구 · 제한, 통지 등의 방법 및 절차에 관하여 필요한 사항은 대통령령으로 정한다.

가. 의 의

법은 금융거래 자료가 훼손되어 관련 분쟁의 증거가 확보되지 못하는 사태를 방지하기 위하여 금융상품판매업자등에게 일정한 관리책임을 부과하고 금융소비자의 권리구제를 용이하게 하기 위해 해당 자료에 대한 금융소비자의 접근권을 보장하고 있습니다.

나. 금융상품판매업자등의 자료 기록 및 유지·관리의무(법 제28조 제1항)

금융상품판매업자등은 금융상품판매업등의 업무와 관련한 자료로서 시행령으로 정하는 자료를 기록하여야 하며, 이와 같이 기록한 자료를 그 종류별로 시행령으로 정하는 기간 동안 유지·관리하여야 합니다.

1) 기록하여야 할 자료의 범위(시행령 제26조 제1항)

금융상품판매업자등이 기록하여야 할 금융상품판매업등의 업무와 관련한 자료에는, ① 계약체결에 관한 자료, ② 계약의 이행에 관한 자료, ③ 금융상품등에 관한 광고 자료, ④ 금융소비자의 권리행사에 관한 자료로서 금융소비자의 자료 열람 연기·제한 및 거절에 관한 자료, 청약의 철회에 관한 자료, 위법계약의 해지에 관한 자료, ⑤ 내부통제기준의 제정 및 운영 등에 관한 자료, ⑥ 업무 위탁에 관한 자료, ⑦ 위 ①~⑥의 자료에 준하는 것으로서 금융위원회가 정하여 고시하는 자료[27]가 포함됩니다.

2) 자료의 유지·관리기간(시행령 제26조 제2항)

금융상품판매업자등이 자료를 유지·관리하여야 하는 기간은 원칙적으로 10년입니다. 다만, ① 계약체결이나 계약의 이행에 관한 자료(보장기간이 10년을 초과하는 보장성 상품만 해당)의 경우에는 자료의 유지·관리기간이 해당 보장성 상품의 보장기간까지 연장되고, ② 내부통제기준의 제정 및 운영 등에 관한 자료의 경우 그 기간이 5년으로 단축됩니다.[28]

---

27) 감독규정은 이를 구체화하는 조항을 두고 있지 않습니다.

28) 2022. 7. 7. 금융위원회가 입법예고한 시행령 개정안에서는 제26조 제2항을 추가하여 거래

다. 금융상품판매업자등의 자료 멸실 또는 위조·변조 방지대책 수립·시행의무(법 제28조 제2항)

금융상품판매업자등은 위와 같이 기록 및 유지·관리하여야 할 자료가 멸실 또는 위조되거나 변조되지 아니하도록 적절한 대책을 수립·시행하여야 합니다.

라. 금융소비자의 자료열람요구권(법 제28조 제3항, 제7항)

1) 자료열람요구의 목적(법 제28조 제3항)

금융소비자는 법 제36조에 따른 분쟁조정 또는 소송의 수행 등 '권리구제'를 위한 목적으로 금융상품판매업자등에게 기록 및 유지·관리하는 자료의 열람(사본의 제공 또는 청취를 포함)을 요구할 수 있습니다.[29] 금융상품판매업자등이 보관하는 자료에 대한 금융소비자의 접근권을 보장하기 위하여 금융소비자의 자료열람요구권을 인정하면서도, 해당 권리가 오·남용되지 않도록 자료열람요구의 목적을 '권리구제'로 제한한 것입니다.

금융소비자가 자료의 열람을 요구하고자 하는 경우에는 열람요구서를 금융상품판매업자등에게 제출해야 하는데, 해당 요구서에는 ① 열람의 목적(법 제36조에 따른 분쟁조정 신청내역 또는 소송제기 내역), ② 열람의 범위(열람하고자 하는 자료

기간이 10년을 초과하는 금융상품의 경우 해당 거래기간 동안 계약체결 이행관련 자료를 보관하여야 함을 규정하였습니다. 거래기간이 10년을 초과하는 금융상품과 관련한 사후분쟁 발생 시 소비자가 관련 서류를 확보할 수 있도록 함으로써 금융소비자 보호를 강화하기 위함입니다(금융위원회, 시행령 조문별 개정 이유서).

> **시행령(안) 제26조(자료의 기록 및 유지·관리 등)** ② 법 제28조제1항에서 "대통령령으로 정하는 기간"이란 10년을 말한다. 다만, 다음 각 호의 자료는 해당 각 호의 구분에 따른 기간으로 한다.
> 1. 제1항 제1호 및 제2호의 자료(보장기간이 10년을 초과하는 보장성 상품 및 거래기간이 10년을 초과하는 금융상품만 해당한다): 해당 보장성 상품의 보장기간 <u>또는 해당 금융상품의 거래기간</u>

29) 금융감독원의 행정지도인 「금융소비자보호 모범규준」은 제32조에서 금융소비자에게 분쟁조정, 소송의 수행 등 권리구제 및 그 준비를 목적으로 금융회사가 기록 및 유지·관리하는 자료의 열람(사본의 제공을 포함)·청취를 요구할 수 있도록 규정하고 있었습니다. 동 모범규준은 유효기간 만료로 2021. 9. 24.자로 폐지되었습니다.

의 내용 및 해당 자료와 열람의 목적 간의 관계), ③ 열람의 방법이 포함되어 있어야 합니다(시행령 제26조 제3항, 감독규정 제25조 제2항 각 호).

2) 금융상품판매업자등의 자료열람제공의무(법 제28조 제4항)

금융상품판매업자등이 금융소비자로부터 자료열람을 요구받은 경우 해당 자료의 유형에 따라 요구받은 날부터 8일 이내에 금융소비자가 해당 자료를 열람할 수 있도록 조치하여야 합니다. 다만, 이 경우 해당 기간 내에 열람할 수 없는 정당한 사유가 있을 때에는 금융소비자에게 그 사유를 알리고 열람을 연기할 수 있으며, 그 사유가 소멸하면 지체 없이 열람하게 하여야 합니다(법 제28조 제4항, 시행령 제26조 제4항).

3) 자료열람의 제한 또는 거절(법 제28조 제5항)

금융상품판매업자등은 예외적으로 ① 법령에 따라 열람을 제한하거나 거절할 수 있는 경우, ② 다른 사람의 생명·신체를 해칠 우려가 있거나 다른 사람의 재산과 그 밖의 이익을 부당하게 침해할 우려가 있는 경우, ③ 부정경쟁방지법 제2조 제2호에 따른 영업비밀[30]이 현저히 침해될 우려가 있는 경우, ④ 개인정보의 공개로 인해 사생활의 비밀 또는 자유를 부당하게 침해할 우려가 있는 경우, ⑤ 열람하려는 자료가 열람목적과 관련이 없다는 사실이 명백한 경우에는 금융소비자에게 그 사유를 알리고 열람을 제한하거나 거절할 수 있습니다(법 제28조 제5항, 시행령 제26조 제6항).

4) 자료열람, 열람의 연기 및 제한·거절의 통지와 방법(법 제28조 제7항)

금융상품판매업자등이 자료의 열람을 요구한 금융소비자에게 열람, 열람의 연기 및 열람의 제한·거절을 알리는 경우에는 '문서'로 하는 것이 원칙입니다(시행령 제26조 제5항 본문). 감독규정은 이와 같이 문서로 알리는 경우 해당 문서에 기재해야 하는 사항을 구체적으로 정하고 있는데, 이에 따르면 ① 열람이 가능한 경우에는 해당 문서에 열람이 가능한 자료의 목록, 열람이 가능한 날짜

---

30) 공공연히 알려져 있지 아니하고 독립된 경제적 가치를 가지는 것으로서, 비밀로 관리된 생산방법, 판매방법, 그 밖에 영업활동에 유용한 기술상 또는 경영상의 정보를 말합니다.

및 시간, 열람 방법이 기재되어야 하고, ② 열람을 요구한 자료 중 일부만 열람이 가능한 경우에는 위 ①의 사항 외에 열람을 요구한 자료 중 일부만 열람이 가능한 이유, 이의제기 방법이 기재되어야 하며, ③ 열람이 불가한 경우에는 열람이 불가한 사유, 이의제기 방법이 기재되어야 합니다(감독규정 제25조 제3항).

다만, 금융상품판매업자등이 자료의 열람이 가능하다는 뜻을 알리는 경우에는 문서가 아니라 '전화, 팩스, 전자우편 또는 휴대전화 문자메시지 등'의 방법으로도 알릴 수 있습니다(시행령 제26조 제5항 단서).

5) 자료열람비용의 부담(법 제28조 제6항)

금융상품판매업자등은 금융소비자가 자료의 열람을 요구하는 경우 수수료와 우송료(우송료는 사본의 우송을 청구하는 경우만 해당)를 청구할 수 있습니다. 이 경우 실비를 기준으로 한 금액을 청구할 수 있는 것이 원칙이지만, 열람업무의 효율적인 운영을 위해 필요한 경우에는 미리 수수료 또는 우송료를 청구할 수 있습니다(시행령 제26조 제7항).

마. 위반 시 책임

1) 손해배상책임(법 제44조)

금융상품판매업자등이 고의 또는 과실로 법 제28조를 위반하여 금융소비자에게 손해를 발생시킨 경우에는 이를 배상할 책임이 있습니다(법 제44조).

2) 행정적 책임[31]

금융상품판매업자등이 법 제28조 제1항을 위반하여 자료를 기록하지 아니하거나 자료의 종류별로 유지·관리하지 아니한 경우 1억 원 이하의 과태료가 부과됩니다(법 제69조 제1항 제12호).

또한 법 제28조를 위반한 해당 금융상품판매업자등 및 그 임직원은 금융위원회 또는 금융감독원으로부터 제재 조치를 받을 수 있습니다(법 제51조~제53조).

---

31) 구체적인 내용은 본서 제16장(감독 및 처분, 형사처벌 등)을 참고하시기 바랍니다.

제12장

금융소비자정책 수립 및 금융교육

1. 금융소비자보호 및 금융교육

제29조(금융소비자 보호) ① 금융위원회는 금융소비자의 권익 보호와 금융상품판매업등의 건전한 시장질서 구축을 위하여 금융소비자정책을 수립하여야 한다.

② 금융위원회는 금융소비자의 권익 증진, 건전한 금융생활 지원 및 금융소비자의 금융역량 향상을 위하여 노력하여야 한다.

제30조(금융교육) ① 금융위원회는 금융교육을 통하여 금융소비자가 금융에 관한 높은 이해력을 바탕으로 합리적인 의사결정을 내리고 이를 기반으로 하여 장기적으로 금융복지를 누릴 수 있도록 노력하여야 하며, 예산의 범위에서 이에 필요한 지원을 할 수 있다.

② 금융위원회는 금융환경 변화에 따라 금융소비자의 금융역량 향상을 위한 교육프로그램을 개발하여야 한다.

③ 금융위원회는 금융교육과 학교교육·평생교육을 연계하여 금융교육의 효과를 높이기 위한 시책을 수립·시행하여야 한다.

④ 금융위원회는 3년마다 금융소비자의 금융역량에 관한 조사를 하고, 그 결과를 금융교육에 관한 정책 수립에 반영하여야 한다.

⑤ 금융위원회는 제2항부터 제4항까지의 규정에 따른 금융교육에 관한 업무를 대통령령으로 정하는 바에 따라 금융감독원(「금융위원회의 설치 등에 관한 법률」에 따른 금융감독원을 말한다. 이하 같다)의 장(이하 "금융감독원장"이라 한다) 또는 금융교육 관련 기관·단체에 위탁할 수 있다.

제31조(금융교육협의회) ① 금융교육에 대한 정책을 심의·의결하기 위하여 금융위원회에 금융교육협의회(이하 "협의회"라 한다)를 둔다.

② 협의회는 다음 각 호의 사항을 심의·의결한다.

1. 금융교육의 종합적 추진에 관한 사항

2. 금융소비자 교육과 관련한 평가, 제도개선 및 부처 간 협력에 관한 사항

3. 그 밖에 의장이 금융소비자의 금융역량 강화를 위하여 토의에 부치는 사항

③ 협의회는 의장 1명을 포함하여 25명 이내의 위원으로 구성한다.

④ 협의회의 의장은 금융위원회 부위원장이 된다.

⑤ 협의회의 위원은 다음 각 호의 사람이 된다.

1. 금융위원회, 공정거래위원회, 기획재정부, 교육부, 행정안전부, 고용노동부 등 금융교육과 관련 있는 대통령령으로 정하는 관계 행정기관의 고위공무원단에 속하는 공무원으로서 소속 기관의 장이 지명하는 사람

2. 금융소비자보호 업무를 담당하는 금융감독원의 부원장

⑥ 협의회는 제2항에 따른 심의·의결을 위하여 필요한 경우 관련 자료의 제출을 제5항 각 호의 기관에 요구할 수 있다.

⑦ 제1항부터 제6항까지에서 규정한 사항 외에 협의회의 구성 및 운영에 필요한 사항은 대통령령으로 정한다.

가. 의 의

법은 금융소비자의 금융역량을 제고함으로써 금융상품 선택권을 강화하기 위한 제도를 두고 있습니다. 이를 위해 그간 실무 차원에서 운영되어 왔던 금융교육협의회의 법적 근거를 마련하였습니다.

나. 주요 내용

1) 금융소비자보호 정책 추진

금융위원회는 금융소비자의 권익을 보호하고 금융상품판매업등의 시장질서를 건전하게 구축하기 위하여 금융소비자정책을 수립하여야 합니다. 또한 금융소비자의 권익 증진, 건전한 금융생활 지원 및 금융소비자의 금융역량 향상을 위하여 노력하여야 합니다(법 제29조).

2) 금융교육

금융위원회는 금융교육을 통하여 금융소비자가 금융에 관한 높은 이해력을 바탕으로 합리적인 의사결정을 내리고 이를 기반으로 하여 장기적으로 금융복지를 누릴 수 있도록 노력하여야 하고, 예산의 범위에서 이에 필요한 지원을 할 수 있습니다(법 제30조 제1항). 이를 위해 금융위원회는 ① 금융소비자의 금융역량 향상을 위한 금융교육프로그램을 개발하여야 하고(동조 제2항), ② 학교교육·평생교육과 연계한 금융교육 관련 시책을 수립 및 수행하여야 하며(동조 제3항), ③ 3년마다 금융소비자의 금융역량 조사를 실시하여야 합니다(동조 제4항). 위 각 업무는 금융감독원장에 위탁되어 있습니다(동조 제5항, 시행령 제27조 제1항, 감독규정 제26조 제1항).

3) 금융교육협의회

금융위원회에 설치되어 있는 금융교육협의회는 금융교육의 종합적 추진에 관한 사항, 소비자교육 관련 평가, 제도개선 및 부처 간 협력에 관한 사항 등을 심의·의결하기 위한 기구입니다(법 제31조 제1항, 제2항). 협의회는 의장 1명을 포함하여 25명 이내의 위원으로 구성되고(동조 제3항), 의장은 금융위원회 부원장이 맡게 됩니다(동조 제4항). 협의회의 정기회의는 매년 2회, 임시회의는 협의회의 의장이 필요하다고 인정하는 경우에 개최됩니다(동조 제7항, 시행령 제28조 제2항). 협의회는 심의·의결에 필요한 자료의 제출을 공정거래위원회, 기획재정부 등 관련 기관에 요구할 수 있습니다(법 제31조 제6항).

2. 금융상품 비교공시

제32조(금융상품 비교공시 등) ① 금융위원회는 금융소비자가 금융상품의 주요 내용을 알기 쉽게 비교할 수 있도록 제3조에 따른 금융상품의 유형별로 금융상품의 주요 내용을 비교하여 공시할 수 있다.

④ 제1항에 따른 비교공시 대상 금융상품의 범위, 내용 및 절차, 제2항에 따른 금융소비자 보호 실태 내용 및 평가와 공표의 절차, 제3항에 따른 금융소비자보호기준의 내용 및 절차에 관하여 필요한 사항은 대통령령으로 정한다.

가. 의 의

법은 금융상품의 주요 내용을 금융소비자가 쉽게 비교할 수 있도록 금융상품 비교공시제도의 법적 근거를 마련하였습니다.

나. 주요 내용

금융위원회는 예·적금, 대출, 집합투자증권, 보험, 연금저축계좌, 퇴직연금제도의 유형별 주요 내용을 비교하여 공시할 수 있습니다(법 제32조 제4항, 시행령 제29조 제1항, 감독규정 제27조 제1항). 위 업무는 금융감독원장에 위탁되어 있습니다(법 제49조 제1항 제3호). 금융상품의 비교공시에는 이자율, 보험료, 수수료, 중도상환수수료율, 위험등급 등 금융소비자가 유의해야 할 사항, 비교공시된 정보를 제공한 금융상품직접판매업자의 담당부서·연락처 및 비교공시 시점에 대한 정보, 그리고 각 상품별로 감독규정 시행세칙에서 정하는 일정한 사항이 포함되어야 합니다(법 제32조 제4항, 시행령 제29조 제2항, 감독규정 제27조 제2항, 감독규정 시행세칙 제4조). 금융위원회는 비교공시의 효율적 운영을 위해 필요하다고 인정하는 경우 관계 중앙행정기관, 지방자치단체, 금융관련 기관·단체 또는 전문가의 의견을 듣거나 자료의 제출을 요청할 수 있으며(법 제32조 제4항, 시행령 제29조 제3항), 협회로 하여금 비교공시에 필요한 자료를 주기적으로 제출하도록 요청할 수도 있습니다(법 제32조 제4항, 시행령 제29조 제5항, 감독규정 제27조 제4항).

한편, 금융감독원장은 매년 금융감독원장이 운영하는 비교공시 전산처리시스템과 협회등이 운영하는 비교공시[1] 전산처리시스템에 대한 일반금융소비자의 만족도를 조사하여야 하고(법 제32조 제4항, 시행령 제29조 제5항, 감독규정 제27조 제5항), 그 결과에 따라 금융소비자의 편익을 위해 개선이 필요한 사항은 지체없이 조치해야 하며(감독규정 제27조 제6항), 해당 조사 및 조치의 결과를 홈페이지에 게시해야 합니다(감독규정 제27조 제7항).

---

1) 금융감독당국은 협회의 금융상품 정보 비교공시 서비스는 법에 따라 공익 목적으로 제공된다는 점에서 광고로 보기 어렵다고 해석한 바 있습니다(금융위원회·금융감독원, "금융광고규제 가이드라인", 2021. 6. 8., 3쪽).

3. 금융소비자 보호실태평가 및 보호기준

가. 금융소비자 보호실태평가

> **제32조(금융상품 비교공시 등)** ② 금융감독원장은 대통령령으로 정하는 금융상품판매업자등의 금융소비자 보호실태를 평가하고 그 결과를 공표할 수 있다.
> ④ 제1항에 따른 비교공시 대상 금융상품의 범위, 내용 및 절차, 제2항에 따른 금융소비자 보호 실태 내용 및 평가와 공표의 절차, 제3항에 따른 금융소비자보호기준의 내용 및 절차에 관하여 필요한 사항은 대통령령으로 정한다.

1) 의 의

법은 기존 행정지도인 「금융소비자보호모범규준」에 근거하여 운영되던 금융소비자보호 실태평가에 대한 법적 근거를 마련하고 그 결과를 공표할 수 있도록 하였습니다.

2) 주요 내용

금융감독원장은 매년 영업의 규모, 시장점유율, 민원 현황 등[2]을 고려하여 실태평가 대상을 지정하고, 해당 금융상품판매업자등의 금융소비자 보호실태를 평가하여 그 결과를 공표할 수 있습니다(법 제32조 제2항, 시행령 제30조 제1항). 이때 실태평가 주기는 사전에 금융위원회와 협의하여 정하되, 금융감독원은 소비자 보호를 위해 불가피한 경우 사전에 협의한 주기와 달리 정할 수 있습니다(시행령 제30조 제8항, 감독규정 제28조 제1항). 금융감독원장은 실태평가를 실시하는 경우 해당 금융상품판매업자등에게 평가 기간, 방법, 내용 및 평가책임자 등에 관한 사항을 미리 서면으로 알려야 합니다(시행령 제30조 제5항). 실태평가는 현장평가가 원칙이고, 금융감독원장은 평가대상 금융상품판매업자등에게 금융소

---

2) 구체적으로, 실태평가 대상은 영업의 규모 및 시장점유율, 취급하는 금융상품의 종류 및 성격, 법 제48조에 따른 감독 및 법 제50조에 따른 검사 결과, 해당 금융상품에 대한 민원 또는 분쟁 현황, 자율진단 결과, 실태평가 결과에 따른 금융상품판매업자등의 개선계획 또는 조치내용 등을 고려하여 결정됩니다(시행령 제30조 제1항, 감독규정 제28조 제2항, 감독규정 시행세칙 제6조 제1항).

비자보호실태평가를 위해 필요한 자료제출을 요구할 수 있습니다(감독규정 시행세칙 제7조 제1항, 제3항).

금융소비자 보호실태 평가사항은 내부통제기준 및 금융소비자보호기준의 운영에 관한 사항이고(시행령 제30조 제2항), 평가 결과는 금융감독원, 관련 협회 및 평가대상 금융상품판매업자등의 인터넷 홈페이지에 각 게시됩니다(시행령 제30조 제7항, 제8항, 감독규정 시행세칙 제11조). 금융감독원장은 실태평가의 실효성 확보를 위해 실태평가 종료 후 2개월 이내에 개선계획을 확인하여야 하고, 개선계획 확인 후 1년 이내 그에 따른 조치 결과를 확인하여야 합니다(시행령 제30조 제8항, 감독규정 제28조 제3항). 나아가 금융감독원장은 실태평가를 미실시한 회사 중 일부를 선별하여 스스로 평가를 실시하도록 하고(자율진단), 그 결과를 실태평가 대상 선정 시 참고하게 됩니다(시행령 제30조 제1항 제5호, 제8항, 감독규정 제28조 제2항 제1호, 제1항 제3호 나목).

감독규정 시행세칙은 금융소비자보호실태평가 평가항목 및 평가지표를 다음과 같이 구체화하고 있습니다(감독규정 시행세칙 제8조 제1항, 별표4).

■ 표 금융소비자보호실태평가 평가항목 및 평가지표

구 분	평가항목	평가지표
계량지표	민원 사전예방에 관련 사항	– 금융상품에 대한 민원·분쟁의 발생건수 – 금융상품에 대한 민원·분쟁의 증감률
	민원 처리노력 및 금융소비자 대상 소송 관련 사항	– 평균 민원처리 기간 – 자율조정처리 의뢰된 민원건중 조정성립된 민원건수비율 – 소송건중 패소율 및 분쟁조정 중 금융회사의 소송제기 건수
비계량 지표	금융소비자보호를 전담하는 조직 관련 사항	– 금융소비자보호 내부통제위원회, 금융소비자보호 총괄기관의 설치·권한 및 운영현황 등 – 금융소비자보호 총괄기관의 업무를 수행하는 임직원의 임명·자격요건·권한·직무 현황 및 성과 보상체계 설계·운영 등 – 금융소비자보호 업무계획 수립 및 유관 부서의 소비자보호 노력에 대한 성과 보상체계 설계·운영 등
	금융상품 개발 과정의 소비자 보호 체계 구축 및 운영	– 금융상품 개발 단계에서 부서간 정보공유, 금융소비자에 대한 잠재적 위험 평가 관련 절차·방법·기준 및 운영현황 등 – 외부 전문가·금융소비자 등 의견 반영 관련 절차·방법·기준 및 운영현황 등

구 분	평가항목	평가지표
	금융상품판매 과정의 소비자 보호 체계 구축 및 운영	– 금융상품판매 관련 절차·방법·기준 및 운영현황 등 – 영업 담당 임직원의 자격요건, 교육 및 소비자보호 관련 성과 보상체계의 운영 현황 등 – 금융상품판매 후 프로세스(미스터리 쇼핑 등) 운영 현황 등
	민원 관리시스템 및 소비자정보 공시 관련 사항	– 민원 접수채널, 규정·매뉴얼 및 전산시스템 운영 현황 등 – 민원 모니터링, 사전예방 프로그램 및 인력운영 현황 등 – 홈페이지, ARS 등을 통한 소비자정보 접근성 – 금융상품 설명 등 관련 공시, 안내 현황
	기타 소비자보호 관련 사항	– 고령자, 장애인의 편의성 제고 및 소비자 피해 예방을 위한 절차·방법 및 기준 현황 등 – 임직원 대상 교육 프로그램 운영 현황 등 – 금융감독당국의 소비자보호 정책 등에 대한 참여 및 이행 – 그 밖에 금융회사의 내부통제기준, 소비자보호 기준에서 소비자 보호 관련 기타 사항

금융소비자보호실태평가 평가결과는 부문평가결과와 종합평가결과로 구분되고, 평가등급은 1등급에서 5등급까지 5단계로 구분되어 있습니다(감독규정 시행세칙 제9조 제1항, 제3항).

나. 금융소비자보호기준

제32조(금융상품 비교공시 등) ③ 대통령령으로 정하는 금융상품판매업자등은 금융소비자 불만 예방 및 신속한 사후구제를 통하여 금융소비자를 보호하기 위하여 그 임직원이 직무를 수행할 때 준수하여야 할 기본적인 절차와 기준(이하 "금융소비자보호기준"이라 한다)을 정하여야 한다.
④ 제1항에 따른 비교공시 대상 금융상품의 범위, 내용 및 절차, 제2항에 따른 금융소비자 보호 실태 내용 및 평가와 공표의 절차, 제3항에 따른 금융소비자보호기준의 내용 및 절차에 관하여 필요한 사항은 대통령령으로 정한다.

1) 의 의

법은 금융상품판매와 관련하여 금융소비자의 불만을 예방하고 및 신속한 구제가 이루어지도록 금융상품판매업자등으로 하여금 그 임직원이 준수하여야 할 금융소비자보호기준을 마련하도록 하고 있습니다.

2) 주요 내용

법 제16조 제2항에 따라 내부통제기준3)을 마련해야 하는 금융상품판매업자등은 금융소비자보호기준을 마련해야 합니다(법 제32조 제3항, 시행령 제31조 제1항). 즉 법인인 금융상품판매업자등은 금융소비자보호기준을 마련해야 하는 것이 원칙이나, 내부통제기준 마련의무 적용 예외 대상인 경우에는 금융소비자보호기준 마련의무에 대하여도 마찬가지로 예외가 인정됩니다.

금융소비자보호기준에 포함되어야 하는 사항으로는 ① 금융소비자의 권리, ② 민원·분쟁 발생 시 업무처리 절차, ③ 금융소비자보호기준의 운영을 위한 조직·인력, ④ 금융소비자보호기준 준수 여부에 대한 점검·조치 및 평가, ⑤ 민원·분쟁 대응 관련 교육·훈련, ⑥ 금융소비자보호기준의 제정·변경 절차, ⑦ 금융소비자의 민원 상황 및 처리결과, 금융소비자와의 분쟁조정·소송 진행 상황 및 결과를 효율적·체계적으로 관리하기 위한 전산처리시스템의 구축, ⑧ 금융소비자의 자료열람 요구, 일반금융소비자의 청약 철회, 금융소비자의 위법계약해지 요구에 대한 대응, ⑨ 법령·약관상 금융소비자의 권리 안내 방법, ⑩ 계약 체결 후 금융소비자 보호를 위해 필요한 사항 점검 및 관련 제도 개선에 관한 사항 등이 있습니다(법 제32조 제4항, 시행령 제31조 제2항, 감독규정 제29조).4)

금융소비자보호기준의 제정·변경 절차에 관하여는 내부통제기준의 제정·변경 절차에 관한 규정이 준용되므로, 금융소비자보호기준을 제정·변경하려면 원칙적으로 이사회 승인을 받아야 하고 그 사실을 공지해야 합니다(시행령 제31조 제3항, 제10조 제3항 및 제4항).

---

3) 구체적인 내용은 본서 제4장(영업규제 - 내부통제기준)을 참고하시기 바랍니다.
4) 금융감독당국의 가이드라인에 따라 금융업권별 협회는 금융소비자보호 모범기준을 마련하였습니다.

제13장

금융소비자의 사후적 권익구제1 – 손해배상

1. 금융분쟁 조정제도

제33조(분쟁조정기구) 「금융위원회의 설치 등에 관한 법률」 제38조 각 호의 기관(이하 "조정대상기관"이라 한다), 금융소비자 및 그 밖의 이해관계인 사이에 발생하는 금융 관련 분쟁의 조정에 관한 사항을 심의·의결하기 위하여 금융감독원에 금융분쟁조정위원회를 둔다.

제34조(조정위원회의 구성) ① 제33조에 따른 금융분쟁조정위원회(이하 "조정위원회"라 한다)는 위원장 1명을 포함하여 35명 이내의 위원으로 구성한다.

② 조정위원회 위원장은 금융감독원장이 소속 부원장 중에서 지명한다.

③ 조정위원회 위원은 금융감독원장이 소속 부원장보 중에서 지명하는 사람 및 다음 각 호의 어느 하나에 해당하는 사람 중에서 성별을 고려하여 금융감독원장이 위촉한 사람으로 한다.

1. 판사·검사 또는 변호사 자격이 있는 사람

2. 「소비자기본법」에 따른 한국소비자원 및 같은 법에 따라 등록한 소비자단체의 임원, 임원으로 재직하였던 사람 또는 15년 이상 근무한 경력이 있는 사람

3. 조정대상기관 또는 금융 관계 기관·단체에서 15년 이상 근무한 경력이 있는 사람

4. 금융 또는 소비자 분야에 관한 학식과 경험이 있는 사람

5. 전문의(專門醫) 자격이 있는 의사

6. 그 밖에 분쟁조정과 관련하여 금융감독원장이 필요하다고 인정하는 사람

④ 제3항 각 호의 위원의 임기는 2년으로 한다.

⑤ 조정위원회 위원장이 부득이한 사유로 직무를 수행할 수 없을 때에는 금융감독원장이 지명하는 조정위원회 위원이 직무를 대행한다.

⑥ 조정위원회의 위원 중 공무원이 아닌 위원은 「형법」 제129조부터 제132조까지의 규정을 적용할 때에는 공무원으로 본다.

제35조(조정위원회 위원의 지명철회 · 위촉해제) 금융감독원장은 조정위원회 위원이 다음 각 호의 어느 하나에 해당하는 경우에는 해당 위원의 지명을 철회하거나 해당 위원의 위촉을 해제할 수 있다.

1. 심신장애로 인하여 직무를 수행할 수 없게 된 경우
2. 직무와 관련된 비위사실이 있는 경우
3. 직무태만, 품위손상이나 그 밖의 사유로 위원에 적합하지 아니하다고 인정되는 경우
4. 제38조제1항 각 호의 어느 하나에 해당함에도 불구하고 회피하지 아니한 경우
5. 위원 스스로 직무를 수행하기 어렵다는 의사를 밝히는 경우

가. 의 의

법은 금융소비자의 사후적 권익구제 수단으로 금융분쟁 조정제도를 두고 있습니다. 금융분쟁조정위원회(이하 "조정위원회")는 금융감독원에 설치된 분쟁조정기구로, 금융회사와 금융소비자 사이에 발생하는 금융분쟁의 조정에 관한 심의 · 의결을 담당합니다. 법의 제정으로 구 금융위원회법(2020. 3. 24. 법률 제17112호로 개정되기 전의 것, 이하 같음) 제51조~제57조에서 정하고 있던 조정위원회 관련 사항이 법으로 이관되었습니다.

법은 구 금융위원회법에서 분쟁당사자가 조정위원회에 출석하려면 허가를 받도록 규정하고 있었던 것(이른바 조정위원회 출석 허가제)[1]과 달리, 분쟁 당사자에게 조정위원회 회의에 출석하여 의견을 진술할 수 있는 권리를 인정하고 있습니다. 즉, 조정위원회는 특별한 사유가 없는 한 당사자가 회의에 참석하여 진술을 할 수 있도록 해야 합니다(시행령 제34조 제3항).

또한 법은 구 금융위원회법에서 규정하지 않고 있던 소송중지제도(조정이 신청된 사건에 대하여 신청 전 또는 신청 후 소가 제기되어 소송이 진행 중일 때 수소법원(受訴法院)이 조정이 있을 때까지 그 소송절차를 중지할 수 있는 제도)와 조정이탈금지제도(일반금융소비자가 신청한 소액분쟁사건에 대하여 조정절차가 개시된 경우, 조정안을 제시받기 전에는 조정대상기관이 소를 제기할 수 없도록 하는 제도)를 마련하였습니다(법 제41조, 제42조).

---

1) 구 금융위원회법 시행령(2021. 1. 5. 대통령령 제31380호로 개정되기 전의 것)은 당사자 기타 이해관계인은 조정위원회의 허가를 받아 조정위원회에 출석하여 의견을 진술할 수 있다고 규정하고 있었습니다(제20조 제3항).

나. 조정위원회의 구성

　조정위원회는 위원장 1명을 포함하여 35명 이내의 위원으로 구성됩니다. 위원장은 금융감독원장이 소속 부원장 중에서 지명하고, 위원은 금융감독원장이 소속 부원장보 중에서 지명하거나 외부 위원 중에서 위촉합니다. 외부 위원은 법률전문가, 전문의 등 일정한 자격을 갖추거나 소비자단체 임직원, 금융업권 소속 등으로 15년 이상 경력을 보유한 자이어야 하고, 법무부·법원행정처, 의사회, 서민금융진흥원, 신용회복위원회, 한국소비자원 등 관련 전문가 단체의 장으로부터 위촉하려는 인원의 2배수 이상을 추천받아 위촉하여야 합니다(시행령 제32조).

다. 분쟁조정 절차

제36조(분쟁의 조정) ① 조정대상기관, 금융소비자 및 그 밖의 이해관계인은 금융과 관련하여 분쟁이 있을 때에는 금융감독원장에게 분쟁조정을 신청할 수 있다.

② 금융감독원장은 제1항에 따른 분쟁조정 신청을 받았을 때에는 관계 당사자에게 그 내용을 통지하고 합의를 권고할 수 있다. 다만, 분쟁조정의 신청내용이 다음 각 호의 어느 하나에 해당하는 경우에는 합의를 권고하지 아니하거나 제4항에 따른 조정위원회에의 회부를 하지 아니할 수 있다.

　1. 신청한 내용이 분쟁조정대상으로서 적합하지 아니하다고 금융감독원장이 인정하는 경우
　2. 신청한 내용이 관련 법령 또는 객관적인 증명자료 등에 따라 합의권고절차 또는 조정절차를 진행할 실익이 없는 경우
　3. 그 밖에 제1호나 제2호에 준하는 사유로서 대통령령으로 정하는 경우

③ 금융감독원장은 제2항 각 호 외의 부분 단서에 따라 합의권고를 하지 아니하거나 조정위원회에 회부하지 아니할 때에는 그 사실을 관계 당사자에게 서면으로 통지하여야 한다.

④ 금융감독원장은 분쟁조정 신청을 받은 날부터 30일 이내에 제2항 각 호 외의 부분 본문에 따른 합의가 이루어지지 아니할 때에는 지체 없이 조정위원회에 회부하여야 한다.

⑤ 조정위원회는 제4항에 따라 조정을 회부받았을 때에는 이를 심의하여 조정안을 60일 이내에 작성하여야 한다.

⑥ 금융감독원장은 조정위원회가 조정안을 작성하였을 때에는 신청인과 관계 당사자에게 제시하고 수락을 권고할 수 있다.

⑦ 신청인과 관계 당사자가 제6항에 따라 조정안을 제시받은 날부터 20일 이내에 조정안을 수락하지 아니한 경우에는 조정안을 수락하지 아니한 것으로 본다.

제37조(조정위원회의 회의) ① 조정위원회의 회의는 조정위원회 위원장과 조정위원회 위원장이 회의마다 지명하는 6명 이상 10명 이하의 조정위원회 위원으로 구성하며, 회의는 조정위원회 위원장이 소집한다.

② 조정위원회는 제1항에 따른 구성원 과반수의 출석과 출석위원 과반수의 찬성으로 의결한다.

제38조(위원의 제척·기피 및 회피) ① 조정위원회 위원은 다음 각 호의 어느 하나에 해당하는 경우에는 그 분쟁조정신청사건(이하 "사건"이라 한다)의 심의·의결에서 제척(除斥)된다.

1. 위원이나 그 배우자 또는 배우자였던 사람이 해당 사건의 당사자(당사자가 법인·단체 등인 경우에는 그 임원을 포함한다. 이하 이 호 및 제2호에서 같다)가 되거나 그 사건의 당사자와 공동권리자 또는 공동의무자인 경우

2. 위원이 해당 사건의 당사자와 친족이거나 친족이었던 경우

3. 위원이 해당 사건의 당사자인 법인 또는 단체(계열회사등을 포함한다. 이하 이 항에서 같다)에 속하거나 조정신청일 전 최근 5년 이내에 속하였던 경우

4. 위원 또는 위원이 속한 법인 또는 단체, 사무소가 해당 사건에 관하여 증언·법률자문 또는 손해사정 등을 한 경우

5. 위원 또는 위원이 속한 법인 또는 단체, 사무소가 해당 사건에 관하여 당사자의 대리인으로서 관여하거나 관여하였던 경우

② 당사자는 위원에게 공정한 심의·의결을 기대하기 어려운 사정이 있는 경우에는 조정위원회 위원장에게 기피(忌避)신청을 할 수 있으며, 조정위원회 위원장은 기피신청이 타당하다고 인정할 때에는 기피의 결정을 한다.

③ 위원이 제1항 각 호의 제척 사유에 해당하는 경우에는 스스로 그 사건의 심의·의결에서 회피(回避)하여야 한다.

1) 분쟁조정 신청

조정대상기관(금융위원회법 제38조[2] 각 호의 기관), 금융소비자 및 그 밖의 이해

---

2) **금융위원회법 제38조(검사 대상 기관)** 금융감독원의 검사를 받는 기관은 다음 각 호와 같다.

    1. 「은행법」에 따른 인가를 받아 설립된 은행

    2. 「자본시장과 금융투자업에 관한 법률」에 따른 금융투자업자, 증권금융회사, 종합금융회사 및 명의개서대행회사(名義改書代行會社)

    3. 「보험업법」에 따른 보험회사

    4. 「상호저축은행법」에 따른 상호저축은행과 그 중앙회

    5. 「신용협동조합법」에 따른 신용협동조합 및 그 중앙회

관계인은 금융과 관련하여 분쟁이 있을 때에는 금융감독원장에게 분쟁조정을 신청할 수 있습니다(법 제36조 제1항). 다수의 신청인이 공동으로 분쟁조정을 신청하는 경우에는 신청인 중 3명 이내의 대표자를 선정하여 진행할 수 있습니다(시행령 제33조 제1항).

2) 합의권고·조정 회부 및 예외 사유

분쟁조정 신청을 받은 금융감독원장은 합의를 권고할 수 있고, 합의를 권고하기 위해 당사자에게 의견의 진술이나 자료 제출을 요구할 수 있습니다(법 제36조 제2항). 금융감독원장은 분쟁조정 신청을 받은 날부터 30일 이내에 합의가 이루어지지 않았을 경우 지체 없이 조정위원회에 회부하여야 합니다(법 제36조 제4항).

다만 금융감독원장은 ① 신청한 내용이 분쟁조정대상으로 적합하지 않다고 인정하는 경우, ② 신청한 내용이 관련 법령 또는 객관적인 증명자료 등에 따라 합의권고절차 또는 조정절차를 진행할 실익이 없는 경우, ③ 조정위원회에 회부되기 전에 소가 제기된 경우, ④ 신청 내용의 보완을 2회 이상 요구하였으나 이에 응하지 않은 경우, ⑤ 신청 내용이 신청인과 직접적인 이해관계가 없는 경우에는 합의를 권고하지 않거나, 조정위원회 회부를 하지 않을 수 있습니다(법 제36조 제2항, 시행령 제33조 제3항). 금융감독원장은 합의권고를 하지 아니하거나 조정위원회에 회부하지 아니할 때에는 그 사실과 사유를 관계 당사자에게 서면으로 통지하여야 합니다(법 제36조 제3항, 시행령 제33조 제4항).

한편, 금융감독원장은 금융분쟁조정세칙 제17조 제1항 각호 중 하나[3]에 해

---

6. 「여신전문금융업법」에 따른 여신전문금융회사 및 겸영여신업자(兼營與信業者)
7. 「농업협동조합법」에 따른 농협은행
8. 「수산업협동조합법」에 따른 수협은행
9. 다른 법령에서 금융감독원이 검사를 하도록 규정한 기관
10. 그 밖에 금융업 및 금융 관련 업무를 하는 자로서 대통령령으로 정하는 자

3) **금융분쟁조정세칙 제17조(조정신청의 조정위원회 회부 전 처리)** ① 원장은 조정신청내용이 다음 각 호의 1에 해당하는 경우에는 조정위원회에 회부를 하지 아니하고 직접처리하거나 해당기관에 이첩하여 처리하게 할 수 있다.
  1. 이미 법원에 제소된 사건이거나 조정신청이 있은 후 소를 제기한 경우. 다만, 법 제41조 제1항에 따라 소송절차가 중지된 경우는 제외한다.
  2. 조정신청의 내용이 관련법령 또는 객관적인 증빙 등에 의하여 합의권고 또는 조정절차

당하는 경우에는 조정위원회에 회부를 하지 아니하고 직접처리하거나 해당기관에 이첩하여 처리하게 할 수 있습니다(금융분쟁조정세칙 제17조 제1항).

3) 조정위원회 회의 소집, 의결 및 조정안 작성

조정위원회 회의는 조정위원회 위원장이 소집하며, 위원장과 위원장이 회의마다 지명하는 6명 이상 10명 이하의 조정위원회 위원으로 구성됩니다(법 제37조 제1항). 조정위원회 위원장은 회의를 구성하는 경우 ① '한국소비자원 및 소비자기본법에 따라 등록한 소비자단체의 전·현직 임원 또는 15년 이상 근무한 경력이 있는 사람'에 해당하는 위원과 ② '조정대상기관 또는 금융 관계 기관·단체에서 15년 이상 근무한 경력이 있는 사람'에 해당하는 위원을 각각 1명 이상의 같은 수로 지명해야 합니다(시행령 제34조 제1항). 이는 조정위원회 회의의 객관성·공정성을 확보하기 위한 것입니다. 조정위원회는 조정위원회 위원장이 지명한 회의 참석 위원에게 회의 개최일 1주일 전까지 회의의 일시·장소 및 안건을 문서로 알려야 합니다(시행령 제34조 제2항).

조정위원회 위원은 위원이 해당 분쟁조정신청사건의 당사자와 친족이거나 친족이었던 경우 등 일정한 사유가 있으면 심의·의결에서 제척되며, 위원은 제척사유에 해당하는 경우에 스스로 그 사건의 심의·의결에서 회피하여야 합니다(법 제38조 제1항, 제3항). 또한 분쟁조정신청사건의 당사자는 위원에게 공정한 심의·의결을 기대하기 어려운 사정이 있는 경우에는 조정위원회 위원장에

　　　진행의 실익이 없는 경우
3. 신청인이 정당한 사유 없이 제15조의 규정에 의한 보완요구를 받고도 지정된 기한 내에 이를 보완하지 아니하거나 소재불명 등으로 보완요구가 반송된 경우. 이 경우 보완요구는 2회 이상 하여야 한다.
4. 조정신청의 내용과 직접적인 이해관계가 없는 자가 조정신청을 하는 경우
5. 신청인이 부당한 이익을 얻을 목적으로 조정신청을 한 것으로 인정되는 경우
6. 신청인이 상당한 이유 없이 취하된 조정신청건 또는 동일한 내용에 대하여 다시 조정신청을 하거나 가명으로 조정신청한 것이 확인된 경우
7. 당사자의 주장이 상이하거나 증거채택이 어려워 사실관계 확정이 곤란하거나 수사사건과 직접적으로 관련된 경우
8. 당사자의 주장내용이 부당하거나 관련법령, 조정선례, 법원판례 등에 비추어 명백하게 받아들일 수 없다고 인정되는 경우
9. 금융·보험거래와 직접 관련이 없거나 수사기관의 수사가 필요한 경우 등 조정신청의 내용이 분쟁조정대상으로서 적합하지 아니하다고 인정되는 경우

게 위원에 대한 기피신청을 할 수 있으며, 위원장은 기피신청이 타당하다고 인정되는 경우 기피 결정을 합니다(법 제38조 제2항).

조정위원회 회의는 회의 구성원 과반수의 출석과 출석위원 과반수의 찬성으로 의결합니다(법 제37조 제2항). 조정위원회는 특별한 사유가 없는 한 당사자가 회의에 참석하여 진술을 할 수 있도록 해야 합니다(시행령 제34조 제3항). 조정위원회는 금융감독원장이 분쟁조정 신청을 조정위원회에 회부하였을 경우 이를 심의하여 60일 이내에 조정안을 작성하여야 합니다(법 제36조 제5항). 다만, 신청의 내용이 위에서 살펴본 금융분쟁조정세칙 제17조 제1항 각호 중 하나에 해당되는 등 조정의 실익이 없는 경우에는 각하결정을 할 수 있습니다(금융분쟁조정세칙 제25조 제1항). 금융감독원장은 조정위원회가 조정안을 작성하였을 때에는 신청인과 관계 당사자에게 제시하고 수락을 권고할 수 있습니다(법 제36조 제6항). 신청인과 관계 당사자가 조정안을 제시받은 날부터 20일 이내에 수락하지 않으면 조정안을 수락하지 않은 것으로 봅니다(법 제36조 제7항).

라. 조정 및 분쟁조정 신청의 효력

제39조(조정의 효력) 양 당사자가 제36조 제5항에 따른 조정안을 수락한 경우 해당 조정안은 재판상 화해와 동일한 효력을 갖는다.

제40조(시효의 중단) ① 제36조 제1항에 따른 분쟁조정의 신청은 시효중단의 효력이 있다. 다만, 같은 조 제2항 단서에 따라 합의권고를 하지 아니하거나 조정위원회에 회부하지 아니할 때에는 그러하지 아니하다.
② 제1항 단서의 경우에 1개월 이내에 재판상의 청구, 파산절차참가, 압류 또는 가압류, 가처분을 한 때에는 시효는 최초의 분쟁조정의 신청으로 인하여 중단된 것으로 본다.
③ 제1항 본문에 따라 중단된 시효는 다음 각 호의 어느 하나에 해당하는 때부터 새로이 진행한다.
　1. 양 당사자가 조정안을 수락한 경우
　2. 분쟁조정이 이루어지지 아니하고 조정절차가 종료된 경우

제41조(소송과의 관계) ① 조정이 신청된 사건에 대하여 신청 전 또는 신청 후 소가 제기되어 소송이 진행 중일 때에는 수소법원(受訴法院)은 조정이 있을 때까지 소송절차를 중지할 수 있다.
② 조정위원회는 제1항에 따라 소송절차가 중지되지 아니하는 경우에는 해당 사건의 조정절차를 중지하여야 한다.

③ 조정위원회는 조정이 신청된 사건과 동일한 원인으로 다수인이 관련되는 동종·유사 사건에 대한 소송이 진행 중인 경우에는 조정위원회의 결정으로 조정절차를 중지할 수 있다.

제42조(소액분쟁사건에 관한 특례) 조정대상기관은 다음 각 호의 요건 모두를 충족하는 분쟁사건(이하 "소액분쟁사건"이라 한다)에 대하여 조정절차가 개시된 경우에는 제36조 제6항에 따라 조정안을 제시받기 전에는 소를 제기할 수 없다. 다만, 제36조 제3항에 따라 서면통지를 받거나 제36조 제5항에서 정한 기간 내에 조정안을 제시받지 못한 경우에는 그러하지 아니하다.
1. 일반금융소비자가 신청한 사건일 것
2. 조정을 통하여 주장하는 권리나 이익의 가액이 2천만 원 이내에서 대통령령으로 정하는 금액 이하일 것

제43조(조정위원회의 운영 등) 조정위원회의 구성·운영 및 분쟁조정 절차에 관하여 필요한 사항은 대통령령으로 정한다.

1) 조정의 효력(법 제39조)

양 당사자가 조정안을 수락하면 조정위원회는 조정에 참가한 위원과 분쟁당사자가 기명날인하거나 서명한 조정조서를 작성합니다(시행령 제33조 제5항). 이 경우 해당 조정안은 재판상 화해와 동일한 효력을 갖습니다(법 제39조).[4]

2) 시효 중단(법 제40조)

분쟁조정을 신청하면 시효중단의 효력이 있습니다(법 제40조 제1항). 다만, 금융감독원장이 합의권고를 하지 않거나 조정위원회에 회부하지 않는 경우에는 시효중단의 효력이 인정되지 않으나(같은 항 단서), 1개월 이내에 재판상 청구, 파산절차참가, 압류 또는 가압류, 가처분을 한 때에는 최초 분쟁조정 신청으로 인해 시효가 중단된 것으로 간주합니다(법 제40조 제2항). 분쟁조정 신청으로 중단된 시효는 양 당사자가 조정안을 수락한 때 또는 분쟁조정이 이루어지지 아니하고 조정절차가 종료된 때로부터 새로 진행합니다(법 제40조 제3항).

---

4) 분쟁조정의 실효성 제고 및 금융소비자 보호 강화를 위하여 일반금융소비자가 신청한 신청 금액 2,000만 원 이하의 소액분쟁조정사건의 경우 금융소비자가 조정위원회의 조정안을 수락하면 편면적 구속력을 부여하여 금융회사의 수락 여부와 관계없이 재판상 화해와 동일한 효력을 갖도록 하는 법 개정안이 발의되어 있습니다[이용우 의원 대표발의, "금융소비자 보호에 관한 법률 일부개정법률안"(의안번호 2102904), 2020. 8. 12., 1－3쪽].

3) 소송중지제도 등(법 제41조)

분쟁조정이 신청된 사건에 대하여 신청 전 또는 신청 후 소가 제기되어 소송이 계속 중인 경우 수소법원은 조정이 있을 때까지 소송절차를 중지할 수 있습니다(법 제41조 제1항). 당사자는 수소법원이 소송절차를 중지한 경우 지체 없이 그 사실을 금융감독원장에게 알려야 합니다(시행령 제35조 제2항).

이와 같은 소송중지제도는, 이하에서 살펴보는 조정이탈금지제도와 더불어, 소 제기를 통한 금융분쟁 조정제도의 무력화를 방지하려는 목적에서 도입된 것입니다. 구 금융위원회법 제56조[5]는 조정절차 진행 중에 당사자 일방이 소를 제기한 경우 금융감독원장이 조정절차를 중지하도록 정하고 있었는데, 법은 위와 같은 경우 법원의 판단에 따라 소송절차를 중지하고 조정절차가 진행될 수 있도록 한 것입니다.

한편 법원이 법 제41조 제1항에 따라 소송절차를 중지하지 않는 경우, 조정위원회가 조정절차를 중지하여야 합니다(법 제41조 제2항). 조정위원회는 조정이 신청된 사건과 동일한 원인으로 다수인이 관련되는 동종·유사 사건에 대한 소송이 진행 중인 경우에는 조정위원회의 결정으로 조정절차를 중지할 수 있습니다(법 제41조 제3항).

금융감독원장은 조정위원회가 조정절차를 중지한 경우 지체 없이 그 사실을 당사자에게 알려야 합니다(시행령 제35조 제3항).

4) 소액분쟁사건에 대한 특례 – 조정이탈금지제도(법 제42조)

소액분쟁사건은 일반금융소비자가 조정을 통하여 주장하는 권리나 이익의 가액이 2천만 원 이하인 분쟁사건을 말합니다. 소액분쟁사건에 대하여 조정절차가 개시된 경우, 피신청인인 조정대상기관은 조정안을 제시받기 전에는 법원에 소를 제기할 수 없습니다(법 제42조 본문). 다만 금융감독원장으로부터 합의권고를 하지 아니하거나 조정위원회에 회부하지 않는다는 서면통지를 받거나, 조

---

5) **구 금융위원회법 제56조(조정의 중지)** 원장은 조정신청사건의 처리절차의 진행 중에 한쪽 당사자가 소송을 제기한 경우에는 그 조정의 처리를 중지하고 그 사실을 양쪽 당사자 모두에게 통보하여야 한다.

정위원회에 회부된 때로부터 60일 이내에 조정안을 제시받지 않는 경우에는 소를 제기할 수 있습니다(동조 단서).

2. 손해배상책임

제44조(금융상품판매업자등의 손해배상책임) ① 금융상품판매업자등이 고의 또는 과실로 이 법을 위반하여 금융소비자에게 손해를 발생시킨 경우에는 그 손해를 배상할 책임이 있다.

② 금융상품판매업자등이 제19조[6]를 위반하여 금융소비자에게 손해를 발생시킨 경우에는 그 손해를 배상할 책임을 진다. 다만, 그 금융상품판매업자등이 고의 및 과실이 없음을 입증한 경우에는 그러하지 아니하다.

제45조(금융상품직접판매업자의 손해배상책임) ① 금융상품직접판매업자는 금융상품계약체결 등의 업무를 대리·중개한 금융상품판매대리·중개업자(제25조 제1항 제2호 단서에서 정하는 바에 따라 대리·중개하는 제3자를 포함하고, 「보험업법」 제2조 제11호에 따른 보험중개사는 제외한다) 또는 「보험업법」 제83조 제1항 제4호에 해당하는 임원 또는 직원(이하 이 조에서 "금융상품판매대리·중개업자등"이라 한다)이 대리·중개 업무를 할 때 금융소비자에게 손해를 발생시킨 경우에는 그 손해를 배상할 책임이 있다. 다만, 금융상품직접판매업자가 금융상품판매대리·중개업자등의 선임과 그 업무 감독에 대하여 적절한 주의를 하였고 손해를 방지하기 위하여 노력한 경우에는 그러하지 아니하다.

② 제1항 본문에 따른 금융상품직접판매업자의 손해배상책임은 금융상품판매대리·중개업자등에 대한 금융상품직접판매업자의 구상권 행사를 방해하지 아니한다.

---

6) **법 제19조(설명의무)** ① 금융상품판매업자등은 일반금융소비자에게 계약 체결을 권유(금융상품자문업자가 자문에 응하는 것을 포함한다)하는 경우 및 일반금융소비자가 설명을 요청하는 경우에는 다음 각 호의 금융상품에 관한 중요한 사항(일반금융소비자가 특정 사항에 대한 설명만을 원하는 경우 해당 사항으로 한정한다)을 일반금융소비자가 이해할 수 있도록 설명하여야 한다.
 1. ~ 4.(생략)
 ② 금융상품판매업자등은 제1항에 따른 설명에 필요한 설명서를 일반금융소비자에게 제공하여야 하며, 설명한 내용을 일반금융소비자가 이해하였음을 서명, 기명날인, 녹취 또는 그 밖에 대통령령으로 정하는 방법으로 확인을 받아야 한다. 다만, 금융소비자 보호 및 건전한 거래질서를 해칠 우려가 없는 경우로서 대통령령으로 정하는 경우에는 설명서를 제공하지 아니할 수 있다.
 ③ 금융상품판매업자등은 제1항에 따른 설명을 할 때 일반금융소비자의 합리적인 판단 또는

가. 의 의

법은 금융상품판매업자등의 일반적인 손해배상책임을 규정하면서, 특히 금융상품판매업자등의 설명의무 위반으로 인한 손해배상청구 소송에서 금융소비자의 증명책임 부담을 완화하였습니다. 또한 금융상품판매대리·중개업자가 대리·중개 업무를 수행하는 과정에서 금융소비자가 피해를 입은 경우 사용자책임의 법리를 적용하여 금융상품직접판매업자가 손해배상책임을 부담하도록 하였습니다.

나. 금융상품판매업자등의 손해배상책임

금융상품판매업자등이 고의·과실로 법을 위반하여 금융소비자에게 손해를 발생시킨 경우 손해배상책임을 부담합니다. 이때 금융상품판매업자등의 ① 고의·과실, ② 위법성, ③ 손해 발생, ④ 법 위반행위와 손해와의 인과관계 등 손해배상책임의 발생요건은 금융소비자가 증명하여야 합니다.

그런데 법 제19조의 설명의무 위반으로 인한 손해배상책임의 경우, 고의·과실의 증명책임은 금융소비자가 아니라 금융회사가 부담합니다(증명책임의 전환). 즉 금융소비자는 고의·과실을 제외한 나머지 손해배상책임 발생요건을 증명하면 되고, 금융상품판매업자등은 자신의 고의·과실이 없다는 점을 증명해야 손해배상책임을 면할 수 있습니다. 설명의무 위반으로 인한 손해배상책임의 경우 고의·과실에 관한 증명책임을 전환함으로써 금융소비자 피해 구제를 강화하고자 하는 것입니다.[7]

금융상품의 가치에 중대한 영향을 미칠 수 있는 사항으로서 대통령령으로 정하는 사항을 거짓으로 또는 왜곡(불확실한 사항에 대하여 단정적 판단을 제공하거나 확실하다고 오인하게 할 소지가 있는 내용을 알리는 행위를 말한다)하여 설명하거나 대통령령으로 정하는 중요한 사항을 빠뜨려서는 아니 된다.

④ 제2항에 따른 설명서의 내용 및 제공 방법·절차에 관한 세부내용은 대통령령으로 정한다.

7) 법 제정 시 손해배상책임의 증명과 관련해서 (i) 증명책임 전환 대상 행위를 모든 위법행위로 규정한 의원입법안, (ii) 증명책임 전환 대상 행위를 적합성원칙, 적정성원칙 및 설명의무로 규정한 정부입법안 등이 발의되었으나, 이와 같은 증명책임의 전면적 전환은 민사소송의 일반원칙에 반할 수 있고 금융회사 경영을 위축시킬 우려가 있다는 취지의 반대의견을

다. 금융상품직접판매업자의 사용자책임

법은 금융상품직접판매업자의 손해배상책임과 관련하여 금융상품판매대리·중개업자에 대한 관리책임 및 지휘·감독관계에 대한 조항을 두고 있습니다(사용자책임). 법 제정 전 구 보험업법 제102조,[8] 구 자본시장법 제52조[9]에서 보험모집인, 투자권유대행인에게 판매를 위탁한 금융회사에게 민법상 사용자책임을 부담하도록 하고 있었는데, 법에서는 금융상품직접판매업자로 하여금 금융상품대리·중개업자에 대한 일반적인 사용자책임을 부담하도록 하고 있습니다.

금융상품판매대리·중개업자(법 제25조 제1항 제2호 단서[10])에서 정하는 바에 따라

고려하여 법에서 규정하는 정도의 증명책임 전환 조항이 마련된 것으로 보입니다. 참고로 금융상품판매업자등의 위법행위로 일반금융소비자에게 손해가 발생한 경우 손해액의 3배 범위 내에서 배상책임을 지도록 하는 '징벌적 손해배상제도'를 도입하는 방안도 논의되었으나 최종적으로는 채택되지 않았습니다(금융위원회 보도참고자료, 「금융소비자보호에 관한 법률」 제정안 정무위원회 전체회의('19.11.25) 통과", 2019. 11. 26., 10쪽).

8) 구 보험업법(2020. 3. 24. 법률 제17112호로 개정되기 전의 것) 제102조 **(모집을 위탁한 보험회사의 배상책임)** ① 보험회사는 그 임직원·보험설계사 또는 보험대리점(보험대리점 소속 보험설계사를 포함한다. 이하 이 조에서 같다)이 모집을 하면서 보험계약자에게 손해를 입힌 경우 배상할 책임을 진다. 다만, 보험회사가 보험설계사 또는 보험대리점에 모집을 위탁하면서 상당한 주의를 하였고 이들이 모집을 하면서 보험계약자에게 손해를 입히는 것을 막기 위하여 노력한 경우에는 그러하지 아니하다.
② 제1항은 해당 임직원·보험설계사 또는 보험대리점에 대한 보험회사의 구상권(求償權) 행사를 방해하지 아니한다.
③ 제1항에 따라 발생한 청구권에 관하여는 「민법」 제766조를 준용한다.

9) **구 자본시장법(2020. 3. 24. 법률 제17112호로 개정되기 전의 것) 제52조 (투자권유대행인의 금지행위 등)** ① 금융투자업자는 투자권유대행인 외의 자에게 투자권유를 대행하게 하여서는 아니 된다.
② 투자권유대행인은 다음 각 호의 어느 하나에 해당하는 행위를 하여서는 아니 된다.
③ 투자권유대행인은 투자권유를 대행함에 있어서 투자자에게 다음 각 호의 사항을 미리 알려야 하며, 자신이 투자권유대행인이라는 사실을 나타내는 표지를 게시하거나 증표를 투자자에게 내보여야 한다.
④ 금융투자업자는 투자권유대행인이 투자권유를 대행함에 있어서 법령을 준수하고 건전한 거래질서를 해하는 일이 없도록 성실히 관리하여야 하며, 이를 위한 투자권유대행기준을 정하여야 한다.
⑤ 「민법」 제756조는 투자권유대행인이 투자권유를 대행함에 있어서 투자자에게 손해를 끼친 경우에 준용한다.

10) **법 제25조(금융상품판매대리·중개업자의 금지행위)** ① 금융상품판매대리·중개업자는 다음 각 호의 어느 하나에 해당하는 행위를 해서는 아니 된다.

대리·중개하는 제3자를 포함하고, 보험업법 제2조 제11호에 따른 보험중개사는 제외) 또는 보험업법 제83조 제1항 제4호에 해당하는 임원 또는 직원이 금융상품에 관한 계약의 체결 또는 계약 체결의 권유를 하거나 청약을 받는 것의 업무를 대리·중개하는 과정에서 금융소비자에게 손해를 입힌 경우, 금융상품직접판매업자도 손해배상책임을 부담합니다(법 제45조 제1항). 다만, 금융상품직접판매업자가 대리·중개업자 등의 선임과 업무 감독에 대해 적절한 주의를 하고 손해를 방지하기 위하여 노력한 경우에는 손해배상책임을 면할 수 있습니다(같은 항 단서).

따라서 금융상품직접판매업자가 사용자책임을 부담할 가능성을 낮추기 위해서는, 금융상품대리·중개업자가 직무를 수행할 때 준수하여야 할 기준 및 절차를 내부통제기준으로 마련하고 금융상품대리·중개업자가 이를 준수하도록 성실히 관리할 필요가 있고(법 제16조),[11] 위와 같은 관리의무를 충실히 이행하

---

2. 금융상품판매대리·중개업자가 대리·중개하는 업무를 제3자에게 하게 하거나 그러한 행위에 관하여 수수료·보수나 그 밖의 대가를 지급하는 행위. 다만, 금융상품직접판매업자의 이익과 상충되지 아니하고 금융소비자 보호를 해치지 아니하는 경우로서 대통령령으로 정하는 행위는 제외한다.

시행령 제23조(금융상품판매대리·중개업자의 금지행위) ② 법 제25조 제1항 제2호 단서에서 "대통령령으로 정하는 행위"란 다음 각 호의 행위를 말한다.
1. 다음 각 목의 위탁계약을 체결한 경우 수탁자로 하여금 보장성 상품에 관한 계약의 체결을 대리·중개하는 업무를 하게 하거나 그러한 행위에 관하여 위탁자가 수수료·보수나 그 밖의 대가를 지급하는 행위
   가. 보험설계사가 같은 보험회사·보험대리점 또는 보험중개사에 소속된 다른 보험설계사와 위탁계약을 체결한 경우
   나. 보험대리점이 소속 보험설계사 또는 같은 보험회사의 다른 보험대리점과 위탁계약을 체결한 경우. 다만, 같은 보험회사의 다른 보험대리점과 위탁계약을 체결하는 경우에는 금융상품직접판매업자로부터 그 계약의 내용에 대해 사전동의를 받아야 한다.
   다. 보험중개사가 소속 보험설계사 또는 다른 보험중개사와 위탁계약을 체결한 경우
2. 법인인 금융상품판매대리·중개업자가 개인인 금융상품판매대리·중개업자에게 예금성 상품 또는 대출성 상품에 관한 계약의 체결을 대리·중개하는 업무를 하게 하거나 그러한 행위에 관하여 수수료·보수나 그 밖의 대가를 지급하는 행위

보험업법 제83조(모집할 수 있는 자) ① 모집을 할 수 있는 자는 다음 각 호의 어느 하나에 해당하는 자이어야 한다.
4. 보험회사의 임원(대표이사·사외이사·감사 및 감사위원은 제외한다. 이하 이 장에서 같다) 또는 직원

11) **금융투자회사의 금융소비자보호 표준내부통제기준 제28조(대리·중개업자에 대한 업무위탁 및 수수료 지급기준)** ① 회사는 금융상품에 관한 계약의 체결을 대리·중개하는 업무를 대리·중개업자에게 위탁하는 계약(이하 이 조에서 "위탁계약"이라 한다.)을 체결하는 경우, 개별 금융

였다는 사실을 증명할 수 있는 자료를 구비해 둘 필요가 있습니다.

상품별로 금융관련 법령에서 정한 사항을 준수하여야 한다.
② 회사가 대리·중개업자와 위탁계약을 체결하는 경우 다음 각 호의 내용을 포함하여야 한다.
  1. 모집대상 상품의 종류 및 업무위탁의 범위
  2. 계약기간 및 갱신, 계약 해지사유
  3. 사고방지대책 및 교육에 관한 사항
  4. 수수료 및 지급방법에 관한 사항
  5. 회사의 구상권 행사에 관한 사항
  6. 대리·중개업자의 금지행위
  7. 재판관할 등 기타 필요사항
③ 회사는 대리·중개업자에 대한 체계적 관리 및 금융소비자보호 또는 건전한 거래질서를 위하여 다음 각 호의 내용을 포함하는 관리기준을 마련하고, 금융소비자와의 이해상충 및 금융소비자 개인(신용)정보의 분실·도난·유출·변조·훼손이 발생하지 않도록 대리·중개업자의 위탁계약 이행상황을 관리·감독하여야 한다.
  1. 대리·중개업자와의 위탁계약 체결 및 계약해지 절차
  2. 대리·중개업자 영업행위 점검절차 및 보고체계
  3. 금융소비자 개인정보보호(정보접근 제한, 정보유출 방지대책) 대책 및 관련법규의 준수에 관한 사항
  4. 위탁계약서 주요 기재사항(업무 범위, 위탁자의 감사 권한, 업무 위·수탁에 대한 수수료 등, 고객정보의 보호, 감독기관 검사수용의무 등)
  5. 대리·중개업자 실적 등에 대한 기록관리
  6. 수수료 산정 및 지급기준
  7. 교육프로그램, 교육주기, 교육방법 등에 관한 사항
  8. 회사 감사인의 자료접근권 보장
④ 회사는 대리·중개업자가 관련법령을 위반하는 경우, 해당 대리·중개업자에 대한 수수료 감액, 벌점 부과, 계약해지 등 불이익에 관한 사항을 정하여 업무위탁 계약서에 반영하여야 한다.

제14장
금융소비자의 사후적 권익구제2 - 청약철회권

1. 청약철회권의 의의 및 주요내용

제46조(청약의 철회) ① 금융상품판매업자등과 대통령령으로 각각 정하는 보장성 상품, 투자성 상품, 대출성 상품 또는 금융상품자문에 관한 계약의 청약을 한 일반금융소비자는 다음 각 호의 구분에 따른 기간(거래 당사자 사이에 다음 각 호의 기간보다 긴 기간으로 약정한 경우에는 그 기간) 내에 청약을 철회할 수 있다.

    1. 보장성 상품: 일반금융소비자가 「상법」 제640조에 따른 보험증권을 받은 날부터 15일과 청약을 한 날부터 30일 중 먼저 도래하는 기간

    2. 투자성 상품, 금융상품자문: 다음 각 목의 어느 하나에 해당하는 날부터 7일

      가. 제23조 제1항 본문에 따라 계약서류를 제공받은 날

      나. 제23조 제1항 단서에 따른 경우 계약체결일

    3. 대출성 상품: 다음 각 목의 어느 하나에 해당하는 날[다음 각 목의 어느 하나에 해당하는 날보다 계약에 따른 금전·재화·용역(이하 이 조에서 "금전·재화등"이라 한다)의 지급이 늦게 이루어진 경우에는 그 지급일]부터 14일

      가. 제23조 제1항 본문에 따라 계약서류를 제공받은 날

      나. 제23조 제1항 단서에 따른 경우 계약체결일

② 제1항에 따른 청약의 철회는 다음 각 호에서 정한 시기에 효력이 발생한다.

    1. 보장성 상품, 투자성 상품, 금융상품자문: 일반금융소비자가 청약의 철회의사를 표시하기 위하여 서면(대통령령으로 정하는 방법에 따른 경우를 포함한다. 이하 이 절에서 "서면 등"이라 한다)을 발송한 때

    2. 대출성 상품: 일반금융소비자가 청약의 철회의사를 표시하기 위하여 서면등을 발송하고, 다음 각 목의 금전·재화등(이미 제공된 용역은 제외하며, 일정한 시설을 이용하거나 용

역을 제공받을 수 있는 권리를 포함한다. 이하 이 항에서 같다)을 반환한 때

　　가. 이미 공급받은 금전·재화등

　　나. 이미 공급받은 금전과 관련하여 대통령령으로 정하는 이자

　　다. 해당 계약과 관련하여 금융상품판매업자등이 제3자에게 이미 지급한 수수료 등 대통령령으로 정하는 비용

③ 제1항에 따라 청약이 철회된 경우 금융상품판매업자등이 일반금융소비자로부터 받은 금전·재화등의 반환은 다음 각 호의 어느 하나에 해당하는 방법으로 한다.

　1. 보장성 상품: 금융상품판매업자등은 청약의 철회를 접수한 날부터 3영업일 이내에 이미 받은 금전·재화등을 반환하고, 금전·재화등의 반환이 늦어진 기간에 대하여는 대통령령으로 정하는 바에 따라 계산한 금액을 더하여 지급할 것

　2. 투자성 상품, 금융상품자문: 금융상품판매업자등은 청약의 철회를 접수한 날부터 3영업일 이내에 이미 받은 금전·재화등을 반환하고, 금전·재화등의 반환이 늦어진 기간에 대해서는 대통령령으로 정하는 바에 따라 계산한 금액을 더하여 지급할 것. 다만, 대통령령으로 정하는 금액 이내인 경우에는 반환하지 아니할 수 있다.

　3. 대출성 상품: 금융상품판매업자등은 일반금융소비자로부터 제2항 제2호에 따른 금전·재화등, 이자 및 수수료를 반환받은 날부터 3영업일 이내에 일반금융소비자에게 대통령령으로 정하는 바에 따라 해당 대출과 관련하여 일반금융소비자로부터 받은 수수료를 포함하여 이미 받은 금전·재화등을 반환하고, 금전·재화등의 반환이 늦어진 기간에 대해서는 대통령령으로 정하는 바에 따라 계산한 금액을 더하여 지급할 것

④ 제1항에 따라 청약이 철회된 경우 금융상품판매업자등은 일반금융소비자에 대하여 청약의 철회에 따른 손해배상 또는 위약금 등 금전의 지급을 청구할 수 없다.

⑤ 보장성 상품의 경우 청약이 철회된 당시 이미 보험금의 지급사유가 발생한 경우에는 청약 철회의 효력은 발생하지 아니한다. 다만, 일반금융소비자가 보험금의 지급사유가 발생했음을 알면서 청약을 철회한 경우에는 그러하지 아니하다.

⑥ 제1항부터 제5항까지의 규정에 반하는 특약으로서 일반금융소비자에게 불리한 것은 무효로 한다.

⑦ 제1항부터 제3항까지의 규정에 따른 청약 철회권의 행사 및 그에 따른 효과 등에 관하여 필요한 사항은 대통령령으로 정한다.

가. 의 의

　청약철회권은 일반금융소비자가 금융상품 등 계약의 청약을 한 후, 청약과정 등에 하자가 없는 경우에도 일정 기간 내에 일방적으로 청약을 철회할 수

있는 권리입니다. 일반금융소비자에게 청약 이후 계약의 필요성, 적정성 등을 재고한 후 불이익 없이 해당 계약에서 탈퇴할 수 있는 기회를 제공하고자 하는 취지입니다. 법이 제정되기 전에 청약철회권은 일부 금융상품[1]에만 인정되고 있었는데, 법 시행으로 청약철회권 적용 범위가 확대되었습니다.

법은 청약철회권이 무력화되는 것을 방지하기 위하여, 청약철회권에 대하여 정하고 있는 법 제46조 제1항부터 제5항까지의 규정에 반하는 특약으로서 일반금융소비자에게 불리한 것은 무효로 하고 있습니다(법 제46조 제6항, 편면적 강행규정).

나. 주요 내용

1) 적용 범위

일반금융소비자는 일정한 금융상품 또는 금융상품자문에 관한 계약의 청약을 일정한 기간 내에 철회할 수 있습니다.

보장성 및 대출성 상품의 경우, 일부 상품을 제외하고 원칙적으로 청약철회권이 인정됩니다. 보장성 상품의 경우, 청약의 철회를 위해 제3자의 동의가 필요한 보증보험상품, 이미 해당 계약에 따른 재화를 제공받은 시설대여·할부금융상품 등과 같이 청약철회를 인정할 경우 시장질서를 해칠 우려가 있는 경우에는 청약철회권이 인정되지 않습니다. 투자성 상품의 경우, 투자자 자기책임의 원칙에 따라 원칙적으로 청약철회권이 인정되지 않지만, 위험성이 높거나 금융소비자가 이해하기 어려운 상품의 경우(즉, 고난도금융투자상품의 경우)에는 예외적으로 청약철회권이 인정됩니다.[2]

---

1) 법 제정 이전에는 구 보험업법(2020. 3. 24. 법률 제17112호로 개정되기 전의 것) 제102조의4에 따른 일반보험계약자의 청약철회권, 구 자본시장법(2020. 3. 24. 법률 제17112호로 개정되기 전의 것) 제59조에 따른 투자자의 계약해제권이 인정되고 있었습니다. 또한 대출상품의 경우 2016년 표준약관 개정을 통해 청약철회권이 도입되었습니다[은행여신거래기본약관(가계용) 제4조의2].

2) 정완, "금융소비자보호법의 주요내용과 개선방안", 경희법학 제56권 제1호 별쇄본(2021. 3월), 321쪽.

■ 표 청약철회권이 적용되는 금융상품의 범위[3]

상품구분	청약철회권이 적용되는 금융상품의 범위
보장성 상품	아래 일부 상품을 제외한 모든 보장성 상품 – 보증보험 중 청약의 철회를 위해 제3자의 동의가 필요한 보증보험 – 자동차손배법에 따른 책임보험(단, 일반금융소비자가 동종의 다른 책임보험에 가입한 경우는 제외) – 보장기간이 90일 이내의 보장성 상품 – 법률에 따라 가입의무가 부과되고 그 해제·해지도 해당 법률에 따라 가능한 보장성 상품(단, 일반금융소비자가 동종의 다른 보험에 가입한 경우는 제외) – 계약체결 전에 일반금융소비자의 건강상태 진단을 지원하는 보장성 상품
투자성 상품	– 고난도금융투자상품(집합투자업자가 기간을 정하여 모집하고 기간종류 후 자산운용을 실시하는 상품) – 고난도투자일임계약 – 비금전신탁계약 – 고난도금전신탁계약 (다만, 위 각 경우에 일반금융소비자가 법 제46조 제1항 제2호에 따른 청약 철회의 기간 이내에 예탁한 금전등을 운영하는데 동의한 경우에는 청약철회권이 인정되지 않음)
대출성 상품	아래 일부 상품을 제외한 모든 대출성 상품 – 여신전문금융업법상 시설대여·할부금융·연불판매(청약 철회 기간 이내 해당 계약에 따른 재화를 제공받은 경우에 한함) – 온라인투자연계금융업법상 연계대출 계약 – 자본시장법 제72조 제1항의 신용공여(청약 철회 기간 이내 담보로 제공된 증권을 처분한 경우에 한함) – 지급보증(제3자의 동의를 받은 경우는 제외) – 신용카드
금융상품자문	금융상품자문업자와 체결하는 모든 자문계약

청약철회권 적용 대상과 관련하여 금융감독당국은 보험약관에 따라 해지환급금 범위 내에서 소비자가 이용할 수 있는 보험계약대출은 대출성 상품으로서 청약철회의 대상이 된다고 해석하고 있습니다.[4] 외화대출의 경우 차주가 일반금융소비자이고 청약철회 적용 제외 대상에 해당되지 않는다면 청약철회권이 보장되어야 한다는 입장입니다.[5]

---

3) 시행령 제37조 제1항 각 호, 감독규정 제30조
4) 신속처리시스템 회신, 생보210414−11.
5) 신속처리시스템 회신, 은행210402−8.

또한 고난도금융투자상품 등 원칙적으로 청약철회권이 인정되는 투자성 상품에 해당하더라도 금융소비자가 청약 철회 기간 내에 예약한 금전 등을 운용하는 데 동의한 경우에는 청약철회권이 인정되지 않는데(법 시행령 제37조 제1항 제2호 단서), 금융감독당국은 위 규정이 금융소비자가 청약 철회 기간의 기산일 이전에 예약한 금전 등을 운용하는 데 동의하는 경우 뿐만 아니라, 위 기산일 이후에 이에 동의하는 경우에도 적용될 수 있다는 입장입니다. 즉, 청약철회권이 인정되는 투자성 상품의 모집 마감 이후에(즉, 청약 철회 기간 중에), 예약한 금전 등을 운용하는 데 동의한 금융소비자에게는 청약철회권을 부여하지 않고 해당 상품을 판매할 수 있습니다.[6]

2) 철회 가능 기간

청약철회권을 행사할 수 있는 기간은 금융상품에 따라 다릅니다. 금융소비자와 금융상품판매업자등 사이에 아래 표에 기재된 기간보다 긴 기간으로 철회 가능 기간을 약정한 경우에는 그 기간 동안 청약철회권을 행사할 수 있습니다.

■ **표 청약철회권 행사 기간(법 제46조 제1항 각 호)**

상품구분	청약철회권 행사 기간
보장성 상품	보험증권 수령일로부터 15일과 청약일로부터 30일 중 먼저 도래하는 기간 이내
투자성 상품, 금융상품자문	계약서류 제공일 또는 계약체결일로부터 7일 이내
대출성 상품	계약서류 제공일 또는 계약체결일(각 날보다 계약에 따른 금전·재화 등의 지급이 늦은 경우 그 지급일)로부터 14일 이내

대출성 상품 중 자본시장법 제72조 제1항[7]에 따른 신용공여의 경우 금전·재화 등의 지급일이 소비자의 선택에 따라 달라질 수 있기 때문에 법 제46조

---

6) 신속처리시스템 회신, 은행210414-33.
7) **자본시장법 제72조(신용공여)**
　① 투자매매업자 또는 투자중개업자는 증권과 관련하여 금전의 융자 또는 증권의 대여의 방법으로 투자자에게 신용을 공여할 수 있다. 다만, 투자매매업자는 증권의 인수일부터 3개월 이내에 투자자에게 그 증권을 매수하게 하기 위하여 그 투자자에게 금전의 융자, 그 밖의 신용공여를 하여서는 아니 된다.

제1항 제3호 각 목 외 부분의 "금전·재화 등의 지급이 늦게 이루어진 경우"에 해당하기 어려우므로, 청약철회권 행사 기산점은 계약서류를 제공받은 날 또는 계약체결일로 보아야 한다는 것이 금융감독당국의 입장입니다.[8)

3) 철회의 방법 및 철회의 효력 발생 시기

청약철회의 방법은 청약철회 기간 내에 서면, 전자우편·휴대전화 문자메시지 또는 이에 준하는 전자적 의사표시, 그 밖에 이에 준하는 방법으로 금융위원회가 정하여 고시하는 방법으로 철회의 의사표시를 하는 것입니다(법 제46조 제2항 각 호, 시행령 제37조 제2항). 일반금융소비자가 철회의 의사표시가 담긴 서면 등을 발송한 때는 금융상품직접판매업자에게 지체 없이 그 발송 사실을 알려야 합니다(시행령 제37조 제3항).

금융감독당국은 금융기관의 홈페이지에서 인증서를 사용하여 철회의 의사표시를 한 경우에 시행령 제37조 제2항 제2호에 따른 "전자적 의사표시"에 해당하여 철회의 효력을 인정하고 있습니다. 콜센터를 이용하는 경우에는 소비자 권익 보호 관점에서 녹취를 통해 철회의 의사표시 시기를 명확히 증명할 수 있는 경우에 한하여 청약 철회 수단으로 인정할 수 있으나, 이는 시행령 제37조 제2항 각 호에서 말하는 방법에 해당하지 않기 때문에 콜센터 외에도 시행령 제37조 제2항 각 호의 방법 중 어느 하나를 금융소비자가 선택할 수 있도록 해야 한다는 입장입니다.[9)

법은 청약철회의 횟수를 제한하고 있지 않습니다. 참고로 금융소비자가 청약을 철회하였다는 이유로 금융상품에 관한 계약에 불이익을 부과하는 행위는 불공정영업행위에 해당하여 금지되는데, 이 경우에도 '같은 금융상품직접판매업자에 같은 유형의 금융상품에 관한 계약에 대하여 1개월 내 2번 이상 청약의 철회의사를 표시한 경우'는 금융상품에 관한 계약에 불이익을 부과하더라도 불공정영업행위에 해당하지 않습니다(법 제20조 제1항 제6호, 시행령 제15조 제4항 제3호 라목, 감독규정 제14조 제6항 제6호).

청약철회권을 행사함에 따라 철회의 효력이 발생하는 시기는 금융상품에 따라 다릅니다.

---

8) 금융위원회·금융감독원, "금융소비자보호법 FAQ 답변(3차)", 2021. 4. 26., 6쪽.
9) 신속처리시스템 회신, 손보210416-11.

■ 표 철회 효력 발생 시기(법 제46조 제2항 각 호, 시행령 제37조 제4항, 제5항)

상품 구분	철회 효력 발생 시기
보장성 상품, 투자성 상품, 금융상품자문	청약철회 기간 내에 서면, 전자우편·휴대전화 문자메시지 등으로 철회의 의사표시를 발송한 때
대출성 상품	청약철회 기간 내에 서면, 전자우편·휴대전화 문자메시지 등으로 철회의 의사표시를 발송하고, 원금·이자*·부대비용**을 반환한 때 * 금융상품판매업자등으로부터 금전을 지급받은 날부터 금전을 돌려준 날까지의 기간에 대해 금융상품의 계약에 정해진 이자율을 적용하여 산출한 이자 ** 인지세 등 제세공과금, 저당권 설정 등에 따른 등기 비용

보장성 상품의 경우, 청약이 철회된 당시 이미 보험금 지급 사유가 발생한 경우 청약 철회의 효력은 발생하지 않습니다. 다만, 일반금융소비자가 보험금의 지급사유가 발생했다는 것을 알면서 청약을 철회한 경우에는 철회의 효력이 제한되지 않습니다(법 제46조 제5항).

4) 철회의 효과

청약이 철회된 경우 금융상품판매업자등이 일반금융소비자로부터 받은 금전·재화등의 반환 방법은 다음과 같습니다(법 제46조 제3항, 시행령 제37조 제6항, 제7항).

상품구분	철회의 효과
보장성 상품	청약철회 접수일부터 3영업일 이내에 이미 받은 금전·재화 등을 반환(반환 지연 시 계약상 연체이자율을 적용한 금액을 더하여 반환)
투자성 상품, 금융상품자문	청약철회 접수일부터 3영업일 이내에 이미 받은 금전·재화 등을 반환(반환 지연 시 계약상 연체이자율을 적용한 금액을 더하여 반환)
대출성 상품	소비자로부터 금전·재화 등, 이자 및 수수료를 반환받은 날부터 3영업일 이내에 이미 받은 수수료를 포함한 금전·재화 등을 반환(반환 지연 시 계약상 연체이자율을 적용한 금액을 더하여 반환)

청약이 철회된 경우 금융상품판매업자등은 일반금융소비자에 대하여 청약의 철회에 따른 손해배상 또는 위약금 등 금전의 지급을 청구할 수 없습니다(법 제46조 제4항). 또한 법 제46조 제1항부터 제5항까지의 규정에 반하는 특약으로서 일반금융소비자에게 불리한 것은 무효로 합니다(법 제46조 제6항).

5) 자본시장법상 '투자자 숙려제도'와의 관계

자본시장법상 투자자 숙려제도는 (i) 고난도금융투자상품과 고난도투자일임·금전신탁계약을 청약(계약 체결)하는 경우, (ii) 65세 이상 고령 투자자 또는 적합성·적정성 확인결과 부적합·부적정하다고 판단되는 일반투자자가 법에 따른 '적정성 원칙 적용대상 상품'에 투자하는 경우, 청약 여부를 재고해 볼 수 있도록 2영업일 이상의 숙려기간을 보장하는 제도입니다. 숙려기간 중 투자자는 금융회사로부터 투자 위험, 원금손실 가능성, 최대 원금손실 가능금액을 고지받게 되며, 숙려기간이 지난 후 투자자가 서명 등으로 청약의사를 다시 한번 표시하는 경우에 청약·계약 체결이 확정됩니다. 만일 숙려기간이 지난 후에도 투자자가 매매의사를 확정하지 않을 경우, 청약은 집행되지 않으며 투자자는 투자금을 반환받게 됩니다(자본시장법 시행령 제68조 제5항 제2호의2 및 제2호의3, 제99조 제4항 제1호의2 및 제1호의3, 제109조 제3항 제1호의2 및 제1호의3).

따라서 고난도금융투자상품과 같이 청약철회권 및 자본시장법상 투자자 숙려제도가 동시에 적용되는 투자성 상품의 경우, 청약일 다음날부터 <u>숙려기간인 2영업일이 지난 후</u> 계약이 체결되면 그 <u>계약체결일</u>(또는 계약서류 수령일) <u>다음날부터 7일</u>(영업일 아님) <u>이내</u>의 기간까지 청약철회권을 행사할 수 있으므로, 결과적으로 청약 후 최대 9일까지 청약철회권 행사가 가능하게 됩니다.[10]

---

10) 2022. 7. 7. 금융위원회가 입법예고한 시행령 개정안에서는 제37조 제1항 나목 및라목을 수정하여 고난도투자일임계약 및 고난도금전신탁계약에 대한 청약철회권 기산일을 명확화하였습니다. 고난도투자일임계약 및 고난도금전신탁계약의 청약철회권 기산일을 자본시장법에 따른 숙려기간이 경과한 날로 명확히 규정하여 해석상 혼선의 여지를 해소하기 위함입니다(금융위원회, 시행령 조문별 개정 이유서).

> **시행령(안) 제37조(청약의 철회)** ① 법 제46조제1항 각 호 외의 부분에서 "대통령령으로 각각 정하는 보장성 상품, 투자성 상품, 대출성 상품"이란 다음 각 호의 구분에 따른 금융상품을 말한다.

2. 다른 법과의 관계[11]

가. 적용 대상 금융상품

법에 따라 청약철회권이 인정되는 금융상품의 범위는, 청약 철회에 대하여 규율하고 있는 다른 법령, 즉 할부거래법, 방문판매법, 전자상거래법의 적용 범위와 차이가 있습니다.

할부거래법은 같은 법이 적용되지 않는 금융상품을 규정하고 있는데, 보험업법에 따른 보험, 자본시장법 제4조에 따른 증권 및 같은 자본시장법 제336조 제1항 제1호에 따른 어음에 대하여는 할부거래법이 적용되지 않습니다(할부거래법 제3조, 같은 법 시행령 제4조). 즉, 금융소비자보호법상 금융상품 중 할부거래법 적용대상이 아닌 보험·증권·어음을 제외한 나머지 금융상품에 대하여는 할부거래법도 적용됩니다.

방문판매법이 적용되지 않는 금융상품은 보험업법 제2조 제6호에 따른 보험회사와 보험계약을 체결하기 위한 거래입니다(방문판매법 제3조 제2호). 즉, 방문판매법은 보험상품에 대하여만 적용 배제 조항을 두고 있기 때문에, 다른 금융상품의 경우 그 판매방식에 따라 방문판매업도 적용될 수 있습니다. 다만, 2021. 12. 7.자 방문판매법 개정으로 제3조 제2호가 신설되어 금융소비자보호법에 따른 금융상품판매업자와 예금성 상품, 대출성 상품, 투자성 상품 및 보장성 상품에 관한 계약을 체결하기 위한 거래에 대해 방문판매법 적용이 배제됩니다. 개정 방문판매법은 2022. 12. 8. 시행됩니다.

> 2. 투자성 상품: 다음 각 목의 금융상품. 다만, 일반금융소비자가 법 제46조제1항제2호에 따른 청약 철회의 기간 이내에 예탁한 금전등을 운용하는 데 동의한 경우는 제외한다.
> 　가. (생략)
> 　나. 「자본시장과 금융투자업에 관한 법률 시행령」에 따른 고난도투자일임계약(단, 「**자본시장과 금융투자업에 관한 법률 시행령**」에 따른 **숙려기간이 경과한 날로부터 기산한다.**)
> 　다. (생략)
> 　라. 자본시장과 금융투자업에 관한 법률 시행령」에 따른 고난도금전신탁계약(단, 「**자본시장과 금융투자업에 관한 법률 시행령**」에 따른 **숙려기간이 경과한 날로부터 기산한다.**)

11) 고형석, "금융상품거래와 청약철회에 관한 연구", 금융감독연구 제8권 제2호(2021. 10월), 183－190쪽.

전자상거래법은 자본시장법상 투자매매업자·투자중개업자가 하는 증권거래, 전자상거래법 시행령으로 정하는 금융회사[12] 등이 하는 금융상품거래에 대하여는 통신판매업자의 신고의무, 청약철회권 등 전자상거래법의 일부 조항(전자상거래법 제12조~제15조, 제17조~제20조, 제20조의2)의 적용을 배제하고 있습니다(전자상거래법 제3조 제4항). 따라서 전자상거래법의 적용이 배제되지 않는 금융상품을 거래하는 경우에는 전자상거래법도 적용될 수 있습니다.

나. 법률의 적용

법은 금융소비자 보호에 관하여 다른 법률에서 특별히 정한 경우를 제외하고는 법에서 정하는 바에 따른다고 규정하고 있습니다(제6조). 이는 다른 법과의 관계에서 특별법이 우선하여 적용된다는 취지입니다.

한편 할부거래법, 방문판매법, 전자상거래법(이하 "할부거래법 등")은 소비자 보호와 관련하여 할부거래법 등과 다른 법률이 경합하여 적용되는 경우에는 할부거래법 등을 우선하여 적용하되, 다른 법률을 적용하는 것이 소비자에게 유리한 경우에는 그 법률을 적용한다고 규정하고 있습니다(할부거래법 제4조, 방문판매법 제4조 제1항, 전자상거래법 제4조).[13] 기본적으로 다른 법과의 관계에서 일률적으로 특별법을 적용할 것이 아니라 소비자에게 유리한 법을 적용하라는 취지입니다.

결국 어떠한 사항에 대하여 금융소비자보호법 및 할부거래법 등이 중복하여 규정하고 있는 경우 어느 법을 적용할 것인지의 문제는 소비자에게 더 유리한 것이 어느 법인지에 따라 결정해야 할 것인데, 어느 법이 소비자에게 더 유리한 것인지는 어느 특정한 조항 하나만을 놓고 판단할 것이 아니라 청약철회의 요건, 행사 방법 및 효과에 관한 규정을 종합적으로 고려하여 판단하여야 할 것입니다.

---

12) 금융위원회법 제38조 제1호부터 제8호까지의 기관, 대부업법 제3조에 따라 등록한 대부업자 또는 대부중개업자 및 다른 법령에 따라 설립된 금융회사 또는 중앙행정기관의 인가·허가 등을 받아 설립된 금융회사(전자상거래법 시행령 제3조).

13) 다만, 방문판매법은 계속거래에 관하여는 방문판매법에서 규정하고 있는 사항을 다른 법률에서 따로 정하고 있는 경우에는 그 다른 법률을 적용하도록 하고 있습니다(방문판매법 제4조 제3항).

제15장

금융소비자의 사후적 권익구제2 – 위법계약해지권

1. 위법계약해지권의 의의 및 주요 내용

제47조(위법계약의 해지) ① 금융소비자는 금융상품판매업자등이 제17조 제3항, 제18조 제2항, 제19조 제1항·제3항, 제20조 제1항 또는 제21조를 위반하여 대통령령으로 정하는 금융상품에 관한 계약을 체결한 경우 5년 이내의 대통령령으로 정하는 기간 내에 서면등으로 해당 계약의 해지를 요구할 수 있다. 이 경우 금융상품판매업자등은 해지를 요구받은 날부터 10일 이내에 금융소비자에게 수락여부를 통지하여야 하며, 거절할 때에는 거절사유를 함께 통지하여야 한다.

② 금융소비자는 금융상품판매업자등이 정당한 사유 없이 제1항의 요구를 따르지 않는 경우 해당 계약을 해지할 수 있다.

③ 제1항 및 제2항에 따라 계약이 해지된 경우 금융상품판매업자등은 수수료, 위약금 등 계약의 해지와 관련된 비용을 요구할 수 없다.

④ 제1항부터 제3항까지의 규정에 따른 계약의 해지요구권의 행사요건, 행사범위 및 정당한 사유 등과 관련하여 필요한 사항은 대통령령으로 정한다.

가. 의 의

위법계약해지권은 판매규제에 위반하여 체결된 계약을 금융소비자가 일정 기간 내에 해지할 수 있는 권리입니다. 해지 수수료·위약금 등의 불이익 없이 위법한 계약으로부터 탈퇴할 수 있는 기회를 금융소비자에게 제공하고자 하는 것입니다.

위법계약해지권의 취지는 위법한 계약에 대해 소비자가 해지에 따른 재산상 불이익을 해지시점 이후부터 받지 않도록 하는데 있는 바, 위법계약해지권은 위법한 계약에 따른 손해배상을 요구하는 손해배상청구권과는 그 성격이 다릅니다.[1]

나. 주요 내용

1) 해지요구권의 행사요건

금융소비자는 금융상품판매업자등이 5대 판매규제(적합성 원칙, 적정성 원칙, 설명의무, 불공정영업행위 금지, 부당권유행위 금지)를 위반하여 계속적 형태의 금융상품에 관한 계약으로서 계약기간 종료 전에 해지하면 금융소비자에게 불이익이 발생하는 내용의 계약을 체결한 경우, 금융소비자가 위법사실을 안 날로부터 1년 이내의 기간으로서 계약체결일로부터 5년 이내 범위의 기간 내에 계약의 해지를 요구할 수 있습니다(법 제47조 제1항, 시행령 제38조 제1항, 제2항).

위법계약해지권은 해지를 하지 않지 않으면 투자손실이 발생하는 경우에도 인정됩니다.[2] 그리고 위법계약해지권은 계속적 거래가 이루어지고 있을 것을 요건으로 하기 때문에, 만기, 해약, 중도해지 등으로 이미 계약의 효력이 상실되었다면 위법계약해지권을 행사할 수 없습니다.[3]

다만 (i) 온라인투자연계금융업법에 따른 온라인투자연계금융업자와 체결하는 계약, (ii) 자본시장법상 원화표시 양도성 예금증서, (iii) 자본시장법상 표지어음, (iv) 그 밖에 (i)~(iii)과 유사한 금융상품의 경우 해지요구권이 인정되지 않습니다(감독규정 제31조 제1항).

---

1) 금융위원회·금융감독원 보도참고자료, "금융소비자보호법 관련 10문 10답", 2021. 3. 25., 2쪽.
2) 금융위원회·금융감독원 보도참고자료, "금융소비자보호법 시행 후 원활한 금융상품거래를 위해 판매자·소비자가 알아야 할 중요사항을 알려드립니다", 2021. 3. 29., 5쪽.
3) 신속처리시스템 회신, 손보210416-16.

2) 해지요구권 및 해지권의 행사

금융소비자는 금융상품직접판매업자 또는 금융상품자문업자에게 금융상품 명칭과 법 위반사실이 기재된 계약해지요구서를 제출하는 방식으로 해지요구권을 행사할 수 있습니다(시행령 제38조 제3항, 감독규정 제31조 제2항). 금융상품판매업자등은 해지를 요구받은 날부터 10일 이내에 해지 요구의 수락 여부를 금융소비자에게 통지하여야 하고, 거절할 때에는 거절사유를 함께 통지하여야 합니다(법 제47조 제1항).

금융상품판매업자등이 정당한 사유 없이 해지 요구를 따르지 않는 경우 금융소비자는 계약을 해지할 수 있습니다(법 제47조 제2항). 금융상품판매업자등이 해지 요구를 거절할 수 있는 "정당한 사유"는 아래의 표와 같습니다(법 제47조 제2항, 시행령 제38조 제4항, 감독규정 제31조 제4항).

■ 표 금융상품판매업자등이 해지 요구를 거절할 수 있는 정당한 사유

해지 요구를 거절할 수 있는 정당한 사유	근거 법령
① 위반사실에 대한 근거를 제시하지 않거나 거짓으로 제시한 경우	시행령 제38조 제4항 제1호
② 계약 체결 당시에는 위반사항이 없었으나 금융소비자가 계약 체결 이후의 사정변경에 따라 위반사항을 주장하는 경우	시행령 제38조 제4항 제2호
③ 금융소비자의 동의를 받아 위반사항을 시정한 경우	시행령 제38조 제4항 제3호
④ 금융상품판매업자등이 계약의 해지 요구를 받은 날부터 10일 이내에 법 위반사실이 없음을 확인하는데 필요한 객관적·합리적인 근거자료를 금융소비자에 제시한 경우	감독규정 제31조 제4항 제1호
⑤ 금융소비자가 금융상품판매업자등의 행위에 법 위반사실이 있다는 사실을 계약을 체결하기 전에 알았다고 볼 수 있는 명백한 사유가 있는 경우	감독규정 제31조 제4항 제2호

다만 위 ④번 사유와 관련하여 금융상품판매업자등이 계약의 해지 요구를 받은 날부터 10일 이내에 금융소비자에게 법 위반사실이 없음을 확인하는데 필요한 객관적·합리적인 근거자료를 제시하기 어려운 경우에는, 일정한 요건을

충족하는 것을 전제로 10일의 기간이 경과한 이후에 근거자료를 제시하더라도 정당한 사유로 일정하고 있습니다. 즉 금융상품판매업자등은 (i) 계약의 해지를 요구한 금융소비자의 연락처나 소재지를 확인할 수 없거나 이와 유사한 사유로 10일 이내에 연락이 곤란한 경우에는 해당 사유가 해소된 후 지체 없이 알리면 되고, (ii) 법 위반사실 관련 자료 확인을 이유로 금융소비자의 동의를 받아 통지기한을 연장한 경우에는 연장된 기한까지 알리면 됩니다(감독규정 제31조 제4항 제1호 단서).

3) 해지의 효과

금융상품판매업자등이 금융소비자의 계약 해지 요구를 수락하거나 금융소비자가 법에 따라 계약을 해지하는 경우, 해당 계약은 장래에 대하여 효력을 상실하고 금융상품판매업자등은 원상회복 의무를 부담하지 않습니다.

위법계약이 해지되면 금융상품판매업자등은 해당 계약에 따라 금융소비자로부터 수령한 금원을 지체 없이 반환해야 합니다. 금융감독당국은 위법계약 해지 시 해당 계약은 해지 시점 이후부터 무효이므로 해지 금액을 반환하지 않는 경우 그 금액은 민법상 부당이득에 해당되고, 해지 금액 반환시점과 관련하여 해당 금액을 금융소비자의 지급 이행청구 이후 지체 없이 반환하지 않을 경우에는 지급 지체에 따른 민사상 책임이 부과될 수 있다고 보고 있습니다.[4]

2. 위법계약해지권 행사 시 금전반환의 범위

금융소비자가 위법계약해지권을 행사하는 경우 해당 계약은 장래에 대하여 효력을 상실하므로, 계약 체결 후 해지시점까지 계약에 따른 서비스 제공 과정에서 발생한 비용(대출 이자, 카드 연회비, 펀드 수수료·보수, 투자손실, 위험보험료 등)은 원칙적으로 계약해지 후 소비자에게 지급해야할 금전의 범위에 포함되지 않습니다.[5]

---

4) 신속처리시스템 회신, 은행210415-39.
5) 금융위원회·금융감독원 보도참고자료, "금융소비자보호법 관련 10문 10답", 2021. 3. 25., 2쪽.

그리고 통상 금융소비자가 계약을 해지할 경우 수수료(중도상환수수료, 환매수수료 등), 위약금 등의 부담 주체는 금융소비자가 되는데, 금융소비자가 위법계약해지권을 행사하여 계약을 해지하는 경우 금융상품판매업자등은 금융소비자에게 수수료, 위약금 등 계약의 해지와 관련된 비용을 요구할 수 없습니다(법 제47조 제3항).[6]

금융소비자가 위법계약해지권을 행사하는 경우 금융상품별 금전반환범위의 예는 아래 표와 같습니다.[7]

■ 표 위법계약해지권 행사 시 금융상품별 금전반환범위(예시)

상품구분	금전반환의 범위
예 금	– 중도해지 시 이자율이 만기 시 이자율보다 낮은 경우에는 만기 시 이자율(만기 시 우대이자율은 제외)을 적용함.
대출·리스·할부금융	– 중도상환수수료를 부과할 수 없으며, 소비자가 기지급한 이자는 환급되지 않음. – 대출한도 약정 대출인 경우에는 해지 후 남은 계약기간에 대한 한도 약정수수료*를 부과할 수 없음. * 한도대출에 따른 충당금 적립 부담 및 자금보유 기회비용 보전을 위해 한도 설정금액에 대해 요구하는 수수료(산식: 약정액×수수료율×약정기간/365)
펀 드	– 중도환매수수료를 부과할 수 없으며, 해지시점 전 거래와 관련하여 소비자가 지급한 수수료, 보수는 환급되지 않음. – 위법계약해지 시 환매 관련 기준은 다음과 같이 상품유형에 따라 판단할 수 있음. 　가. **일반적으로** 해지일 다음날을 기준으로 집합투자규약, 투자설명서에서 정한 방법에 따라 환매대금을 산정함. 　나. **ETF(Exchange Traded Fund)와 같은 거래소 상장 상품**은 해지일 다음날 거래소 장(場) 시작 전(8:40~9:00) 단일가 경쟁매매로 결정된 시가에 따라 일괄 처분함.[8] 　다. **폐쇄형 펀드**는 해지일 다음날에 가장 근접한 기준가격(자본시장법상 집합투자재산평가위원회가 평가)에 따름.
보 험	– 보험사는 계약해지에 따른 해지수수료, 위약금을 부과할 수 없음. – 보험사가 소비자에게 환급해야 할 보험료의 범위는 다음과 같음.

6) 금융위원회·금융감독원 보도참고자료, "금융소비자보호법 관련 10문 10답", 2021. 3. 25., 2쪽.
7) 금융위원회·금융감독원 보도참고자료, "금융소비자보호법 관련 10문 10답", 2021. 3. 25., 3쪽.

상품구분	금전반환의 범위
보 험	가. 납입보험료 중에서 해지시점 전까지 위험보장, 계약의 체결·유지관리 등에 대한 비용(위험보험료 + 부가보험료)을 제외한 나머지 금액*을 소비자에게 환급함. 　* (해지 시점 이후에) 소비자에게 보험금을 지급하기 위해 (해지 시점 이전까지) 적립해 둔 금액 및 그에 대한 이자 나. 위험보장, 계약의 체결·유지관리 등에 대한 비용(위험보험료 + 부가보험료)은 전 계약기간에 걸쳐 안분하여 '해지시점 이전에 해당하는 금액'만 비용으로 인정함.

---

8) 이와 관련하여 금융감독당국은 상기 기준은 펀드 해지 이후 금융소비자에게 반환해야 하는 금전의 범위에 대한 판단을 돕기 위해 객관적인 시가평가 기준을 제시한 것이고, 금융투자업자가 일반금융소비자의 권익을 해치지 않는 범위 내에서 사전에 정해진 방법에 따라 이와 달리 처분하는 것(예를 들면, 해지일 다음날 장 시작 전 충분한 거래량이 확보되지 않아 일괄 처분이 불가한 경우, 장 시작 후 시장가 거래 또는 종가로 처분 등)도 가능하다고 보고 있습니다. 다만 그 방법은 객관적이고 명확해야 한다는 입장입니다(신속처리시스템 회신, 은행210415－40).

제16장

감독 및 처분, 형사처벌 등

1. 조치명령 및 판매제한·금지명령

제49조(금융위원회의 명령권) ① 금융위원회는 금융소비자의 권익 보호 및 건전한 거래질서를 위하여 필요하다고 인정하는 경우에는 금융상품판매업자등에게 다음 각 호의 사항에 관하여 시정·중지 등 필요한 조치를 명할 수 있다.

1. 금융상품판매업자등의 경영 및 업무개선에 관한 사항
2. 영업의 질서유지에 관한 사항
3. 영업방법에 관한 사항
4. 금융상품에 대하여 투자금 등 금융소비자가 부담하는 급부의 최소 또는 최대한도 설정에 관한 사항
5. 그 밖에 금융소비자의 권익 보호 또는 건전한 거래질서를 위하여 필요한 사항으로서 대통령령으로 정하는 사항

② 금융위원회는 금융상품으로 인하여 금융소비자의 재산상 현저한 피해가 발생할 우려가 있다고 명백히 인정되는 경우로서 대통령령으로 정하는 경우에는 그 금융상품을 판매하는 금융상품판매업자에 대하여 해당 금융상품 계약 체결의 권유 금지 또는 계약 체결의 제한·금지를 명할 수 있다.

가. 의 의

법은 금융소비자의 권익 보호 및 건전한 거래질서를 위하여 조치명령 제도를 도입하였습니다. 또한 법은 금융상품의 판매과정에서 소비자 피해 가능성이 현실화되거나 확대되는 것을 방지하기 위하여 금융상품판매금지·제한명령 제

도를 도입하였습니다.

나. 조치명령제도의 주요 내용

금융위원회는 금융소비자의 권익 보호 및 건전한 거래질서를 위하여 필요하다고 인정하는 경우에는 금융상품판매업자등에게 아래의 사항에 관하여 시정·중지 등 필요한 조치를 명할 수 있습니다(법 제49조 제1항, 시행령 제40조 제1항).

■ 표 금융위원회의 시정·중지 등 조치의 대상

시정·중지 등 조치의 대상	근거 법령
① 금융상품판매업자등의 경영 및 업무개선에 관한 사항	법 제49조 제1항 **제1호**
② 영업의 질서유지에 관한 사항	법 제49조 제1항 **제2호**
③ 영업방법에 관한 사항	법 제49조 제1항 **제3호**
④ 금융상품에 대하여 투자금 등 금융소비자가 부담하는 급부의 최소 또는 최대한도 설정에 관한 사항	법 제49조 제1항 **제4호**
⑤ 내부통제기준 및 금융소비자보호기준	시행령 제40조 제1항 **제1호**
⑥ 수수료 및 보수	시행령 제40조 제1항 **제2호**

다. 판매제한·금지명령의 주요 내용

1) 발동 요건

법은 개별적·구체적인 상황에 유연하게 대처할 수 있도록 판매제한·금지명령의 발동 요건을 포괄적으로 규정하고 있습니다. 즉 금융위원회는 투자성·보장성·대출성 상품에 관한 계약 체결 및 그 이행으로 인해 금융소비자의 재산상 현저한 피해가 발생할 우려가 있다고 명백히 인정되는 경우, 금융상품 계약 체결 권유 금지 또는 계약 체결의 제한·금지를 명할 수 있습니다(법 제49조 제2항, 시행령 제40조 제2항).

2) 관련 절차

감독규정은 판매제한·금지명령의 절차적 타당성을 확보하기 위해 명령 전 고지, 금융상품판매업자의 의견제출 기회 부여, 명령내용 공시 등에 대한 절차규정을 마련하고 있습니다(감독규정 제33조 제1항, 제2항).

구체적으로 살펴보면, 금융위원회는 판매제한·금지명령 조치를 하기 전에 판매제한·금지명령의 필요성 및 판단 근거, 절차 및 예상 시기, 의견제출 방법을 대상 금융상품판매업자에게 알려야 합니다. 금융위원회는 판매제한·금지명령을 발동하기 전에 대상 금융상품판매업자가 해당 조치에 대한 의견을 제출할 수 있는 충분한 기간을 보장해야 합니다. 이때 금융감독당국은 명령 발동의 시급성, 명령 발동으로 대상자가 입게 되는 경영상 불이익, 그 밖에 판매제한·금지명령 대상자가 의견 제출과 관련하여 자료 수집·분석 등을 하는데 불가피하게 소요되는 기간을 고려해야 합니다.

금융위원회는 판매제한·금지명령 조치를 한 경우 지체 없이 그 사실을 대상 금융상품판매업자에 알리고 이를 홈페이지에 게시하여야 합니다. 구체적으로, 금융위원회는 ① 해당 금융상품 및 그 금융상품의 과거 판매 기간, ② 관련 금융상품판매업자의 명칭, ③ 판매제한·금지명령의 내용·유효기간 및 사유(이때 그 명령이 해당 금융상품판매업자의 금융 관련 법령 위반과 관계 없는 경우에는 그 사실), ④ 판매제한·금지명령이 그 발동시점 이전에 체결된 해당 금융상품에 관한 계약의 효력에 영향을 미치지 않는다는 사실, ⑤ 판매제한·금지명령 이후 그 조치의 이행현황을 주기적으로 확인한다는 사실, ⑥ 그 밖에 금융소비자 보호 및 공시로 인해 판매제한·금지명령 대상자가 입을 수 있는 불이익(금융소비자 보호와 관계 없는 경우에 한정함)을 고려하여 공시가 필요하다고 금융위원회가 인정한 사항을 홈페이지에 게시하여야 합니다.

다만, 금융위원회는 금융소비자 피해 확산 방지를 위해 긴급하게 조치를 해야 하는 경우로서 명령 전 고지, 의견제출 기회 부여 절차를 이행할 여유가 없을 때에는 필요한 범위 내에서 이를 생략하거나 그 기간을 단축할 수 있습니다.

3) 판매제한·금지명령의 중단

금융위원회는 (i) 판매제한·금지명령을 받은 자가 판매제한·금지명령 대상인 금융상품과 관련하여 금융소비자의 재산상 현저한 피해가 발생할 우려를 없애거나 그 금융상품에 관한 계약 체결을 중단한 경우, (ii) 판매제한·금지명령의 필요성 및 판단근거, 판매제한·금지명령 대상자가 해당 조치로 입는 경영상 불이익을 고려하여 판매제한·금지명령을 중단해야 할 필요성이 인정되는 경우에는 판매제한·금지명령을 중단할 수 있습니다. 이 경우 그 사실을 지체없이 판매제한·금지명령 대상자에 알리고 그 사실을 홈페이지에 게시해야 합니다(감독규정 제33조 제3항).

2. 금융상품판매업자등 및 임직원에 대한 제재

제51조(금융상품판매업자등에 대한 처분 등) ① 금융위원회는 금융상품판매업자등 중 제12조에 따른 등록을 한 금융상품판매업자등이 다음 각 호의 어느 하나에 해당하는 경우에는 제12조에 따른 금융상품판매업등의 등록을 취소할 수 있다. 다만, 제1호에 해당하는 경우에는 그 등록을 취소하여야 한다.
  1. 거짓이나 그 밖의 부정한 방법으로 제12조의 등록을 한 경우
  2. 제12조 제2항 또는 제3항에서 정한 요건을 유지하지 아니하는 경우. 다만, 일시적으로 등록요건을 유지하지 못한 경우로서 대통령령으로 정하는 경우는 제외한다.
  3. 업무의 정지기간 중에 업무를 한 경우
  4. 금융위원회의 시정명령 또는 중지명령을 받고 금융위원회가 정한 기간 내에 시정하거나 중지하지 아니한 경우
  5. 그 밖에 금융소비자의 이익을 현저히 해칠 우려가 있거나 해당 금융상품판매업등을 영위하기 곤란하다고 인정되는 경우로서 대통령령으로 정하는 경우
② 금융위원회는 금융상품판매업자등이 제1항 제2호부터 제5호까지의 어느 하나에 해당하거나 이 법 또는 이 법에 따른 명령을 위반하여 건전한 금융상품판매업등을 영위하지 못할 우려가 있다고 인정되는 경우로서 대통령령으로 정하는 경우에는 대통령령으로 정하는 바에 따라 다음 각 호의 어느 하나에 해당하는 조치를 할 수 있다. 다만, 제1호의 조치는 금융상품판매업자등 중 제12조에 따른 등록을 한 금융상품판매업자등에 한정한다.

1. 6개월 이내의 업무의 전부 또는 일부의 정지

2. 위법행위에 대한 시정명령

3. 위법행위에 대한 중지명령

4. 위법행위로 인하여 조치를 받았다는 사실의 공표명령 또는 게시명령

5. 기관경고

6. 기관주의

7. 그 밖에 위법행위를 시정하거나 방지하기 위하여 필요한 조치로서 대통령령으로 정하는 조치

③ 제2항에도 불구하고 제2조 제6호 가목·다목·마목, 같은 조 제7호 라목·마목·바목에 해당하는 금융상품판매업자에 대해서는 다음 각 호에서 정하는 바에 따른다.

1. 금융위원회는 제2조 제6호 가목에 해당하는 금융상품판매업자등에 대해서는 금융감독원장의 건의에 따라 제2항 제2호, 제4호 및 제7호의 어느 하나에 해당하는 조치를 하거나 금융감독원장으로 하여금 제2항 제3호, 제5호 및 제6호에 해당하는 조치를 하게 할 수 있다.

2. 금융위원회는 제2조 제6호 다목·마목, 같은 조 제7호 라목·마목·바목에 해당하는 금융상품판매업자등에 대해서는 금융감독원장의 건의에 따라 제2항 제2호부터 제7호까지의 어느 하나에 해당하는 조치를 하거나 금융감독원장으로 하여금 제2항 제5호 또는 제6호에 해당하는 조치를 하게 할 수 있다.

제52조(금융상품판매업자등의 임직원에 대한 조치) ① 금융위원회는 법인인 금융상품판매업자등의 임원이 이 법 또는 이 법에 따른 명령을 위반하여 건전한 금융상품판매업등을 영위하지 못할 우려가 있다고 인정되는 경우로서 대통령령으로 정하는 경우에는 다음 각 호의 어느 하나에 해당하는 조치를 할 수 있다.

1. 해임요구

2. 6개월 이내의 직무정지

3. 문책경고

4. 주의적 경고

5. 주의

② 금융위원회는 금융상품판매업자등의 직원이 이 법 또는 이 법에 따른 명령을 위반하여 건전한 금융상품판매업등을 영위하지 못할 우려가 있다고 인정되는 경우로서 대통령령으로 정하는 경우에는 다음 각 호의 어느 하나에 해당하는 조치를 할 것을 그 금융상품판매업자등에게 요구할 수 있다.

1. 면직

2. 6개월 이내의 정직

3. 감봉

4. 견책

5. 주의

③ 제1항에도 불구하고 제2조 제6호 가목·다목·마목, 같은 조 제7호 라목·마목·바목에 해당하는 금융상품판매업자등의 임원에 대해서는 다음 각 호에서 정하는 바에 따른다.

1. 금융위원회는 제2조 제6호 가목에 해당하는 금융상품판매업자등의 임원에 대해서는 금융감독원장의 건의에 따라 제1항 제1호 또는 제2호의 조치를 할 수 있으며, 금융감독원장으로 하여금 제1항 제3호부터 제5호까지의 어느 하나에 해당하는 조치를 하게 할 수 있다.

2. 금융위원회는 제2조 제6호 다목·마목, 같은 조 제7호 라목·마목·바목에 해당하는 금융상품판매업자등의 임원에 대해서는 금융감독원장의 건의에 따라 제1항 각 호의 어느 하나에 해당하는 조치를 하거나, 금융감독원장으로 하여금 제1항 제3호부터 제5호까지의 어느 하나에 해당하는 조치를 하게 할 수 있다.

④ 제2항에도 불구하고 제2조 제6호 가목·다목·마목, 같은 조 제7호 라목·마목·바목에 해당하는 금융상품판매업자등의 직원에 대해서는 다음 각 호에서 정하는 바에 따른다.

1. 금융감독원장은 제2조 제6호 가목에 해당하는 금융상품판매업자등의 직원에 대해서는 제2항 각 호의 어느 하나에 해당하는 조치를 그 금융상품판매업자에게 요구할 수 있다.

2. 금융위원회는 제2조 제6호 다목·마목, 같은 조 제7호 라목·마목·바목에 해당하는 금융상품판매업자등의 직원에 대해서는 제2항 각 호의 어느 하나에 해당하는 조치를 할 것을 금융감독원장의 건의에 따라 그 금융상품판매업자에게 요구하거나 금융감독원장으로 하여금 요구하게 할 수 있다.

⑤ 금융위원회 또는 금융감독원장은 제1항부터 제4항까지의 규정에 따라 금융상품판매업자등의 임직원에 대하여 조치를 하거나 금융상품판매업자등에게 조치를 요구하는 경우 그 임직원에 대해서 관리·감독의 책임이 있는 임직원에 대한 조치를 함께 하거나 이를 요구할 수 있다. 다만, 관리·감독의 책임이 있는 사람이 그 임직원의 관리·감독에 적절한 주의를 다한 경우에는 조치를 감경하거나 면제할 수 있다.

제53조(퇴임한 임원 등에 대한 조치내용 통보) 금융위원회(제52조에 따라 조치를 하거나 조치를 할 것을 요구할 수 있는 금융감독원장을 포함한다)는 금융상품판매업자등의 퇴임한 임원 또는 퇴직한 직원이 재임 또는 재직 중이었더라면 제52조에 따른 조치를 받았을 것으로 인정되는 경우에는 그 받았을 것으로 인정되는 조치의 내용을 해당 금융상품판매업자등의 장에게 통보할 수 있다. 이 경우 통보를 받은 금융상품판매업자등은 그 내용을 해당 임원 또는 직원에게 통보하여야 한다.

가. 의 의

금융상품판매업자등 및 그 임직원이 법 또는 법에 따른 명령을 위반하는 경우, 등록이 취소되거나 제재를 받을 수 있습니다.

나. 주요 내용

1) 등록취소(법 제51조 제1항)

등록취소는 법에 따라 등록한 금융상품대리·중개업자 및 독립자문업자에게 적용됩니다. 이외의 금융상품판매업자 및 금융상품자문업자는 개별 금융업법에 따라 인가·허가 취소사유에 해당할 수 있습니다.

금융위원회가 법에 따라 금융상품판매업등의 등록을 취소할 수 있는 사유는 아래와 같습니다(법 제51조 제1항, 시행령 제41조 제2항, 감독규정 제34조 제2항).

■ 표 금융상품판매업등의 등록취소사유

등록취소사유	근거 법령
① 거짓이나 그 밖의 부정한 방법으로 등록을 한 경우	법 제51조 제1항 제1호
② 등록요건을 유지하지 않는 경우	법 제51조 제1항 제2호
③ 업무정지기간에 업무를 한 경우	법 제51조 제1항 제3호
④ 시정명령 또는 중지명령을 위반한 경우	법 제51조 제1항 제4호
⑤ 법 제49조 제2항에 따른 판매제한·금지명령에 따르지 않은 경우	시행령 제41조 제2항 제1호
⑥ 1년 이상 계속하여 정당한 사유 없이 영업을 하지 않는 경우	시행령 제41조 제2항 제2호
⑦ 업무와 관련하여 제3자로부터 부정한 방법으로 금전등을 받거나 금융소비자에게 지급해야 할 금전등을 받은 경우	시행령 제41조 제2항 제3호

⑧ 법 제51조 제2항 각 호에 따른 조치를 받은 날로부터 3년 이내에 3회 이상 동일한 위반행위를 반복한 경우	시행령 제41조 제2항 **제4호** 감독규정 제34조 제2항

2) 금융상품판매업자등에 대한 업무정지 등 제재(법 제51조 제2항)

금융상품판매업자등이 위 등록취소사유 중 ②~⑧에 해당하거나, 법 또는 법에 따른 명령을 위반하여 건전한 금융상품판매업등을 영위하지 못할 우려가 있다고 인정되는 경우로서 시행령 별표1의 각 호[1])에 해당하는 경우, 금융위원

---

1) **시행령 별표 1(금융상품판매업자등 및 그 임직원에 대한 조치 또는 조치요구 기준)**

  1. 법 제16조 제2항을 위반하여 내부통제기준을 마련하지 않은 경우
  2. 법 제17조 제1항을 위반하여 상대방인 금융소비자를 확인하지 않는 경우
  3. 법 제17조 제2항을 위반한 경우로서 다음 각 목의 어느 하나에 해당하는 경우
    가. 일반금융소비자의 정보를 파악하지 않은 경우
    나. 일반금융소비자로부터 확인을 받지 않은 경우
    다. 금융소비자로부터 확인을 받고 이를 유지·관리하지 않은 경우
    라. 금융소비자에게 확인받은 내용을 지체 없이 제공하지 않은 경우
  4. 법 제17조 제3항을 위반하여 계약 체결을 권유한 경우
  5. 법 제18조 제1항을 위반하여 정보를 파악하지 않은 경우
  6. 법 제18조 제2항을 위반하여 해당 금융상품이 적정하지 않다는 사실을 알리지 않거나 확인을 받지 않은 경우
  7. 법 제19조 제1항을 위반하여 중요한 사항을 설명하지 않은 경우
  8. 법 제19조 제2항을 위반하여 설명서를 제공하지 않거나 확인을 받지 않은 경우
  9. 법 제19조 제3항을 위반하여 거짓 또는 왜곡하여 설명하거나 중요한 사항을 빠뜨린 경우
  10. 법 제20조 제1항 각 호의 어느 하나에 해당하는 행위를 한 경우
  11. 법 제21조 각 호의 어느 하나에 해당하는 행위를 한 경우
  12. 법 제22조 제1항·제3항 또는 제4항을 위반하여 금융상품등에 관한 광고를 한 경우
  13. 법 제23조 제1항을 위반하여 계약서류를 제공하지 않은 경우
  14. 법 제24조를 위반하여 금융상품판매대리·중개업자가 아닌 자에게 법 제2조 제8호에 따른 금융상품계약체결등을 대리하거나 중개하게 한 경우
  15. 법 제25조 제1항 각 호의 어느 하나에 해당하는 행위를 한 경우
  16. 법 제25조 제2항을 위반하여 수수료 외의 금품, 그 밖의 재산상 이익을 요구하거나 받은 경우
  17. 법 제26조 제1항을 위반하여 같은 항 각 호의 어느 하나에 해당하는 사항을 미리 금융소비자에게 알리지 않은 경우
  18. 법 제26조 제2항을 위반하여 표지를 게시하지 않거나 증표를 보여 주지 않은 경우
  19. 법 제27조 제3항을 위반하여 같은 항 각 호의 어느 하나에 해당하는 사항을 금융소비자

회는 ① 6개월 이내의 업무 전부 또는 일부에 대한 정지, ② 시정 또는 중지명령, ③ 위법내용의 공표 또는 게시요구, ④ 기관경고, ⑤ 기관주의, ⑥ 영업소의 전부 또는 일부 폐쇄, ⑦ 수사기관에의 통보, ⑧ 다른 행정기관에의 행정처분 요구, ⑨ 경영이나 업무에 대한 개선 요구를 할 수 있습니다(법 제51조 제2항, 시행령 제41조 제3항, 제4항).

3) 금융상품판매업자등의 임직원에 대한 제재(법 제52조 제1항, 제2항)

법인인 금융상품판매업자등의 임원이 법 또는 법에 따른 명령을 위반하여 건전한 금융상품판매업등을 영위하지 못할 우려가 있다고 인정되는 경우로서 시행령 별표1의 각 호에 해당하는 경우, 금융위원회는 임원에 대하여 ① 해임요구, ② 6개월 이내 직무정지, ③ 문책경고, ④ 주의적 경고, ⑤ 주의 중 어느 하나에 해당하는 조치를 할 수 있습니다(법 제52조 제1항, 시행령 제42조 제1항).

또한 금융상품판매업자등의 직원이 법 또는 법에 따른 명령을 위반하여 건전한 금융상품판매업등을 영위하지 못할 우려가 있다고 인정되는 경우로서 시행령 별표1의 각 호에 해당하는 경우, 금융위원회는 직원에 대하여 ① 면직, ② 6개월 이내 정직, ③ 감봉, ④ 견책, ⑤ 주의 중 어느 하나에 해당하는 조치를 할 것을 그 금융상품판매업자등에게 요구할 수 있습니다(법 제52조 제2항, 시행령 제42조 제1항).

에게 알리지 않은 경우 또는 표지를 게시하지 않거나 증표를 내보이지 않은 경우
20. 법 제27조 제4항을 위반하여 독립문자를 명칭에 사용하거나 광고에 사용한 경우
21. 법 제27조 제5항 각 호의 어느 하나에 해당하는 행위를 한 경우
22. 법 제28조 제1항을 위반하여 자료를 기록하지 않거나 자료의 종류별로 유지·관리하지 않은 경우
23. 법 제28조 제2항을 위반하여 대책을 수립·시행하지 않은 경우
24. 법 제28조 제4항을 위반하여 열람하도록 하지 않은 경우
25. 법 제46조 제3항을 위반하여 같은 항 각 호의 어느 하나의 방법으로 반환하지 않은 경우
26. 법 제46조 제4항을 위반하여 금전의 지급을 청구한 경우
27. 법 제47조 제1항 후단을 위반하여 수락 여부를 통지하지 않거나 거절사유를 함께 통지하지 않은 경우
28. 법 제47조 제3항을 위반하여 계약의 해지에 관련된 비용을 요구한 경우
29. 법 제48조 제2항을 위반하여 업무보고서를 제출하지 않은 경우
30. 법 제48조 제3항을 위반하여 등록요건에 대한 변동사항을 보고하지 않은 경우
31. 법 제49조에 따른 금융위원회의 명령에 따르지 않은 경우

4) 제재 조치권자

금융업법별로 금융회사 및 임직원에 대한 제재내용에 따라 제재 조치권자가 금융위원회 또는 금융감독원장으로 다르게 규정되어 있는데, 개별 금융업법과 법을 통일적으로 규율할 필요성이 있는 점에서 법상 조치권자는 개별 금융업법령에 따른 조치권자와 동일하게 규정되어 있습니다(법 제51조~제53조, 시행령 제49조).

■ 표 금융업법별 제재의 조치권자[2]

금융업법		은행법	보험업법	자본 시장법	여신전문 금융업법	상호저축 은행법
	제재 내용					
	법적 근거	은행법 제53조·제54조	보험업법 제134조	자본시장법 제420조·제422조·제438조	여신전문금융업법 제53조·제57조	상호저축은행법 제24조·제35조
금융 회사	인허가 취소	금융위원회	금융위원회	금융위원회	금융위원회	금융위원회
	영업 정지	금융위원회	금융위원회	금융위원회	금융위원회	금융위원회
	시정 명령	금융위원회	금융위원회	–	금융위원회	금융위원회
	기관 경고	금융감독원장	금융감독원장	금융감독원장	금융감독원장	금융감독원장
	기관 주의	금융감독원장	금융감독원장	금융감독원장	금융감독원장	금융감독원장
임원	해임 권고	금융위원회	금융위원회	금융위원회	금융위원회	금융위원회
	직무 정지	금융위원회	금융위원회	금융위원회	금융위원회	금융위원회
	문책 경고	금융감독원장	금융감독원장	금융위원회	금융감독원장	금융감독원장

---

2) 금융감독원 보도참고자료, "사모펀드 불완전판매 관련 금감원 제재원칙·절차", 2021. 2. 25., 5쪽.

금융 업법	제재 내용	은행법	보험업법	자본 시장법	여신전문 금융업법	상호저축 은행법
	법적 근거	은행법 제53조·제54조	보험업법 제134조	자본시장법 제420조· 제422조 ·제438조	여신전문금융업 법 제53조·제57조	상호저축은행법 제24조·제35조
	주의적 경고	금융감독원장	금융감독원장	금융감독원장	금융감독원장	금융감독원장
	주의	금융감독원장	금융감독원장	금융감독원장	금융감독원장	금융감독원장
직원	면직	금융감독원장	금융감독원장	금융위원회	금융감독원장	금융위원회
	정직	금융감독원장	금융감독원장	금융감독원장	금융감독원장	금융감독원장
	감봉	금융감독원장	금융감독원장	금융감독원장	금융감독원장	금융감독원장
	견책	금융감독원장	금융감독원장	금융감독원장	금융감독원장	금융감독원장
	주의	금융감독원장	금융감독원장	금융감독원장	금융감독원장	금융감독원장

다. 경과조치

법 시행 이전의 종전 법률 위반행위로서 법 시행 전에 종료되거나 법 시행 이후에도 위반상태가 지속되는 행위에 대하여 법 제51조에 따른 금융상품판매업자등에 대한 처분, 제52조에 따른 임직원에 대한 조치를 할 때에는 그 위반한 행위에 대한 종전 법률의 규정이 적용됩니다[법 부칙(법률 제17112호, 2020. 3. 24.) 제11조].

3. 과징금

제57조(과징금) ① 금융위원회는 금융상품직접판매업자 또는 금융상품자문업자가 다음 각 호의 어느 하나에 해당하는 경우 그 위반행위와 관련된 계약으로 얻은 수입 또는 이에 준하는 금액(이하 이 조에서 "수입등"이라 한다)의 100분의 50 이내에서 과징금을 부과할 수 있다. 다만, 위반행위를 한 자가 그 위반행위와 관련된 계약으로 얻은 수입등이 없거나 수입등의 산정이 곤란한 경우로서 대통령령으로 정하는 경우에는 10억 원을 초과하지 아니하는 범위에서 과징금을 부과할 수 있다.

1. 제19조 제1항을 위반하여 중요한 사항을 설명하지 아니하거나 같은 조 제2항을 위반하여 설명서를 제공하지 아니하거나 확인을 받지 아니한 경우
2. 제20조 제1항 각 호의 어느 하나에 해당하는 행위를 한 경우
3. 제21조 각 호의 어느 하나에 해당하는 행위를 한 경우
4. 제22조 제3항 또는 제4항을 위반하여 금융상품등에 관한 광고를 한 경우

② 금융위원회는 금융상품직접판매업자가 금융상품계약체결등을 대리하거나 중개하게 한 금융상품판매대리·중개업자(이 법 또는 다른 금융 관련 법령에 따라 하나의 금융상품직접판매업자만을 대리하는 금융상품판매대리·중개업자로 한정한다) 또는 금융상품직접판매업자의 소속 임직원이 제1항 각 호의 어느 하나에 해당하는 행위를 한 경우에는 그 금융상품직접판매업자에 대하여 그 위반행위와 관련된 계약으로 얻은 수입등의 100분의 50 이내에서 과징금을 부과할 수 있다. 다만, 금융상품직접판매업자가 그 위반행위를 방지하기 위하여 해당 업무에 관하여 적절한 주의와 감독을 게을리하지 아니한 경우에는 그 금액을 감경하거나 면제할 수 있다.

③ 금융위원회는 금융상품판매업자등에 대하여 제51조 제2항 제1호에 따라 업무정지를 명할 수 있는 경우로서 업무정지가 금융소비자 등 이해관계인에게 중대한 영향을 미치거나 공익을 침해할 우려가 있는 경우에는 대통령령으로 정하는 바에 따라 업무정지처분을 갈음하여 업무정지기간 동안 얻을 이익의 범위에서 과징금을 부과할 수 있다.

④ 제1항에 따른 위반행위와 관련된 계약으로 얻은 수입등의 산정에 관한 사항은 금융시장 환경변화로 인한 변동요인, 금융상품 유형별 특성, 금융상품계약체결등의 방식 및 금융상품판매업자등의 사업규모 등을 고려하여 대통령령으로 정한다.

가. 의 의

법은 위법행위로 인한 부당이득 환수 등을 통한 규제의 실효성 확보를 위해 징벌적 과징금 제도를 도입하였습니다. 금융상품직접판매업자 또는 금융상

품자문업자가 주요 판매원칙(설명의무, 불공정영업행위·부당권유행위 금지, 허위·과장광고 금지)을 위반할 경우, 위반행위로 인한 수입 등의 50%까지 과징금이 부과됩니다.

그리고 법에 따라 등록한 금융상품판매업자등의 업무가 정지될 경우 금융소비자 불편 등 부정적 영향을 초래할 우려가 있는 경우에는 업무정지 처분에 갈음한 과징금 부과도 가능합니다.

나. 주요 내용

1) 부과 대상

과징금 부과 대상은 금융상품직접판매업자와 금융상품자문업자입니다. 1사에 전속되어 있는 금융상품판매대리·중개업자, 또는 금융상품직접판매업자 소속 임직원이 위반행위를 하는 경우, 금융상품직접판매업자에게 과징금을 부과할 수 있습니다(법 제57조 제2항 본문). 다만, 금융상품직접판매업자가 그 위반행위를 방지하기 위하여 해당 업무에 관하여 적절한 주의와 감독을 게을리하지 아니한 경우에는 그 금액을 감경하거나 면제할 수 있습니다(법 제57조 제2항 단서).

2) 부과 사유

금융상품직접판매업자 또는 금융상품자문업자가 4대 판매규제를 위반한 경우, 즉 ① 법 제19조 제1항을 위반하여 중요한 사항을 설명하지 아니하거나 같은 조 제2항을 위반하여 설명서를 제공하지 아니하거나 확인을 받지 아니한 경우, ② 법 제20조 제1항 각 호의 불공정영업행위에 해당하는 행위를 한 경우, ③ 법 제21조 각 호의 부당권유행위에 해당하는 행위를 한 경우, ④ 법 제22조 제3항 또는 제4항을 위반하여 금융상품등에 관한 광고를 한 경우, 징벌적 과징금이 부과될 수 있습니다(법 제57조 제1항 각 호).

3) 부과 방법

위반의 정도에 상응하는 과징금 부과를 위해 "수입등"을 산정할 때에는, 그 명칭 여하를 불문하고 계약 체결 및 그 이행으로 인해 금융소비자로부터 얻는 모든 형태의 금전등을 그 대상으로 하되, 시행령 제37조 제5항[3]에 따른 비용은 제외합니다(법 제57조 제4항, 시행령 제43조 제1항).

앞서 살펴본 것처럼 위법행위와 관련된 계약으로 얻은 수입등의 50% 이내에서 과징금이 부과됨에 따라 보장성 상품의 보험료, 대출성 상품의 대출액 등 거래규모가 클수록 과징금 부과액도 커지게 됩니다. 다만 영업실적이 없는 등의 사유로 위반행위와 관련된 계약에 따른 수입등이 없는 경우, 재해로 인해 수입등을 산정하는데 필요한 자료가 소멸되거나 훼손되는 등의 이유로 수입등을 산정하기가 곤란한 경우에는 10억 원 이내의 범위에서 과징금을 부과할 수 있습니다(법 제57조 제1항 단서, 시행령 제43조 제2항).

징벌적 과징금 부과금 산정기준[4]

과징금 상한 (수입등×50%)	보장성	대출성	투자성	예금성	×50%
	보험료	대출액	투자액	예치금	
×					
부과기준율	위반행위의 고의성, 소비자 피해규모, 시장 파급효과, 위반횟수 등 고려				
±					
가중·감경	내부통제기준 이행 등 위반행위 예방 노력, 객관적 납부능력 등 고려				

한편, 금융위원회는 금융상품판매업자등에 대하여 법 제51조 제2항 제1호에 따른 업무정지를 명할 수 있는 경우로서 해당 업무정지를 부과할 경우 금융소비자 등 이해관계인에게 중대한 영향을 미치거나 공익을 침해할 우려가 있다고 인정되는 경우 업무정지 처분에 갈음하여 업무정지 기간 동안에 얻을 이익의 범위에서 과징금을 부과할 수 있습니다(법 제57조 제3항).

---

3) **법 제37조(청약의 철회)**
 ⑤ 법 제46조 제2항 제2호 다목에서 "수수료 등 대통령령으로 정하는 비용"이란 해당 금융 상품 계약을 위해 금융상품판매업자등이 제3자에게 이미 지급한 다음 각 호의 비용을 말한다.
  1. 인지세 등 제세공과금
  2. 저당권 설정 등에 따른 등기 비용
  3. 그 밖에 제1호 및 제2호의 비용에 준하는 것으로서 금융위원회가 정하여 고시하는 비용
4) 금융감독원, "금융소비자 보호에 관한 법률 설명 자료", 2021. 3월, 72쪽.

다. 경과조치

법 시행 이전의 종전 법률 위반행위로서 법 시행 전에 종료되거나 법 시행 이후에도 위반상태가 지속되는 위반행위에 대하여 법 제57조에 따른 과징금의 부과처분을 할 때에는 종전 법률이 적용됩니다[법 부칙(법률 제17112호, 2020. 3. 24.) 제11조].

4. 과태료

제69조(과태료) ① 다음 각 호의 어느 하나에 해당하는 자에게는 1억 원 이하의 과태료를 부과한다.
1. 제16조 제2항을 위반하여 내부통제기준을 마련하지 아니한 자
2. 제19조 제1항을 위반하여 중요한 사항을 설명하지 아니하거나 같은 조 제2항을 위반하여 설명서를 제공하지 아니하거나 확인을 받지 아니한 자
3. 제20조 제1항 각 호의 어느 하나에 해당하는 행위를 한 자
4. 제21조 각 호의 어느 하나에 해당하는 행위를 한 자
5. 제22조 제1항·제3항 또는 제4항을 위반하여 금융상품등에 관한 광고를 한 자
6. 금융상품판매대리·중개업자가 금융상품계약체결등의 업무를 대리하거나 중개하게 한 금융상품판매대리·중개업자가 다음 각 목의 어느 하나에 해당하는 행위를 한 경우에 그 업무를 대리하거나 중개하게 한 금융상품판매대리·중개업자. 다만, 업무를 대리하거나 중개하게 한 금융상품판매대리·중개업자로서 그 위반행위를 방지하기 위하여 해당 업무에 관하여 적절한 주의와 감독을 게을리하지 아니한 자는 제외한다.
   가. 제19조 제1항을 위반하여 중요한 사항을 설명하지 아니하거나 같은 조 제2항을 위반하여 설명서를 제공하지 아니하거나 확인을 받지 아니한 경우
   나. 제20조 제1항 각 호의 어느 하나에 해당하는 행위를 한 경우
   다. 제21조 각 호의 어느 하나에 해당하는 행위를 한 경우
   라. 제22조 제3항 또는 제4항을 위반하여 금융상품등에 관한 광고를 한 경우
7. 제23조 제1항을 위반하여 금융소비자에게 계약서류를 제공하지 아니한 자
8. 금융상품직접판매업자가 금융상품계약체결등의 업무를 대리하거나 중개하게 한 금융상품판매대리·중개업자가 제25조 제1항 제2호에 해당하는 행위를 한 경우에 그 업무를 대리하거나 중개하게 한 금융상품직접판매업자. 다만, 업무를 대리하거나 중개하게 한 금융상

품직접판매업자로서 그 위반행위를 방지하기 위하여 해당 업무에 관하여 적절한 주의와 감독을 게을리하지 아니한 자는 제외한다.

9. 제27조 제3항을 위반하여 같은 항 각 호의 어느 하나에 해당하는 사항을 금융소비자에게 알리지 아니한 자 또는 표지를 게시하지 아니하거나 증표를 내보이지 아니한 자

10. 제27조 제4항을 위반하여 독립문자를 명칭에 사용하거나 광고에 사용한 자

11. 제27조 제5항 각 호의 어느 하나에 해당하는 행위를 한 자

12. 제28조 제1항을 위반하여 자료를 기록하지 아니하거나 자료의 종류별로 유지·관리하지 아니한 자

13. 제50조 제1항에 따른 검사를 정당한 사유 없이 거부·방해 또는 기피한 자

② 다음 각 호의 어느 하나에 해당하는 자에게는 3천만 원 이하의 과태료를 부과한다.

1. 제17조 제2항을 위반하여 정보를 파악하지 아니하거나 확인을 받지 아니하거나 이를 유지·관리하지 아니하거나 확인받은 내용을 지체 없이 제공하지 아니한 자

2. 제17조 제3항을 위반하여 계약 체결을 권유한 자

3. 제18조 제1항을 위반하여 정보를 파악하지 아니한 자

4. 제18조 제2항을 위반하여 해당 금융상품이 적정하지 아니하다는 사실을 알리지 아니하거나 확인을 받지 아니한 자

5. 제25조 제1항 각 호의 어느 하나에 해당하는 행위를 한 자

6. 제25조 제2항을 위반하여 수수료 외의 금품, 그 밖의 재산상 이익을 요구하거나 받은 자

7. 제26조 제1항을 위반하여 같은 항 각 호의 어느 하나에 해당하는 사항을 미리 금융소비자에게 알리지 아니한 자 또는 같은 조 제2항을 위반하여 표지를 게시하지 아니하거나 증표를 보여 주지 아니한 자

③ 제48조 제3항을 위반하여 등록요건에 대한 변동사항을 보고하지 아니한 자에게는 1천만 원 이하의 과태료를 부과한다

④ 제1항부터 제3항까지의 규정에 따른 과태료는 대통령령으로 정하는 바에 따라 금융위원회가 부과징수한다.

가. 의 의

금융상품판매업자등의 위반행위 유형별로 과태료 상한액을 규정하고 개별 위반행위의 과태료 기준금액을 시행령으로 구체화하고 있습니다.

나. 주요 내용

1) 부과 사유

법은 6대 판매원칙 위반, 내부통제기준 마련의무 위반, 계약서류 제공의무 위반 등을 과태료 부과 사유로 규정하고 있습니다. 그리고 적합성·적정성 원칙 위반의 경우, 구 자본시장법[5] 및 구 보험업법[6]과 달리 과태료(3천만 원) 부과 조항을 신설하였습니다.

2) 부과 대상

법은 과태료 부과 대상을 "…를 한(아니한) 자"로 규정하여, 과징금과 달리 금융상품판매대리·중개업자도 부과 대상에 포함시키고 있습니다.

금융상품판매대리·중개업자가 금융상품계약체결등의 업무를 대리하거나 중개하게 한 금융상품판매대리·중개업자가 ① 법 제19조 제1항을 위반하여 중요한 사항을 설명하지 아니하거나, 같은 조 제2항을 위반하여 설명서를 제공하지 아니하거나 확인을 받지 아니한 경우, ② 법 제20조 제1항 각 호의 불공정영업행위에 해당하는 행위를 한 경우, ③ 법 제21조 각 호의 부당권유행위에 해당하는 행위를 한 경우, ④ 법 제22조 제3항 또는 제4항을 위반하여 금융상품등에 관한 광고를 한 경우, 그 업무를 대리하거나 중개하게 한 금융상품판매대리·중개업자에게 과태료가 부과됩니다. 다만, 업무를 대리하거나 중개하게 한 금융상품판매대리·중개업자가 그 위반행위를 방지하기 위하여 해당 업무에 관하여 적절한 주의와 감독을 게을리하지 아니한 경우 과태료 부과 대상에서 제외됩니다(법 제69조 제1항 제6호).

또한 금융상품직접판매업자가 금융상품계약체결등의 업무를 대리하거나 중개하게 한 금융상품판매대리·중개업자가 법 제25조 제1항 제2호에 해당하는 행위를 한 경우, 그 업무를 대리하거나 중개하게 한 금융상품직접판매업자에게 과태료가 부과됩니다. 다만, 업무를 대리하거나 중개하게 한 금융상품직접판매업자가 그 위반행위를 방지하기 위하여 해당 업무에 관하여 적절한 주의와 감독을 게을리하지 아니한 경우 과태료 부과 대상에서 제외됩니다(법 제69조 제1항 제8호).

---

5) 2020. 3. 24. 법률 제17112호로 개정되기 전의 것.
6) 2020. 3. 24. 법률 제17112호로 개정되기 전의 것.

3) 법정 한도

과태료 부과대상 행위 별로 1억 원·3천만 원·1천만 원의 과태료 한도가 규정되어 있습니다(법 제69조 제1항, 제2항, 제3항).

4) 부과 방법

시행령 별표4에서 위반행위 별로 위반자를 법인 및 법인이 아닌 자로 구분하여 과태료 기준금액을 정하고 있으며, 위반행위의 정도, 위반횟수, 위반행위의 동기와 그 결과 등을 고려하여 개별 기준금액의 1/2 범위에서 감면하거나 가중할 수 있도록 하고 있습니다. 다만, 가중하는 경우에도 법 제69조에서 정하고 있는 과태료 금액의 상한을 초과할 수는 없도록 하고 있습니다. 구체적인 과태료 금액은 「금융기관 검사 및 제재에 관한 규정」 별표3의 과태료 부과기준에 따라 산정됩니다.

다. 경과조치

법 시행 전에 행한 종전 법률 위반행위에 대하여 과태료를 부과할 때에는 종전 법률에 따릅니다[법 부칙(법률 제17112호, 2020. 3. 24.) 제12조].

라. 과징금 및 과태료 제도 비교[7]

구 분	과징금		과태료
부과목적	법상 의무위반에 따른 부당이득 환수, 영업정지 갈음, 징벌적 목적 등		직접적 행정목적 침해가 아닌 경미한 의무위반에 부과
부과대상	직접판매업자[8] 자문업자	업무정지처분에 갈음한 과징금	부과대상에 제한없음[9] (법률상 '위반한 자')
		법에 따라 신규등록한 판매업자등에 한정	

---

7) 금융감독원, "금융소비자 보호에 관한 법률 설명 자료", 2021. 3월, 75쪽.
8) 대리·중개업자 및 소속 임직원의 위반행위에 대해서도 직접판매업자에게 과징금 부과.
9) 대리·중개업자가 대리·중개업무를 재위탁하는 경우 직접판매업자에게, 대리·중개업자로부

구 분	과징금		과태료	
부과사유	① 설명의무위반 ② 불공정영업행위 ③ 부당권유금지 ④ 광고규제 위반	① 등록요건 未유지 ② 업무정지기간에 업무를 한 경우 ③ 시정명령 또는 중지명령을 위반한 경우 등 <u>(법상 업무정지사유)</u>	1억 원	① 내부통제기준 미수립 ② 설명의무위반 ③ 불공정영업행위 ④ 부당권유금지 ⑤ 광고규제 위반 ⑥ 계약서류제공의무 위반 ⑦ 자문업자 영업행위준칙위반 ⑧ 자료유지의무 위반 ⑨ 검사거부·방해·기피
부과사유			3천만 원	① 적합성·적정성 원칙 위반 ② 판매대리·중개업자 금지의무 및 고지의무 위반
법정한도액	'수입등'의 50% (수입등 산정이 곤란한 경우 10억 이내 부과)	업무정지기간(6월내) 동안 얻을 이익	1천만 원	① 변동보고의무 위반
부과주체	금융위원회		금융위원회	
이의신청	금융위원회		금융위원회	
불복절차	행정소송		과태료재판(간이한 비송사건 절차)	
집행방법	소송과 관계없이 집행 (단, 집행정지신청 가능)		이의 제기하면 과태료 재판 확정 후 집행	

*음영은 6대 판매원칙 위반 부분

터 업무를 위탁(예외적 위탁 가능한 경우)받은 他 대리·중개업자의 위반행위(②~⑤사유)에 대해서는 原 대리·중개업자에게 각각 과태료 부과.

5. 형사처벌

제67조(벌칙) 다음 각 호의 어느 하나에 해당하는 자는 5년 이하의 징역 또는 2억 원 이하의 벌금에 처한다.

1. 제12조를 위반하여 금융상품판매업등의 등록을 하지 아니하고 금융상품판매업등을 영위한 자
2. 거짓이나 그 밖의 부정한 방법으로 제12조에 따른 등록을 한 자
3. 제24조를 위반하여 금융상품판매대리·중개업자가 아닌 자에게 금융상품계약체결등을 대리하거나 중개하게 한 자

제68조(양벌규정) 법인(단체를 포함한다. 이하 이 조에서 같다)의 대표자나 법인 또는 개인의 대리인, 사용인, 그 밖의 종업원이 그 법인 또는 개인의 업무에 관하여 제67조의 위반행위를 하면 그 행위자를 벌하는 외에 그 법인 또는 개인에게도 해당 조문의 벌금형을 과(科)한다. 다만, 법인 또는 개인이 그 위반행위를 방지하기 위하여 해당 업무에 관하여 적절한 주의와 감독을 게을리하지 아니한 경우에는 그러하지 아니하다.

가. 의 의

법 제12조를 위반하여 금융상품판매업등의 등록을 하지 아니하고 금융상품판매업등을 영위한 자, 거짓이나 그 밖의 부정한 방법으로 법 제12조에 따른 금융상품판매업자등의 등록을 한 자, 법 제24조를 위반하여 금융상품판매대리·중개업자가 아닌 자에게 금융상품계약체결등을 대리하거나 중개하게 한 자는 5년 이하의 징역 또는 2억 원 이하 벌금의 형사처벌 대상입니다.

나. 경과조치

법 시행 전에 행한 종전 법률 위반행위에 대하여 벌칙을 적용할 때에는 종전 법률에 따릅니다[법 부칙(법률 제17112호, 2020. 3. 24.) 제12조].

저자 약력

윤성원
고려대학교 법과대학 졸업
사법시험 제27회 / 사법연수원 제17기 수료
광주지방법원 수석부장판사
법원행정처 사법지원실장
서울고등법원 부장판사
광주지방법원장
법무법인(유) 지평 대표변호사

강성국
고려대학교 법과대학 졸업
고려대학교 법과대학원 석사과정 졸업(공정거래)
고려대학교 법과대학원 박사과정 수료(상법)
미국 University of Washington Law School Visiting Scholar
사법시험 제30회 / 사법연수원 제20기 수료
서울중앙지방법원 부장판사
법무부 법무실장, 차관
제21대 국회 국회공직자윤리위원회 위원장
법무법인(유) 지평 파트너변호사

김동아
서울대학교 법과대학 졸업
미국 University of California, Berkeley (UC Berkeley) Visiting Scholar
사법시험 제34회 / 사법연수원 제24기 수료
서울남부지방법원 부장판사
대한상사중재원 중재인
공정거래위원회 비상임위원
법무법인(유) 지평 파트너변호사

문수생

서울대학교 법과대학 졸업

서울대학교 법과대학원 석사과정 졸업

미국 University of California at Davis (UC Davis) Visiting Scholar

사법시험 제36회 / 사법연수원 제26기 수료

서울남부지방법원 부장판사

한국거래소 분쟁조정심의위원회 위원

법무법인(유) 지평 파트너변호사

심희정

서울대학교 법과대학 졸업

미국 Columbia Law School LL.M.(법학석사)

미국 University of California at LA (UCLA) Visiting Scholar

사법시험 제37회 / 사법연수원 제27기 수료

금융감독원 금융감독자문위원회 은행분과 자문위원

금융감독원 금융기관 내부통제 혁신 T/F 위원

삼성 준법감시위원회 사무국장(비상근)

법무법인(유) 지평 파트너변호사

최병문

연세대학교 법과대학 졸업

사법시험 제37회 / 사법연수원 제27기 수료

서울대학교 금융법무과정 수료

금융감독원 제재심의위원회 위원

금융감독원 금융분쟁조정위원회 위원

금융채권자조정위원회 위원

법무법인(유) 지평 파트너변호사

윤영규

서울대학교 경제학과 졸업

서울대학교 법과대학 금융법무과정 수료

사법시험 제38회 / 사법연수원 제28기 수료

금융감독원 분쟁조정위원회 전문위원

기획재정부 국제금융발전심의회 위원

법무법인(유) 지평 파트너변호사

배성진

서울대학교 법과대학 졸업

미국 University of Minnesota School of Law LL.M.(법학석사)

서울대학교 금융법무과정(보험법률) 수료

사법시험 제38회 / 사법연수원 제28기 수료

한국거래소 분쟁조정심의위원회 위원

금융위원회 적극행정위원회 위원

법무법인(유) 지평 파트너변호사

김강산

고려대학교 법과대학 졸업

미국 Fordham University School of Law Visiting Scholar

사법시험 제41회 / 사법연수원 제31기 수료

광주지방법원 부장판사

대한상사중재원 중재인

법무법인(유) 지평 파트너변호사

우상윤

서울대학교 경영대학 경영학과 졸업

사법시험 제43회 / 사법연수원 제33기 수료

법무법인(유) 지평 파트너변호사

김미정

서울대학교 교육학과 졸업

사법시험 제45회 / 사법연수원 제35기 수료

금융감독원 기업공시국 기업공시총괄팀 변호사

금융감독원 금융분쟁조정위원회 전문위원

법무법인(유) 지평 파트너변호사

배기완

서울대학교 경영대학 경영학과 졸업

서울대학교 대학원 경영학과 수료(회계학)

미국 New York University School of Law LL.M. (Corporate Law)

사법시험 제47회 / 사법연수원 제37기 수료

법무법인(유) 지평 파트너변호사

유정한
서울대학교 법과대학 졸업
미국 New York University School of Law LL.M.(법학석사)
사법시험 제47회 / 사법연수원 제37기 수료
금융감독원 금융분쟁조정위원회 조정위원
법무법인(유) 지평 파트너변호사

김형우
서울대학교 영어교육과 졸업
제37회 공인회계사시험 합격
사법시험 제48회 / 사법연수원 제39기 수료
중소벤처기업진흥공단 투자심의위원
법무법인(유) 지평 파트너변호사

오창진
연세대학교 법과대학 졸업
국민대학교 일반대학원 법학과 졸업(석사)
금융감독원 법무실장
금융감독원 대전지원장(국장)
법무법인(유) 지평 고문

서문용채
성균관대학교 행정학과 졸업
Manchester Business School(International Managers 1년 과정) 수료
금융감독원 제재심의실장, 기획조정국장
KB국민카드 상임감사위원
(주)전북은행 사외이사
법무법인(유) 지평 고문

박보희
서울대학교 법과대학 졸업
서울대학교 법학전문대학원 졸업
변호사시험 제4회
서울중앙지방법원 재판연구원
서울고등법원 재판연구원
법무법인(유) 지평 변호사

임호산
고려대학교 한문학과, 경제학과 졸업
한국외국어대학교 법학전문대학원 졸업
변호사시험 제4회
법무법인(유) 지평 변호사

김희송
서울대학교 정치외교학부 정치학과 졸업
서울대학교 법학전문대학원 졸업
변호사시험 제5회
법무법인(유) 지평 변호사

김병희
연세대학교 법과대학 법학과 졸업
연세대학교 일반대학원 법학과 석사과정(민법전공)
충남대학교 법학전문대학원 졸업
변호사시험 제6회
법무법인(유) 지평 변호사

박봉규
연세대학교 경영학과 졸업
서강대학교 법학전문대학원 졸업
서강대학교 일반대학원 법학과 박사과정 재학중(신탁법)
변호사시험 제6회
법무법인(유) 지평 변호사

장효정
서울대학교 법과대학 졸업
서울대학교 법학전문대학원 졸업
변호사시험 제6회
법무법인(유) 지평 변호사

김이안

서울대학교 법과대학 졸업
서울대학교 법학전문대학원 졸업
변호사시험 제7회
법무법인(유) 지평 변호사

조민현

서울대학교 경영학과 졸업
서울대학교 법학전문대학원 졸업
제44회 한국공인회계사시험 합격
변호사시험 제7회
법무법인(유) 지평 변호사

이진안

고려대학교 심리학과 졸업
고려대학교 일반대학원 석사과정 졸업(심리학)
서울대학교 법학전문대학원 졸업
변호사시험 제7회
법무법인(유) 지평 변호사

이한길

연세대학교 행정학과/경제학과 졸업
서울대학교 법학전문대학원 졸업
변호사시험 제7회
법무법인(유) 지평 변호사

송혜원

서울대학교 사회과학대학 경제학부 졸업
서울대학교 법학전문대학원 졸업
변호사시험 제8회
법무법인(유) 지평 변호사

유지수

서울대학교 사회과학대학 지리학과, 경제학부 졸업
서울대학교 법학전문대학원 졸업
변호사시험 제8회
법무법인(유) 지평 변호사

권준희
서울대학교 정치학과 졸업
서울대학교 법학전문대학원 졸업
변호사시험 제9회
법무법인(유) 지평 변호사

홍웅기
연세대학교 경영학과 졸업
서강대학교 법학전문대학원 졸업
변호사시험 제9회
법무법인(유) 지평 변호사

이재영
고려대학교 경영학과 졸업
고려대학교 법학전문대학원 졸업
변호사시험 제9회
법무법인(유) 지평 변호사

정호빈
서울대학교 사회학과 졸업(경제학 복수전공, 서양사학부전공)
서울대학교 법학전문대학원 졸업
변호사시험 제10회
법무법인(유) 지평 변호사

곽민지
서울대학교 독어독문학과 졸업
서울대학교 법학전문대학원 졸업
변호사시험 제10회
법무법인(유) 지평 변호사

박지훈
서울대학교 법과대학 졸업
서강대학교 법학전문대학원 졸업
변호사시험 제11회
법무법인(유) 지평 변호사

금융소비자보호법 해설

초판발행   2023년 2월 10일
중판발행   2023년 5월 10일

지은이   법무법인(유) 지평
펴낸이   안종만 · 안상준

편 집   장유나
기획/마케팅   조성호
표지디자인   이수빈
제 작   고철민 · 조영환

펴낸곳   (주) **박영사**
            서울특별시 금천구 가산디지털2로 53, 210호(가산동, 한라시그마밸리)
            등록   1959. 3. 11. 제300-1959-1호(倫)

전 화   02)733-6771
f a x   02)736-4818
e-mail   pys@pybook.co.kr
homepage   www.pybook.co.kr
ISBN   979-11-303-4255-9   93360

정 가   23,000원